2015년
중국어문학 연감

2015
중국어문학 연감

중국학@센터 엮음

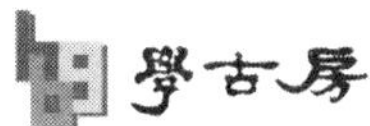

일러두기

1. 이 책은 2015年度에 발간된 국내의 중국어문학 관련 학술지에 수록된 논문의 총목록이다. 학술지의 성격에 따라서는 중국어문학의 범위를 넘어서 중국의 역사 철학이나 정치 경제 등에 대한 논문도 수록되어 있는 경우도 있다. 이 때문에 본 자료 속에는 중국어문학의 범위를 넘어서는 논문도 다수 포함되어 있다.
2. 이 책은 논문 필자의 이름 순과 학술지명 순 두 가지로 정리되어 있으며, 각 항목별로 해당 논문이 수록된 학술지의 명칭과 권수 그리고 간행 시기가 정리되어 있다. 정리 방법에 대해서는 논문의 전공 분야별로 분류하는 것이 가장 타당하다는 의견이 제시되기도 하였지만, 논문의 전공 분야를 명확하게 구분하기 어려운 것도 적지 않다는 점 때문에 두 가지 정리 방법을 택하게 되었다. 2인 이상의 공동 논문인 경우, 공동 저자 모두의 논문 목록에 이중으로 수록하여 모두의 이름으로 검색이 가능하도록 하였다. 인명 색인은 별도로 만들지 않았다.
3. 아울러 미처 파악하지 못하여 본 자료에 누락된 학술지도 있을 수 있다. 이에 대해서는 지속적인 보완이 이루어질 예정이다.
4. 이 책에 목록이 수록된 학술지의 명칭과 발행 학술단체는 다음과 같다.(학술지의 한글 이름순)

학술지 명칭	학술단체	학술지 명칭	학술단체
中國文學	韓國中國語文學會	中國言語研究	韓國中國言語學會
中國文學研究	韓國中文學會	中國人文科學	中國人文學會
中國文化研究	中國文化研究學會	中國學	大韓中國學會
中國小說論叢	中國小說研究會	中國學論叢	韓國中國文化學會
中國語 教育과 研究	韓國中國語教育學會	中國學報	韓國中國學會
中國語文論譯叢刊	中國語文論譯學會	中國學研究	中國學研究會
中國語文論叢	中國語文研究會	中國現代文學	中國現代文學學會
中國語文學	嶺南中國語文學會	中語中文學	韓國中語中文學會
中國語文學論集	中國語文學研究會	韓中言語文化研究	韓國現代中國研究會
中國語文學誌	中國語文學會		

차 례

1. 필자 이름 순 논문 목록 ································ 9

2. 학술지명 순 논문 목록 ································ 175

1-1 中國文學 第82輯 2015年 2月 (韓國中國語文學會) ················ 176
1-2 中國文學 第83輯 2015年 5月 (韓國中國語文學會) ················ 177
1-3 中國文學 第84輯 2015年 8月 (韓國中國語文學會) ················ 178
1-4 中國文學 第85輯 2015年 11月 (韓國中國語文學會) ················ 180
2-1 中國文學硏究 第58輯 2015年 2月 (韓國中文學會) ················ 181
2-2 中國文學硏究 第59輯 2015年 5月 (韓國中文學會) ················ 182
2-3 中國文學硏究 第60輯 2015年 8月 (韓國中文學會) ················ 183
2-4 中國文學硏究 第61輯 2015年 11月 (韓國中文學會) ················ 184
3-1 中國文化硏究 第27輯 2015年 2月 (中國文化硏究學會) ················ 186
3-2 中國文化硏究 第28輯 2015年 5月 (中國文化硏究學會) ················ 188
3-3 中國文化硏究 第29輯 2015年 8月 (中國文化硏究學會) ················ 190
3-4 中國文化硏究 第30輯 2015年 11月 (中國文化硏究學會) ················ 191
4-1 中國小說論叢 第46輯 2015年 4月 (韓國中國小說學會) ················ 192
4-2 中國小說論叢 第47輯 2015年 8月 (韓國中國小說學會) ················ 194
4-3 中國小說論叢 第48輯 2015年 12月 (韓國中國小說學會) ················ 196
5-1 中國語 敎育과 硏究 第21號 2015年 6月 (韓國中國語敎育學會) ······ 197
5-2 中國語 敎育과 硏究 第22號 2015年 12月 (韓國中國語敎育學會) ···· 198
6-1 中國語文論譯叢刊 제36輯 2015年 1月 (中國語文論譯學會) ············ 199

6－2 中國語文論譯叢刊 제37輯 2015年 7月 (中國語文論譯學會) ············ 202
7－1 中國語文論叢 제67輯 2015 2月 (中國語文研究會) ························ 204
7－2 中國語文論叢 제68輯 2015年 4月 (中國語文研究會) ······················ 206
7－3 中國語文論叢 제69輯 2015年 6月 (中國語文研究會) ······················ 207
7－4 中國語文論叢 제70輯 2015年 8月 (中國語文研究會) ······················ 209
7－5 中國語文論叢 제71輯 2015年 10月 (中國語文研究會) ···················· 210
7－6 中國語文論叢 제72輯 2015年 12月 (中國語文研究會) ···················· 211
8－1 中國語文學 제68輯 2015年 4月 (嶺南中國語文學會) ······················ 212
8－2 中國語文學 제69輯 2015年 8月 (嶺南中國語文學會) ······················ 214
8－3 中國語文學 제70輯 2015年 12月 (嶺南中國語文學會) ···················· 215
9－1 中國語文學論集 第90號 2015年 2月 (中國語文學研究會) ··············· 217
9－2 中國語文學論集 第91號 2015年 4月 (中國語文學研究會) ··············· 219
9－3 中國語文學論集 第92號 2015年 6月 (中國語文學研究會) ··············· 222
9－4 中國語文學論集 第93號 2015年 8月 (中國語文學研究會) ··············· 223
9－5 中國語文學論集 第94號 2015年 10月 (中國語文學研究會) ············· 225
9－6 中國語文學論集 第95號 2015年 12月 (中國語文學研究會) ············· 227
10－1 中國語文學志 第50輯 2015年 4月 (中國語文學會) ······················ 229
10－2 中國語文學志 第51輯 2015年 6月 (中國語文學會) ······················ 230
10－3 中國語文學志 第52輯 2015年 9月 (中國語文學會) ······················ 231
10－4 中國語文學志 第53輯 2015年 12月 (中國語文學會) ···················· 232
11－1 中國言語研究 第56輯 2015年 2月 (韓國中國言語學會) ················ 235
11－2 中國言語研究 第57輯 2015年 4月 (韓國中國言語學會) ················ 235
11－3 中國言語研究 第58輯 2015年 6月 (韓國中國言語學會) ················ 237
11－4 中國言語研究 第59輯 2015年 8月 (韓國中國言語學會) ················ 238
11－5 中國言語研究 第60輯 2015年 10月 (韓國中國言語學會) ··············· 239

11－6 中國言語硏究 第61輯 2015年 12月 (韓國中國言語學會) …………… 241
12－1 中國人文科學 第59輯 2015年 4月 (中國人文學會) …………………… 244
12－2 中國人文科學 第60輯 2015年 8月 (中國人文學會) …………………… 246
12－3 中國人文科學 第61輯 2015年 12月 (中國人文學會) ………………… 249
13－1 中國學 第50輯 2015年 3月 (大韓中國學會) …………………………… 252
13－2 中國學 第51輯 2015年 6月 (大韓中國學會) …………………………… 253
13－3 中國學 第52輯 2015年 9月 (大韓中國學會) …………………………… 255
13－4 中國學 第53輯 2015年 12月 (大韓中國學會) ………………………… 256
14－1 中國學論叢 第45輯 2015年 3月 (韓國中國文化學會) ………………… 258
14－2 中國學論叢 第46輯 2015年 6月 (韓國中國文化學會) ………………… 260
14－3 中國學論叢 第47輯 2015年 9月 (韓國中國文化學會) ………………… 261
14－4 中國學論叢 第48輯 2015年 12月 (韓國中國文化學會) ……………… 263
15－1 中國學報 第71輯 2015年 2月 (韓國中國學會) ……………………… 264
15－2 中國學報 第72輯 2015年 5月 (韓國中國學會) ……………………… 267
15－3 中國學報 第73輯 2015年 8月 (韓國中國學會) ……………………… 269
15－4 中國學報 第74輯 2015年 11月 (韓國中國學會) ……………………… 271
16－1 中國學硏究 第71輯 2015年 3月 (中國學硏究會) …………………… 274
16－2 中國學硏究 第72輯 2015年 6月 (中國學硏究會) …………………… 275
16－3 中國學硏究 第73輯 2015年 8月 (中國學硏究會) …………………… 276
16－4 中國學硏究 第74輯 2015年 11月 (中國學硏究會) ………………… 278
17－1 中國現代文學 第72號 2015年 3月 (韓國中國現代文學學會) ……… 280
17－2 中國現代文學 第73號 2015年 6月 (韓國中國現代文學學會) ……… 281
17－3 中國現代文學 第75號 2015年 9月 (韓國中國現代文學學會) ……… 282
17－4 中國現代文學 第76號 2015年 12月 (韓國中國現代文學學會) ……… 284
18－1 中語中文學 第60輯 2015年 4月 (韓國中語中文學會) ………………… 286

18－2 中語中文學 第61輯 2015年 8月 (韓國中語中文學會) ………………… 288
18－3 中語中文學 第62輯 2015年 12月 (韓國中語中文學會) ……………… 291
19－1 韓中言語文化硏究 第37輯 2015年 2月 (韓國現代中國硏究會) ……… 292
19－2 韓中言語文化硏究 第38輯 2015年 6月 (韓國現代中國硏究會) ……… 294
19－3 韓中言語文化硏究 第39輯 2015年 10月 (韓國現代中國硏究會) …… 296

3. 2014年度 중국문학 관련 국내 석박사 학위논문 목록 ………………… 299

1) 국내 석사 학위 논문 ……………………………………………………… 300
2) 국내 박사 학위 논문 ……………………………………………………… 330

필자 이름 순 논문 목록 1

Chang Yang　한·중 피동문 대조 연구 : 한국어 파생적 피동문을 중심으로, 경북대 대학원 석사 논문, 2014

Chung Dahoon·Kim Geun　Chinese Leaders' Diplomatic Rhetoric and its Power, 『韓中言語文化硏究』, 第39輯, 서울, 韓國現代中國硏究會, 2015年 10月

Fu Xiliang·최창원　(A)Comprehensive Analysis of the Research of Chinese Five Emperors Era from the Perspective of Its Systematic Historical Literature, 『韓中言語文化硏究』, 第38輯, 서울, 韓國現代中國硏究會, 2015年 6月

Gao Nan　한·중 높임표현 대비 및 교육방안 연구, 충남대 대학원 석사 논문, 2014

Hao Yan　한·중 호칭어 사용 양상 대조 연구 : 한국 드라마 『신사의 품격』과 중국 드라마 『李春天的春天』을 중심으로, 경희대 대학원 석사 논문, 2014

Ian Maddieson·Peter Ladefoged·金永贊　중국의 네 가지 소수 언어의 '긴장성'과 '이완성', 『中國語文論譯叢刊』, 第36輯, 서울, 中國語文論譯學會, 2015年 1月

InYoung Bong　(Un)Signified Matters in Contemporary Visual Art of China and Taiwan, 『中國現代文學』, 第72號, 서울, 韓國中國現代文學學會, 2015年 3月

Jeesoon Hong　Political Implications of Transmedia Mobility in Contemporary China (2010-2015), 『中國文化硏究』, 第30輯, 서울, 中國文化硏究學會, 2015年 11月

Jia Shen　한국어와 중국어의 주어 대조, 경희대 대학원 석사 논문,

2014

Jiang Yan　淺析『論語』『呂氏春秋』『世說新語』"S+以+O+V+C"句式致使情況, 『中國言語研究』, 第61輯, 서울, 韓國中國言語學會, 2015年 12月

Jin Zhi　中國人 學習者들을 위한 韓國語能力試驗 漢字語 敎育 方案 硏究 : 韓國語와 中國語의 同形異義語를 中心으로, 강원대 대학원 석사 논문, 2014

Kim Byoung-Goo · Lee Chun-Su　The Nonlinear Impact of Slack Resources on Subsidiary Performance in China-Focus on Available, Recoverable, and Potential Slack Resources, 『中國學』, 第50輯, 부산, 大韓中國學會, 2015年 3月

Kim Geun · Chung Dahoon　Chinese Leaders' Diplomatic Rhetoric and its Power, 『韓中言語文化硏究』, 第39輯, 서울, 韓國現代中國硏究會, 2015年 10月

Kong Fan Lian · 박정구　"V得個C"的構式特征及其在漢語動補式系統中的地位, 『中國言語硏究』, 第61輯, 서울, 韓國中國言語學會, 2015年 12月

Lee Chun-Su · Kim Byoung-Goo　The Nonlinear Impact of Slack Resources on Subsidiary Performance in China-Focus on Available, Recoverable, and Potential Slack Resources, 『中國學』, 第50輯, 부산, 大韓中國學會, 2015年 3月

Li Zihan　Korean P'ansori in Yanbian : Transmission, Development, and Preservation, 『韓中言語文化硏究』, 第39輯, 서울, 韓國現代中國硏究會, 2015年 10月

Liu Jing　韓國語와 中國語 範圍副詞 比較硏究 : 소설『駱駝祥子』에 나오는 範圍副詞를 中心으로, 강원대 대학원 석사 논문, 2014

Liu Yu　金東仁과 魯迅 短篇小說의 女性人物 比較 硏究, 충남대 대학원 석사 논문, 2014

Lu Ping　정철의 가사에 끼친 중국문학의 영향 연구 : 이백·소식의 영향을 중심으로 하여, 서강대 대학원 석사 논문, 2014

Olivier Bailble·손지윤　중국 총리 리커창(李克强) 중국-ASEAN(아세안) 박람회 연설 텍스트의 수사학적 분석,『韓中言語文化硏究』, 第37輯, 서울, 韓國現代中國硏究會, 2015年 2月

Olivier Bailble·정원대　중국 강연 텍스트에 대한 수사학적 분석,『中國學硏究』, 第71輯, 서울, 中國學硏究會, 2015年 3月

Peter Ladefoged·Ian Maddieson·金永贊　중국의 네 가지 소수 언어의 '긴장성'과 '이완성',『中國語文論譯叢刊』, 第36輯, 서울, 中國語文論譯學會, 2015年 1月

Shao Lei　淸-朝鮮時期漢·滿·韓文字對音之互通-以『漢淸文鑑』滿文的韓文表記法爲例,『中國言語硏究』, 第61輯, 서울, 韓國中國言語學會, 2015年 12月

Um Young Uk·Ying Li Wang　A Study of the Poetic Language of Bai Ling,『中國學報』, 第72輯, 서울, 韓國中國學會, 2015年 5月

Xie Hui　HMM 기반의 중국어 음성 합성 시스템에서 문장강세를 통한 합성음의 명료도 개선, 경북대 대학원 석사 논문, 2014

Xingyan Guo　"NP+好-V"與"NP+容易-V"的對比分析, 『中國語文論叢』,

第72輯, 서울, 中國語文硏究會, 2015年 12月

Yao Yanjun　韓國語와 中國語 婉曲表現의 比較硏究 : 단어와 관용어를 중심으로, 강원대 대학원 석사 논문, 2014

Ying Li Wang · Um Young Uk　A Study of the Poetic Language of Bai Ling, 『中國學報』, 第72輯, 서울, 韓國中國學會, 2015年 5月

Zhang Huihui　한 · 중 요리 동사의 의미 대응 연구, 경희대 대학원 석사 논문, 2014

Zhang Lei　1930년대 한 · 중 도시소설 비교연구, 충남대 대학원 박사 논문, 2014

Zhang Yanlu　A Frame-Based Study on Chinese Force-Dynamic Verbs, 경북대 대학원 박사 논문, 2014

Zhi Wenjing　한국어와 중국어의 부사 형성법 대조 연구, 이화여대 대학원 석사 논문, 2014

Zhu Zihui　문장 차원에서 바라본 상표지 '-고 있-'와 '在', '着'의 대조 연구, 경북대 대학원 석사 논문, 2014

Zou Yiqing　A Comparative Study of Several Issues Between the Indus Civilization and the Ancient Shu Civilization, 『中國語文學論集』, 第92號, 서울, 中國語文學硏究會, 2015年 6月

가위경　한국어 추측성 양태부사의 중국어 대응 표현 연구 : '사실, 분명히, 아마, 어쩌면, 혹시'를 중심으로, 동국대 대학원 석사 논문, 2014

甘瑞瑗　我們需要"國別化"漢語教材嗎?: 再談"國別化"漢語教材編寫的必要性, 『中國語文學論集』, 第94號, 서울, 中國語文

	學硏究會, 2015年 10月
강 리	왕소군의 이미지 변천과 화이관념 연구, 전북대 대학원 석사 논문, 2014
강 반	중국인 학습자의 한국어 파열음 발음 교육에 대한 연구: 중국어 성조 활용을 중심으로, 관동대 대학원 석사 논문, 2014
姜 燕	『論語』致使動詞配價硏究, 『中國語文學論集』, 第92號, 서울, 中國語文學硏究會, 2015年 6月
姜 燕	淺析『論語』『呂氏春秋』『世說新語』被動句的反向致使性, 『中國語文學論集』, 第93號, 서울, 中國語文學硏究會, 2015年 8月
姜 燕·趙麗娟	『詩經』『論語』『孟子』『呂氏春秋』中副詞"相"詞義再分析, 『中國語文學論集』, 第95號, 서울, 中國語文學硏究會, 2015年 12月
강경구	지하철 한글 역명의 중국어 표기에 대한 고찰, 『中國學』, 第51輯, 부산, 大韓中國學會, 2015年 6月
강경희	중국고전문학 교육에 치유로서의 글쓰기를 활용한 사례 연구, 『中國語文學志』, 第53輯, 서울, 中國語文學會, 2015年 12月
강내영	페마 체덴(Pema Tseden), 혹은 완마차이단(萬瑪才旦) : 중국 티벳 청년감독의 어떤 자화상, 『中國文化硏究』, 第27輯, 서울, 中國文化硏究學會, 2015年 2月
강미훈	중세기 한국한자음 山攝에 관한 고찰-『華東正音通釋韻考』를 中心으로, 『中國文學』, 第84輯, 서울, 韓國中國語文學

會, 2015年 8月

강민호　杜甫 類似連作詩 고찰,『中國文學』, 第85輯, 서울, 韓國中國語文學會, 2015年 11月

강병규 · 이지은　중국 客家 방언과 贛 방언의 분리와 통합-군집분석과 다차원 척도법을 중심으로,『中國言語硏究』, 第59輯, 서울, 韓國中國言語學會, 2015年 8月

강병규　중국어와 동아시아 언어의 어순 유형,『中國言語硏究』, 第61輯, 서울, 韓國中國言語學會, 2015年 12月

姜先周　現代漢語副詞"本來"與"原來"辨析,『中國學報』, 第71輯, 서울, 韓國中國學會, 2015年 2月

강선주　저빈도 동작동사 "踏" 와 "踩" 의 타동성 비교,『中國學論叢』, 第47輯, 大田, 韓國中國文化學會, 2015年 9月

강승미　張愛玲 소설의 문학적 특징 연구: 여성의식과 내러티브를 중심으로, 숙명여대 대학원 박사 논문, 2014

姜承昊 · 劉曼璐　關于二元經濟体制下的中國地區所得差距硏究,『中國學硏究』, 第74輯, 서울, 中國學硏究會, 2015年 11月

강에스더　항전기 딩링 소설의 낭만주의적 특징 연구-＜新的信念＞, ＜我在霞村的時候＞, ＜在醫院中＞을 중심으로,『中國語文論叢』, 第69輯, 서울, 中國語文硏究會, 2015年 6月

강영매　소동파 폄적시기 생활양상과 사유방식 연구, 전북대 교육대학원 석사 논문, 2014

姜勇仲 · 朴鍾漢　중국 상하이(上海) 지역의 상호(商號)의 특성과 변화 양상에 대한 사회언어학적 고찰,『中國語文學論集』, 第91號, 서울, 中國語文學硏究會, 2015年 4月

강유나 『枕中記』故事原型、流變及主旨論析,『中國語文學』, 第68輯, 대구, 嶺南中國語文學會, 2015年 4月

강윤옥 春秋後期『侯馬盟書』에 수록된 人名과 문자 특징 연구,『中語中文學』, 第61輯, 서울, 韓國中語中文學會, 2015年 8月

강은지 근대시기 교과서에 나타난 19세기 상해방언의 특징 연구 : Jenkins(186?)의 문헌적 성격과 언어학적 특징을 중심으로,『中國人文科學』, 第60輯, 광주, 中國人文學會, 2015年 8月

강은지 『方言類釋』에 나오는 '中州鄕語' 어휘들의 성격에 대한 검토, 『中國人文科學』, 第61輯, 광주, 中國人文學會, 2015年 12月

姜正萬 『郁離子』 架空人物類型分析,『中國語文學論集』, 第91號, 서울, 中國語文學硏究會, 2015年 4月

강정정 한국어 한자어와 중국어 어휘의 대조 연구 : 이음절 同素語를 중심으로, 경희대 대학원 석사 논문, 2014

강종임 세책(貰冊)과 세서(稅書): 전통시기 한국과 중국의 소설 대여와 독자,『中國語文學』, 第68輯, 대구, 嶺南中國語文學會, 2015年 4月

강종임 蔡邕과 蔡二郎의 역사적 간극,『中國語文學』, 第69輯, 대구, 嶺南中國語文學會, 2015年 8月

강종임 옛날이야기로 오늘을 이야기하기-중국고전소설선독 수업을 위한 제언,『中國語文學志』, 第53輯, 서울, 中國語文學會, 2015年 12月

江俊偉 明清通俗小說中的小說閱讀與批評,『中國小說論叢』, 第

47輯, 서울, 韓國中國小說學會, 2015年 12月

강지전　　中國的"官場"與"官場小說",『中國語文論叢』, 第67輯, 서울, 中國語文研究會, 2015年 2月

江志全　　王小波的寫作'困境',『中國語文論譯叢刊』, 第37輯, 서울, 中國語文論譯學會, 2015年 7月

강지전　　一位自由主義浪漫騎士的誕生-性學家李銀河對作家王小波的塑造,『中國語文論叢』, 第70輯, 서울, 中國語文研究會, 2015年 8月

강창구　　沈佺期·宋之問 詩의 內容考,『中國人文科學』, 第60輯, 광주, 中國人文學會, 2015年 8月

강필임·이귀옥·손승혜　　중국의 한국드라마 연구와 수용-'별에서 온 그대' 관련 중국학술논문 내용분석,『中國學報』, 第74輯, 서울, 韓國中國學會, 2015年 11月

강현실·서　성　　명청 서사 삽화의 역사적 전개와 공간의 확장,『中國文化研究』, 第28輯, 서울, 中國文化研究學會, 2015年 5月

강혜근　　韓中漢字字形比較研究-教育用 基礎漢字 中學校用 900字를 中心으로,『中國言語研究』, 第60輯, 서울, 韓國中國言語學會, 2015年 10月

강효숙　　〈單位〉와 〈一地鷄毛〉의 "小林"을 중심으로 본 신사실주의 소설의 인물형상과 일상성의 긍정,『中國語文學』, 第68輯, 대구, 嶺南中國語文學會, 2015年 4月

고　동　　한·중 요청표현 대조 분석 : 공손성을 중심으로, 한양대 대학원 석사 논문, 2014

고　비　　1930년대 한중 여성 작가 소설 비교 연구-한국 동반자 작

	가와 좌익 작가를 중심으로, 아주대 대학원 박사 논문, 2014
高　飛・吳淳邦	『小孩月報』所刊載的伊索寓言敍述特點硏究, 『中國小說論叢』, 第47輯, 서울, 韓國中國小說學會, 2015年 12月
高　珊	한・중 시간부사의 대조 연구, 고려대 대학원 석사 논문, 2014
고　양	중국 속담과의 비교를 통한 한국 속담 교육 방안 연구, 건양대 대학원 석사 논문, 2014
高　靜・李　娜	對外漢字教材硏究, 『中國語 教育과 硏究』, 第22號, 서울, 韓國中國語教育學會, 2015年 12月
고광민・박준수	柳宗元 「乞巧文」과 韓愈 「送窮文」 優劣論 : 문장 구도분석을 중심으로, 『中國文化硏究』, 第28輯, 서울, 中國文化硏究學會, 2015年 5月
고명주	『紅樓夢』과 『鏡花緣』 俗語의 문학적 기능 연구, 고려대 대학원 석사 논문, 2014
고명주	『鏡花緣』에서 나타나는 중첩 공간과 그 의미 고찰-唐敖와 唐小山을 중심으로, 『中國語文論叢』, 第68輯, 서울, 中國語文硏究會, 2015年 4月
高旼喜	『紅樓夢』의 색채어 번역 : 青色을 중심으로, 『中國小說論叢』, 第47輯, 서울, 韓國中國小說學會, 2015年 12月
高亞亨	漢語"把"字句與"使"字句的關聯性及其理據探究, 『中國人文科學』, 第60輯, 광주, 中國人文學會, 2015年 8月
고연청	동양과 서양의 문화적 차이 연구, 한국교통대 인문대학원 석사 논문, 2014

고영란	18세기 에도 시대 소설에 보이는 상인의 致富와 그 의식 : 치부 주체의 이동을 중심으로, 『中國小說論叢』, 第46輯, 서울, 韓國中國小說學會, 2015年 8月
고영희	1930년대 중국영화 검열제도와 담론 연구-『中國電影年鑑(1934)』을 중심으로, 『中國學論叢』, 第48輯, 大田, 韓國中國文化學會, 2015年 12月
고윤실	중국의 포스트 80세대의 '청춘 회고'와 공공담론으로서의 '중국몽', 『中國現代文學』, 第72號, 서울, 韓國中國現代文學學會, 2015年 3月
고윤실	상하이의 공간적 실천에 관한 소고 : '광장'을 중심으로, 『中國文化研究』, 第28輯, 서울, 中國文化研究學會, 2015年 5月
고은미 · 박홍수	"국어"와 "보통화"의 어휘 이질화 현상 및 원인 분석 : TOCFL과 HSK를 중심으로, 『中國文化研究』, 第29輯, 서울, 中國文化研究學會, 2015年 8月
고인덕	『시경(詩經)』의 도상화(圖像化)-경서(經書) · 그림 · 문자, 『中國學』, 第50輯, 부산, 大韓中國學會, 2015年 3月
高仁德	명대 말기 '도상의 범람' 과 삽화에 대한 인식, 『中國語文學論集』, 第92號, 서울, 中國語文學研究會, 2015年 6月
고점복	張賢亮의 『男人的一半是女人』의 서사전략-이데올로그 비판과 구축의 전략, 『中國語文論叢』, 第69輯, 서울, 中國語文研究會, 2015年 6月
고점복	문명의 편향과 예술적 근대(성)의 복원-초기 루쉰(魯迅)의 문명론과 근대 인식, 『中國語文論叢』, 第71輯, 서울, 中國

語文硏究會, 2015年 10月

고정선　발도르프 교육방법을 활용한 중국어 교육 방안 연구: 초등학생을 대상으로, 경희대 대학원 석사 논문, 2014

고혜림 역 · 陳國球 저　『홍콩문학대계 1919-1949』 서문, 『中國現代文學』, 第72號, 서울, 韓國中國現代文學學會, 2015年 3月

高慧琳 · 梁　楠　韓國華人華文文學的混種性 ： 以1990年代出版『韓華』雜志爲中心, 『中國小說論叢』, 第47輯, 서울, 韓國中國小說學會, 2015年 12月

곡관녕　한 · 중 소설에 나타난 서정적 특성 비교연구-황순원과 심종문의 소설을 중심으로, 경희대 대학원 석사 논문, 2014

곡효여　補語"上"與"到"的語義特征分析-以"目的"義爲中心, 『中國言語硏究』, 第59輯, 서울, 韓國中國言語學會, 2015年 8月

曲曉雲　關於15、16世紀轉寫漢語讀音的訓民正音"ㅓ", 『中國言語硏究』, 第56輯, 서울, 韓國中國言語學會, 2015年 2月

공상철　侯孝賢의 『咖啡時光』에 관한 어떤 독법, 『中國現代文學』, 第74號, 서울, 韓國中國現代文學學會, 2015年 9月

공상철　기억의 지리학 : 侯孝賢의 『最好的時光』 읽기, 『中國文化硏究』, 第30輯, 서울, 中國文化硏究學會, 2015年 11月

공상철　秋菊은 어떻게 '골칫거리'가 되었는가 : 張藝謀의 『秋菊打官司』를 고쳐 읽으며, 『中國現代文學』, 第75號, 서울, 韓國中國現代文學學會, 2015年 12月

곽　영　'듯'을 포함한 한국어 문법 표현의 중국어 대응 표현 연구, 동국대 대학원 석사 논문, 2014

곽　영　晩淸狹邪小說『海上塵天影』硏究, 숭실대 대학원 석사 논

	문, 2014
곽 한	한·중 기쁨표현 관용어 대비연구, 숭실대 대학원 석사 논문, 2014
곽강봉	한국어 종결상 보조동사와 중국어 대응 표현에 대한 비교 연구: '-고 나다, -어 내다, -어 버리다'를 중심으로, 경희대 대학원 석사 논문, 2014
郭沂濱	空間詞'前/後'在對話体中的時間指向及深層認知：以其表達'時序'功能爲中心,『韓中言語文化研究』, 第39輯, 서울, 韓國現代中國研究會, 2015年 10月
곽노봉	한자와 서예,『中國學』, 第50輯, 부산, 大韓中國學會, 2015年 3月
郭芳秀	동아시아 마조 문화의 전파 연구, 고려대 대학원 석사 논문, 2014
郭聖林	試論把字句的修辭關系,『韓中言語文化研究』, 第39輯, 서울, 韓國現代中國研究會, 2015年 10月
郭小明	韓籍漢語學習者助動詞"能"教學排序研究,『中國語 教育과 研究』, 第21號, 서울, 韓國中國語教育學會, 2015年 6月
곽수경	"메이드 인 할리우드"와 "메이드 인 차이나",『中國文學研究』, 第60輯, 서울, 韓國中文學會, 2015年 8月
곽현숙	『漢鮮文新玉篇』簡介,『中語中文學』, 第60輯, 서울, 韓國中語中文學會, 2015年 4月
곽홍연	韓國學生"難易句"習得偏誤研究及教材編排考察,『中國言語研究』, 第56輯, 서울, 韓國中國言語學會, 2015年 2月
관 적	한·중 외래어의 음운론적 대조 연구, 부산대 대학원 석사

논문, 2014

교　우　　강경애와 샤오홍 소설의 비교연구 :『인간문제』와『생사의 마당』을 중심으로, 건국대 대학원 석사 논문, 2014

구경숙 · 장진개　　현대중국어 이음절 형용사 AABB식과 ABAB식 중첩의 비교 및 교육 방안-신HSK 6급 단어 분석 위주,『中國言語硏究』, 第57輯, 서울, 韓國中國言語學會, 2015年 4月

구경숙 · 장진개 · 나　곤　　中高級口語語篇連接成分偏誤分析及教學, 教材編寫,『中國言語硏究』, 第59輯, 서울, 韓國中國言語學會, 2015年 8月

구은미 · 이중희　　중국 유학생 유치의 연계 유형과 입학 경로에 관한 사례 연구,『中國學』, 第53輯, 부산, 大韓中國學會, 2015年 12月

구정초　　한국어 '-아/어 있다'와 중국어 '着'의 용법 비교 : 성취 동사와의 결합을 중심으로, 숭실대 대학원 석사 논문, 2014

구현아 · 장　린 · 김영옥　　예체능 계열 학생을 위한 교양 중국어 교재 개발 연구 : Y대학교 사례를 중심으로,『中國人文科學』, 第59輯, 광주, 中國人文學會, 2015年 4月

구현아　　『正音切韻指掌』에 반영된 청말 관화음계 연구,『中國語文學志』, 第51輯, 서울, 中國語文學會, 2015年 6月

권기영　　중국문화 해외진출(走出去) 전략 및 유형 분석,『中國文化硏究』, 第28輯, 서울, 中國文化硏究學會, 2015年 5月

權錫煥　　春秋戰國時代 名言의 핵심 내용과 표현미,『中國學報』, 第71輯, 서울, 韓國中國學會, 2015年 2月

권석환　　중국 전통 <雅集圖記>의 문체적 특징 연구,『中國語文論叢』, 第72輯, 서울, 中國語文硏究會, 2015年 12月

권아린　唐 이전 寓言에 나타난 馬 형상 변천 양상 고찰, 『中國文學研究』, 第60輯, 서울, 韓國中文學會, 2015年 8月

권애영　『三字經』의 구조와 사상 고찰, 『中國學研究』, 第73輯, 서울, 中國學研究會, 2015年 8月

권영애　『列仙傳』의 조력자 모티프 고찰, 『中國語文論叢』, 第72輯, 서울, 中國語文研究會, 2015年 12月

權容玉　中國 私營企業主 政治參與意識의 研究, 『中國學論叢』, 第46輯, 大田, 韓國中國文化學會, 2015年 6月

권용옥　三星電子 入駐와 陝西省의 變化, 『中國學論叢』, 第47輯, 大田, 韓國中國文化學會, 2015年 9月

권응상　劉三姐 이야기의 극본화 과정 연구, 『中國語文學』, 第70輯, 대구, 嶺南中國語文學會, 2015年 12月

권혁석　『玉臺新詠』에 나타난 중고시기 여성의 형상－의복 수식(首飾)과 장신구를 중심으로, 『中國語文學』, 第69輯, 대구, 嶺南中國語文學會, 2015年 8月

권혁준　『說文解字』 讀若에 반영된 복자음 聲母, 『中國語文論叢』, 第70輯, 서울, 中國語文研究會, 2015年 8月

권혜리　중국 시트콤 家有兒女의 수사학적 분석, 『中國學研究』, 第71輯, 서울, 中國學研究會, 2015年 3月

권호종 · 이봉상　『青樓韻語』를 통해 본 嫖客의 風流守則, 『韓中言語文化研究』, 第38輯, 서울, 韓國現代中國研究會, 2015年 6月

權鎬鐘 · 黃永姬 · 朴貞淑 · 李紀勳 · 申旻也 · 李奉相　『青樓韻語』의 經文과 原註에 대한 譯解(1), 『中國語文論譯叢刊』, 第37輯, 서울, 中國語文論譯學會, 2015年 7月

權鎬鍾 · 朴貞淑　『靑樓韻語』를 통해 본 妓女의 接客心理 考察, 『中國語文學論集』, 第93號, 서울, 中國語文學硏究會, 2015年 8月

기 영 · 서 진　再論嚴歌苓『白蛇』: 以文革下的女性性別書寫爲中心, 『韓中言語文化硏究』, 第38輯, 서울, 韓國現代中國硏究會, 2015年 6月

기 위　중국어 대응 표현을 활용한 보조동사 '내다'의 양태 의미 연구, 경희대 대학원 석사 논문, 2014

가춘매 · 왕영덕　臨時動量詞的語義和句法初步分析, 『中國言語硏究』, 第57輯, 서울, 韓國中國言語學會, 2015年 4月

김 매　한 · 중 부사어의 대조 연구, 창원대 대학원 석사 논문, 2014

김 미　韓國漢字成語構式硏究, 한양대 대학원 박사 논문, 2014

김 성　염상섭의 『삼대』와 빠진의 『家』 비교연구, 단국대 대학원 석사 논문, 2014

김 영　현대중국어 이중목적어구문의 어법특성 연구, 성균관대 대학원 박사 논문, 2014

김 영 · 박재연 · 이재홍　조선본 『古列女傳』의 발굴과 그 의미, 『中國語文學志』, 第51輯, 서울, 中國語文學會, 2015年 6月

金 瑛　韓國學生習得介詞"對"的敎學策略硏究, 『中國文學硏究』, 第60輯, 서울, 韓國中文學會, 2015年 8月

김 영　조선후기 중국어 어휘집 『華語』에 대하여-『漢談官話』와의 비교를 중심으로, 『中國學論叢』, 第47輯, 大田, 韓國中國文化學會, 2015年 9月

김 호　朝鮮刊本 『新編算學啓蒙』의 中國 傳播와 影響, 『中國文

	學研究』, 第58輯, 서울, 韓國中文學會, 2015年 2月
김 호	『汪文摘謬』著成年代考,『中國學報』, 第74輯, 서울, 韓國中國學會, 2015年 11月
김 호	2009-2015년도 중국어중등학교교사임용후보자선정경쟁시험 1차시험 문학영역 문항분석,『中國文學研究』, 第61輯, 서울, 韓國中文學會, 2015年 11月
김경남	리우칭방(劉慶邦) 소설의 서사적 특색,『中國學報』, 第71輯, 서울, 韓國中國學會, 2015年 2月
김경동	"停車坐愛楓林晩"-詩語로서 '坐'의 의미,『中國學報』, 第74輯, 서울, 韓國中國學會, 2015年 11月
김경민	新HSK 듣기 문제 유형을 활용한『중국어 회화Ⅰ』듣기 문항 설계, 이화여대 교육대학원 석사 논문, 2014
김경숙	중·한 대조분석을 통한 동형이의어 지도 방안 연구, 연세대 대학원 석사 논문, 2014
김경아	清代『女仙外史』의 재조명,『中國小說論叢』, 第46輯, 서울, 韓國中國小說學會, 2015年 8月
김경익	한문 학습에서 오류의 연구, 한국교원대 대학원 박사 논문, 2014
김경희	莊子의 思想과 死生觀 고찰, 경희대 대학원 석사 논문, 2014
김계화·김정필	'反而'의 의미와 기능 분석,『中國學』, 第53輯, 부산, 大韓中國學會, 2015年 12月
金光永	원잡극 「忍字記」 度脫 : 통과의례를 중심으로,『中國文化研究』, 第27輯, 서울, 中國文化研究學會, 2015年 2月

金光永　　元雜劇 「度柳翠」 度脫：통과의례적 관점을 중심으로, 『中國文化硏究』, 第28輯, 서울, 中國文化硏究學會, 2015年 5月

김광일　　환관과 지식인：眞德秀『大學衍義』「嚴內治」의 구조와 의미, 『中語中文學』, 第60輯, 서울, 韓國中語中文學會, 2015年 4月

金光赫·李光洙·李龍振　　基于SWOT-AHP方法的圖們江區域綠色物流發展戰略硏究-以延邊地區爲中心, 『中國學論叢』, 第45輯, 大田, 韓國中國文化學會, 2015年 3月

김금남　　敦煌寫本『下女夫詞』譯註와 그 문화 함의, 『中國文學硏究』, 第60輯, 서울, 韓國中文學會, 2015年 8月

金起誾　　韓·中初級漢語敎材的語言要素對比分析, 『中國語 敎育과 硏究』, 第21號, 서울, 韓國中國語敎育學會, 2015年 6月

金起誾·張　麗　　한국 학생의 능원동사 "會", "能"오류 분석, 『中國語文學論集』, 第92號, 서울, 中國語文學硏究會, 2015年 6月

김기효　　문혁시기 지식인 계층의 존재형태에 관한 연구, 『中國學硏究』, 第72輯, 서울, 中國學硏究會, 2015年 6月

김나래　　유의어 剛, 剛才의 의미, 통사론적 특성 연구, 『中國言語硏究』, 第57輯, 서울, 韓國中國言語學會, 2015年 4月

김나래　　조동사 "應該" "得"의 의미, 용법 비교 연구-의무 양태 의미와 인지 양태 의미를 중심으로, 『中國言語硏究』, 第60輯, 서울, 韓國中國言語學會, 2015年 10月

金洛喆　　당 전기에 등장하는 노비(奴婢)의 역할과 의미 고찰, 『中國小說論叢』, 第45輯, 서울, 韓國中國小說學會, 2015年4月

김낙철 효과적인 초급중국어 통번역식 강의 試探 : 실제 한 학기 교실수업 과정을 표본으로, 『中國語 敎育과 硏究』, 第21號, 서울, 韓國中國語敎育學會, 2015年 6月

김남희 신시기 주체 상상과 번역 : 내부간행물 『摘譯』를 중심으로, 『中國現代文學』, 第73號, 서울, 韓國中國現代文學學會, 2015年 6月

김덕균 현대 중국어 '本來' '原來'의 인지적 현저성과 서법성, 『中國人文科學』, 第60輯, 광주, 中國人文學會, 2015年 8月

김덕균 현대 한어 연동문의 동사와 '了1'의 결합양상, 『中國人文科學』, 第61輯, 광주, 中國人文學會, 2015年 12月

김덕삼 · 조득창 · 최원혁 캠벨의 신화 이론으로 분석한 중국의 경극 : 경극 「패왕별희」를 중심으로, 『中國文化硏究』, 第30輯, 서울, 中國文化硏究學會, 2015年 11月

김도영 사동의미의 把字句 오류와 중국어 使動 용법 교수법에 대하여, 『中國語文論叢』, 第67輯, 서울, 中國語文硏究會, 2015年 2月

김도일 先秦 儒家의 仁의 확장과 그 혈연적 기초에 대하여, 『中國學報』, 第73輯, 서울, 韓國中國學會, 2015年 8月

김도훈 · 박태진 · 김영식 중국 다롄(大連) 도시가구의 주택금융 이용 실태에 관한 연구, 『中國學』, 第52輯, 부산, 大韓中國學會, 2015年 9月

김동하 민영은행 출범이 중국 금융개혁에 미치는 영향, 『中國學硏究』, 第71輯, 서울, 中國學硏究會, 2015 3月

김동호 한국 한자어와 현대 중국어 어휘 비교 연구 : 동형이의

	어 · 이형동의어를 중심으로, 한서대 대학원 석사 논문, 2014
김로사	呂必松의『對外漢語教學概論講義』번역, 동국대 대학원 석사 논문, 2014
김명구	惡性과 善性 사이-『三言』속에 나타난 "善惡竝存" 인물 연구,『中國語文論叢』, 第69輯, 서울, 中國語文研究會, 2015年 6月
김명구	악당 살아남다-「宋四公大鬧禁魂張」에 나타난 악인의 특징과 악의 의미,『中語中文學』, 第61輯, 서울, 韓國中語中文學會, 2015年 8月
김명구	바름과 그름 :『三言』의 '改行遷惡' 인물 연구,『中國小說論叢』, 第46輯, 서울, 韓國中國小說學會, 2015年 8月
김명구	原用과 變用-『聊齋誌異』「姊妹易嫁」의 改編 연구,『中國語文論叢』, 第71輯, 서울, 中國語文研究會, 2015年 10月
김명선	중학교『생활중국어』문법 항목 분석 및 개선 방안 연구, 이화여대 교육대학원 석사 논문, 2104
金明順	한중 · 중한 번역 교육의 일부 난제에 대한 고찰,『中國語文論譯叢刊』, 第36輯, 서울, 中國語文論譯學會, 2015年1月
김명월	'仁'字的構成及其文化意蘊, 영남대 대학원 석사 논문, 2014
김미란	1920년대 초 중국『부녀잡지(婦女雜誌)』의 산아제한담론 분석 : 서구 인구담론의 '문명론'적 수용방식에 대한 비판적 검토를 중심으로,『中國現代文學』, 第72號, 서울, 韓國中國現代文學學會, 2015年 3月

金美蘭　5 · 4 개성해방 시기의 '독신' 담론, 『中國小說論叢』, 第45輯, 서울, 韓國中國小說學會, 2015年 4月

김미란　모옌의 소설 『개구리(蛙)』의 언어, 그리고 '한 자녀정책', 『中國現代文學』, 第75號, 서울, 韓國中國現代文學學會, 2015年 12月

김미성　시간부사 '在'의 상 표지 인정여부에 관한 초탐, 『中國人文科學』, 第59輯, 광주, 中國人文學會, 2015年 4月

김미순　학습자의 중국어 수준에 따른 읽기 전략 비교 연구, 『中國學報』, 第71輯, 서울, 韓國中國學會, 2015年 2月

김미순　고등학교 『중국어 I 』 네 영역의 편제 순서와 그에 따른 내용의 적합성 고찰, 『中國語文學志』, 第53輯, 서울, 中國語文學會, 2015年 12月

김미정　周作人과 『老虎橋雜詩』 Ⅲ : 兒童雜事詩의 세계, 『中國現代文學』, 第74號, 서울, 韓國中國現代文學學會, 2015年 9月

김민나　『文心雕龍』〈徵聖〉편의 주제와 "文之樞紐"로서의 역할에 대한 새로운 탐색, 『中國語文學志』, 第53輯, 서울, 中國語文學會, 2015年 12月

김민선　현대중국어 가능보어의 연구 : '~不了(liǎo)'의 사용 환경과 구조를 중심으로, 제주대 대학원 박사 논문, 2014

김민영 · 정윤철　어린이중국어교사 양성과정 현황과 개선방안, 『中國學』, 第52輯, 부산, 大韓中國學會, 2015年 9月

金炳基　21세기 동아시아 서예의 세계적 확산 가능성과 '韓紙'의 가치, 『中國學論叢』, 第46輯, 大田, 韓國中國文化學會,

2015年 6月

김보경 · 최석원　北宋 蘇軾의 삼국 역사관 고찰, 『中語中文學』, 第62輯, 서울, 韓國中語中文學會, 2015年 12月

김봉연　국가 기획의 가족 만들기-모옌 『개구리』에 나타난 가족정치의 한계와 모순, 『中國學報』, 第74輯, 서울, 韓國中國學會, 2015年 11月

김빛나리　中 · 韓 · 日 '타임슬립(時空穿越)' 역사드라마 연구, 연세대 대학원 석사 논문, 2014

김상규　『太平通載』에 수록된 中國 引用文獻의 價値 硏究, 『中國文學硏究』, 第59輯, 서울, 韓國中文學會, 2015年 5月

김상욱　문화와 중국의 지역경제성장 : 문화산업과 문화사업의 비교, 『中國學硏究』, 第73輯, 서울, 中國學硏究會, 2015年8月

김상원　'國語羅馬字'와 '拉丁化新文字'의 문자 체계 비교, 『中國文學硏究』, 第58輯, 서울, 韓國中文學會, 2015年 2月

金錫永 · 宋紅玲 · 李康齊 · 李美京 · 李衍淑　중국어 평가 문항 작성 기법 연구 : 신HSK, SNULT, FLEX 선택형 문항에 대한 비판적 분석을 중심으로, 『中國語文學論集』, 第90號, 서울, 中國語文學硏究會, 2015年 2月

김석영 · 손민정　중국어 교과서의 외래어 표기 개선 방안, 『中國語文學志』, 第52輯, 서울, 中國語文學會, 2015年 9月

김석우　西晉 시기 杜預의 春秋學과 史書에 기초한 經典 해석의 實例, 『中國學報』, 第74輯, 서울, 韓國中國學會, 2015年 11月

김선민　17-18세기 청대 인삼정책의 변화, 『中國學報』, 第74輯, 서울, 韓國中國學會, 2015年 11月

金善娥 · 辛承姬	중국어 교육을 위한 신HSK 한자 일치도 유형분석, 『中國語文學論集』, 第93號, 서울, 中國語文學研究會, 2015年8月
김선유	이청조 · 주숙진 사 연구 : 의상과 의경을 중심으로, 전남대 대학원 석사 논문, 2014
金善子	중국 羌族 계통 소수민족 신화에 나타난 흰 돌[白石]의 상징성 : 빛과 불, 그리고 천신, 『中國語文學論集』, 第91號, 서울, 中國語文學研究會, 2015年 4月
金善子	중국 서남부 지역 羌族 계통 소수민족의 龍 신화와 제의에 관한 연구, 『中國語文學論集』, 第95號, 서울, 中國語文學研究會, 2015年 12月
金善熙	명대 是……的형식 과거의미 분석 : 『수호전』, 『서유기』를 중심으로, 『中國語文學論集』, 第91號, 서울, 中國語文學研究會, 2015年 4月
김선희	타동성 관점으로 본 근대중국어 과거의미 是……的형식의 '的' : 『수호전』, 『서유기』, 『홍루몽』을 중심으로, 『中國文學研究』, 第60輯, 서울, 韓國中文學會, 2015年 8月
김선희	중 · 고급 학습자의 '把' 구문 오류분석 연구 : 과잉일반화를 중심으로, 『中語中文學』, 第61輯, 서울, 韓國中語中文學會, 2015年 8月
김설화 · 모정열	補語語義指向對重動句的使用制約, 『中國語文學志』, 第53輯, 서울, 中國語文學會, 2015年 12月
김성곤	杜甫草堂時期閑適詩 硏究, 『中國文學』, 第82輯, 서울, 韓國中國語文學會, 2015年 2月
김성복	중국어 초급학습자의 발음오류분석 및 지도방안의 효과

연구, 순천향대 교육대학원 석사 논문, 2014

김성현　　고등학교『중국어Ⅰ』,『중국어Ⅱ』교과서의 삽화 개선 방안 연구, 공주대 교육대학원 석사 논문, 2014

金世美·金鉉哲　　현대중국어 'V+C t' 구조의 지속 의미 연구,『中國語文學論集』, 第94號, 서울, 中國語文學研究會, 2015年 10月

김세환　　漢字의 流入과 傳統漢學의 終焉-許棌, 李雨燮 두 傳統漢學者의 逝去 斷想,『中國學』, 第50輯, 부산, 大韓中國學會, 2015年 3月

김세환　　淺談九華山金地藏的傳說及其文學性,『中國學』, 第53輯, 부산, 大韓中國學會, 2015年 12月

金歲熙　　'단계성 원칙'에 따른 고등학교 중국어 교과서 문법항목 연구, 한국외대 교육대학원 석사 논문, 2014

김세희　　현대중국어 時体(Tense - Aspect) 표지 '的',『中國學』, 第50輯, 부산, 大韓中國學會, 2015年 3月

김소정　　러시아 니힐리스트 영웅의 중국적 수용-1920년대를 중심으로,『中國語文學』, 第70輯, 대구, 嶺南中國語文學會, 2015年 12月

김소현·백정숙　　沈奇詩의 지역성과 변방의식,『中國人文科學』, 第60輯, 광주, 中國人文學會, 2015年 8月

김수경　　경전해석방식으로서의 賦比興論-王夫之의『詩經』해석 방식 분석을 중심으로,『中國語文論叢』, 第69輯, 서울, 中國語文研究會, 2015年 6月

김수연　　18-19세기 한국 소설에 나타난 여성의 상업 활동과 여성 儒商,『中國小說論叢』, 第46輯, 서울, 韓國中國小說學會,

	2015年 8月
김수연	청말 허무당 담론의 징후적 독해, 『中國文化硏究』, 第29輯, 서울, 中國文化硏究學會, 2015年 8月
김수연	20세기 초 중국의 대학교육과 문학, 『中國語文論叢』, 第72輯, 서울, 中國語文硏究會, 2015年 12月
김수진	어기조사 呢의 지도 방안 연구 : 외국어계열 고등학생을 대상으로, 이화여대 교육대학원 석사 논문, 2014
김수진	徐寶琦의 『二嫫』와 余華의 『許三觀賣血記』에 관한 비교 시론 : 작품에서 보여지는 매혈 서사를 중심으로, 『中國小說論叢』, 第47輯, 서울, 韓國中國小說學會, 2015年 12月
김수현	『홍루몽(紅樓夢)』을 통해 본 청대(淸代) 여성의 경제활동과 금전의식, 『中國小說論叢』, 第46, 서울, 韓國中國小說學會, 2015年 8月
김수희	蘇軾 詞의 여행공간과 공간인식, 『中國文學』, 第85輯, 서울, 韓國中國語文學會, 2015年 11月
김숙경	'푸다오輔導'라는 한·중 문화접경지대 : 아시아 대중의 일상적 문화번역 연구, 성공회대 대학원 석사 논문, 2014
김순진	이원수와 張天翼 판타지 동화 비교, 『中國學硏究』, 第71輯, 서울, 中國學硏究會, 2015年 3月
김승욱	上海時期(1840-1862)王韜的世界認識-以中華論的變化爲中心, 『中國學報』, 第73輯, 서울, 韓國中國學會, 2015年8月
김시준	초기 중국현대문학 연구와 학회창립 회고 : 한국중국현대문학학회 창립 30주년 기념, 『中國現代文學』, 第74號, 서울, 韓國中國現代文學學會, 2015年 9月

김신주	西周 '約劑' 銘文 硏究 : 분쟁 방지 목적의 법적 장치를 중심으로, 『中國文學硏究』, 第60輯, 서울, 韓國中文學會, 2015年 8月
김아영	일제강점기 中國語會話書에 나타난 어휘 연구, 연세대 대학원 박사 논문, 2014
金雅瑛 · 金鉉哲	열운 장지영의 중국어교육 및 열운문고 소장 중국어학습서 연구, 『中國語文學論集』, 第93號, 서울, 中國語文學硏究會, 2015年 8月
金爱英	高麗本音義書에 인용된 『聲類』 考察 : 『小學蒐逸』과의 비교를 통하여, 『中國語文學論集』, 第94號, 서울, 中國語文學硏究會, 2015年 10月
김양수	'상하이의 조선인 영화황제' 신화에 대한 비판적 성찰 : 김염(金焰)과 내셔널리즘, 『中國文學硏究』, 第58輯, 서울, 韓國中文學會, 2015年 2月
김양수	1920년대 상하이의 '혁명문학' 논쟁과 한국 출신 논객 유서(柳絮), 『中國文學硏究』, 第59輯, 서울, 韓國中文學會, 2015年 5月
김양수	허우샤오셴(侯孝賢)감독과의 인터뷰, 『中國現代文學』, 第73號, 서울, 韓國中國現代文學學會, 2015年 6月
김양진 · 단명결	한 · 중 한자어 인간성 분류사 역사적 비교, 『中國言語硏究』, 第58輯, 서울, 韓國中國言語學會, 2015年 6月
김연아	도연명과 이백 음주시 비교연구, 울산대 대학원 석사 논문, 2014
김연재	天道의 패러다임에서 본 周易의 聖人精神과 그 人文主義

的 세계, 『中國學報』, 第71輯, 서울, 韓國中國學會, 2015年 2月

金硏珠　詩 · 書 · 畵를 통해 표출된 蘇軾의 禪意 연구, 『中國學論叢』, 第45輯, 大田, 韓國中國文化學會, 2015年 3月

김연주　蘇軾의 예술창작론에서 '手熟'의 경계 연구, 『中國文化研究』, 第28輯, 서울, 中國文化研究學會, 2015年 5月

김연지 · 한용수　현대 중국어 이음절 반의복합어 연구, 『中國學研究』, 第73輯, 서울, 中國學研究會, 2015年 8月

金玲敬　『新撰字鏡』 難字 考釋 七例, 『中國語文學論集』, 第91號, 서울, 中國語文學研究會, 2015年 4月

김영미　설치예술이 지니는 정치성, 네트워크와 그 언설에 있다 : 아이웨이웨이와 황용핑을 중심으로, 『中國文化研究』, 第27輯, 서울, 中國文化研究學會, 2015年 2月

김영미　포스트 사회주의 중국을 읽는 방법 : 생산의 주체가 해체되는 지점과 예술, 『中國文化研究』, 第28輯, 서울, 中國文化研究學會, 2015年 5月

김영민　현대중국어 "V+X點(兒)+N" 구문 고찰 - '點(兒)'의 문법화 양상을 중심으로, 『中國學報』, 第71輯, 서울, 韓國中國學會, 2015年 2月

김영식 · 박태진 · 김도훈　중국 다롄(大連) 도시가구의 주택금융 이용 실태에 관한 연구, 『中國學』, 第52輯, 부산, 大韓中國學會, 2015年 9月

김영옥 · 장　린 · 구현아　예체능 계열 학생을 위한 교양 중국어 교재 개발 연구 : Y대학교 사례를 중심으로, 『中國人文科學』, 第59

輯, 광주, 中國人文學會, 2015年 4月

김영옥 韓邦慶 단편소설의 근대적 불교서사 탐색 : 『歡喜佛』을 중심으로, 『中語中文學』, 第61輯, 서울, 韓國中語中文學會, 2015年 8月

김영옥 중국어 관계표지 '又A又B'의 'A'와 'B'에 대한 연구 - 'A'와 'B'가 형용사 일 때, 『中國文學』, 第85輯, 서울, 韓國中國語文學會, 2015年 11月

김영진 梁啓超의 중국불교사 서술과 번역론, 『中國學報』, 第71輯, 서울, 韓國中國學會, 2015年 2月

김영진 근대 중국에서 티베트불교의 발견과 고승 法尊의 역할, 『中國學報』, 第73輯, 서울, 韓國中國學會, 2015年 8月

金永贊 · Ian Maddieson · Peter Ladefoged 중국의 네 가지 소수 언어의 '긴장성'과 '이완성', 『中國語文論譯叢刊』, 第36輯, 서울, 中國語文論譯學會, 2015年 1月

김영찬 『無罪獲勝』과 17세기 漢語 어음 체계-성모를 중심으로, 『中國語文學』, 第70輯, 대구, 嶺南中國語文學會, 2015年 12月

김영찬 『西字奇蹟』의 로마자 주음 체계 연구-성모를 중심으로, 『中國學』, 第53輯, 부산, 大韓中國學會, 2015年 12月

金永哲 元代 陸行直의 詞眼論, 『中國語文學論集』, 第92號, 서울, 中國語文學研究會, 2015年 6月

김영철 "기억" 탐색의 서사 -格非의 『追憶烏攸先生』과 『青黃』, 『中國語文學』, 第70輯, 대구, 嶺南中國語文學會, 2015年 12月

김영환 大夏 군주 赫連勃勃의 대외투쟁 연구, 『中國學研究』, 第71輯, 서울, 中國學研究會, 2015年 3月

김영환	秦代의 博士官 伏生 연구-『史記』에 나타난 伏生의 기록을 중심으로, 『中國學報』, 第74輯, 서울, 韓國中國學會, 2015年 11月
김영희	徐渭 繪畫美學의 陽明心學的 硏究 : 陽明左派 心學思想을 中心으로, 성균관대 대학원 석사 논문, 2014
김예슬	고등학교 『중국어Ⅰ』 교과서의 대화문을 활용한 의사소통 능력 향상 지도방안 연구, 상명대 교육대학원 석사 논문, 2014
金鈺晙	한국전쟁 휴전회담 의제채택협상에서의 중국의 전략 : 38도선 군사분계선 설정문제와 외국군철수문제를 중심으로, 『中國學論叢』, 第45輯, 大田, 韓國中國文化學會, 2015年3月
김외연 · 맹주억	개혁개방 이후 연변지역 언어사용의 변화, 『中國文化硏究』, 第27輯, 서울, 中國文化硏究學會, 2015年 2月
김용운	中國 當代詩에 나타난 폭력의 詩的 정형화 과정 연구, 『中國學』, 第50輯, 부산, 大韓中國學會, 2015年 3月
김용운	期待와 距離의 詩學 : 1997년 회귀 이후의 홍콩 題材 詩 동향, 『中國人文科學』, 第61輯, 광주, 中國人文學會, 2015年 12月
김원곤 · 박정수	韓國과 臺灣의 기업문화 특징과 시사점-中小企業을 중심으로, 『中國學論叢』, 第47輯, 大田, 韓國中國文化學會, 2015年 9月
김원곤 · 박정수	2016年 台灣 大選과 兩岸關係에 대한 展望, 『中國學論叢』, 第48輯, 大田, 韓國中國文化學會, 2015年 12月
김원동	『尺牘新語』를 통해 본 문학성과 대중성 사이-遊記 尺牘

을 중심으로,『中國語文學志』, 第50輯, 서울, 中國語文學會, 2015年 4월

김원희 · 이종무 明末淸初 江南 어느 여성의 삶 : 女人, 遺民, 作家 商景蘭研究,『中語中文學』, 第60輯, 서울, 韓國中語中文學會, 2015年 4月

金原希 · 彭　靜 漢語高級水平韓國學生使用"能"與"會"的偏誤分析 : 基于HSK動態作文語料庫,『中國文學研究』, 第60輯, 서울, 韓國中文學會, 2015年 8月

金原希 · 李雪花 韓國學生致使句偏誤分析及教學對策,『中語中文學』, 第61輯, 서울, 韓國中語中文學會, 2015年 8月

김월회 先秦시기 복수의 인문화 양상,『中國文學』, 第83輯, 서울, 韓國中國語文學會, 2015年 5月

김월회 홍콩을 사유하는 '한국적 시각' 구축을 위한 첫걸음,『中國現代文學』, 第73號, 서울, 韓國中國現代文學學會, 2015年 6月

김유봉 秦나라 李斯의 思想世界와 天下統一後 文化政策,『中國學論叢』, 第47輯, 大田, 韓國中國文化學會, 2015年 9月

김윤정 현대중국어 방향보어구조의 함의 재조명,『中語中文學』, 第61輯, 서울, 韓國中語中文學會, 2015年 8月

김윤희 한중일 3국의 〈개인정보요구〉 에 관한 사회언어학적 연구, 중앙대 대학원 박사 논문, 2014

김은경 蘇辛詞 題序의 창작 특징 비교,『中國語文學』, 第68輯, 대구, 嶺南中國語文學會, 2015年 4月

김은정 中國 文學作品 속의 王昭君 形象 考察 : 馬致遠『漢宮秋』,

	郭沫若『王昭君』, 曹禺『王昭君』 중심으로, 전북대 교육대학원 석사 논문, 2014
金恩柱	第二語言教學中不可或缺的眞實語言,『中國語 教育과 研究』, 第21號, 서울, 韓國中國語教育學會, 2015年 6月
金殷嬉	『설문해자』 女부에 나타난 고대 중국 여성의 미인상(美人相) 고찰,『中國語文學論集』, 第92號, 서울, 中國語文學研究會, 2015年 6月
김은희	王安憶의『富萍』과 上海 移民者의 서사,『中國文學』, 第84輯, 서울, 韓國中國語文學會, 2015年 8月
金殷嬉	『설문해자』 女부 중 여성의 '자태'를 나타내는 글자의 의미 분석,『中國語文學論集』, 第95號, 서울, 中國語文學研究會, 2015年 12月
金宜貞	明末 淸初 여성 시인들의 시 쓰기 전략 : 악부시를 중심으로,『中國語文學論集』, 第90號, 서울, 中國語文學研究會, 2015年 2月
김의정	陸卿子 樂府詩의 시적 전략,『中國語文學志』, 第50輯, 서울, 中國語文學會, 2015年 4月
김의정	明末 淸初 문화 세속화의 흐름 속에서 본『閑情偶寄』-〈居室部〉를 중심으로,『中國語文學志』, 第51輯, 서울, 中國語文學會, 2015年 6月
金宜貞	典故를 통해 본 명대 여성시의 전략 : 王端淑의 시를 중심으로,『中國語文學論集』, 第94號, 서울, 中國語文學研究會, 2015年 10月
김인순	피동문과 사역문의 교차 현상에 대하여,『中國語文論叢』,

	第69輯, 서울, 中國語文研究會, 2015年 6月
김자은	2000년 이후 중국 詩의 창작경향과 연구동향 : 『中國詩歌研究動態 · 新詩卷』을 중심으로, 『中國人文科學』, 第59輯, 광주, 中國人文學會, 2015年 4月
金長煥	『魏晉世語』 輯佚 硏究, 『中國語文學論集』, 第94號, 서울, 中國語文學研究會, 2015年 10月
김정구	『허삼관』은 어떻게 『허삼관 매혈기』를 '한국 영화'로 번역하(지 못하)는가?-한중 비교연구의 조건들에 대하여, 『中國現代文學』, 第73號, 서울, 韓國中國現代文學學會, 2015年 6月
김정기 · 장효진	徽州傳統三教神靈崇拜新探, 『中國學論叢』, 第48輯, 大田, 韓國中國文化學會, 2015年 12月
김정남	清華簡 『金縢』을 통해 본 『尚書』 '詰屈聱牙' 현상의 유형적 고찰 : 출토문헌과 통행본의 대조를 중심으로, 『中國文化研究』, 第27輯, 서울, 中國文化研究學會, 2015年 2月
金正男	清華簡 『皇門』 譯釋, 『中國語文學論集』, 第91號, 서울, 中國語文學研究會, 2015年 4月
김정수	탈/냉전 중국의 전쟁 기억과 민족 서사의 곤경 : 『만종』과 『난징! 난징』을 중심으로, 『中國小說論叢』, 第46輯, 서울, 韓國中國小說學會, 2015年 8月
김정숙	명대중엽 세설체 형성, 『中國語文學志』, 第53輯, 서울, 中國語文學會, 2015年 12月
김정욱	『송가황조(宋家皇朝)』를 보는 어떤 한 장의 지도(下), 『中國人文科學』, 第59輯, 광주, 中國人文學會, 2015年 4月

김정은　한·미 고등학교 중국어 교재 비교 분석,『中國語文學』, 第68輯, 대구, 嶺南中國語文學會, 2015年 4月

金廷恩　한·중 신문광고 표제어에 나타난 언어적 특징 대조 분석,『中國語文學論集』, 第93號, 서울, 中國語文學硏究會, 2015年 8月

김정필·안승웅　문·사·철 활용 한자교수법을 위한 제언,『中國學』, 第50輯, 부산, 大韓中國學會, 2015年 3月

김정필·김계화　'反而'의 의미와 기능 분석,『中國學』, 第53輯, 부산, 大韓中國學會, 2015年 12月

김정희　唐代 茶文化의 형성과 발전에 대한 考察,『中國學報』, 第73輯, 서울, 韓國中國學會, 2015年 8月

김조은　고등학교『중국어 I』정기고사 평가문항 분석과 개발, 이화여대 교육대학원 석사 논문, 2014

김종석　李銳 장편소설『張馬丁的第八天』初探-시공간 배경 "의화단 운동"과 작중 인물 형상 분석을 중심으로,『中國語文論叢』, 第69輯, 서울, 中國語文硏究會, 2015年 6月

金鐘聲　論"興於詩, 立於禮, 成於樂",『中國語文論譯叢刊』, 第36輯, 서울, 中國語文論譯學會, 2015年 1月

金鐘聲　『戰國策』中引用的經傳分析,『中國語文論譯叢刊』, 第37輯, 서울, 中國語文論譯學會, 2015年 7月

김종식(수암)　佛典漢語의 複音節詞와 文法硏究, 중앙승가대 대학원 박사 논문, 2014

김종찬　"接近" 詞性新論,『中國言語硏究』, 第56輯, 서울, 韓國中國言語學會, 2015年 2月

김종찬	"近似"詞性新解, 『中國言語硏究』, 第59輯, 서울, 韓國中國言語學會, 2015年 8月
金鐘讚	介詞'在'的前附性與語法分析-兼與邢福義商榷, 『韓中言語文化硏究』, 第39輯, 서울, 韓國現代中國硏究會, 2015年 10月
金鐘讚	論"繼續"的詞性, 『中國語 敎育과 硏究』, 第22號, 서울, 韓國中國語敎育學會, 2015年 12月
김종찬	論『現代漢語詞典』"滿足"的詞性, 『中國語文學志』, 第53輯, 서울, 中國語文學會, 2015年 12月
김종찬	"等同"的詞性論, 『中國言語硏究』, 第61輯, 서울, 韓國中國言語學會, 2015年 12月
金琮鎬・黃后男	現代漢語"可程度動詞"特徵分析, 『中國語文論譯叢刊』, 第37輯, 서울, 中國語文論譯學會, 2015年 7月
김종호	현대중국어 "도구표시 술목구조구문" 연구-목적격 부여의 기제를 중심으로, 『中國言語硏究』, 第59輯, 서울, 韓國中國言語學會, 2015年 8月
김주아	通過韓國語補助動詞"주다2"看漢語的陰性特質, 『中國言語硏究』, 第58輯, 서울, 韓國中國言語學會, 2015年 6月
김주영	『夷堅志』에서 보이는 宋代 祠廟 信仰, 『中國語文學』, 第69輯, 대구, 嶺南中國語文學會, 2015年 8月
김주희	현대중국어 직시동사의 의미기능 연구-"來+VP"와 "去+VP" 구문을 중심으로, 『中國語文論叢』, 第70輯, 서울, 中國語文硏究會, 2015年 8月
金主希・洪允姬	중국 문헌의 인어 이야기를 통해 본 경계의 다중성, 『中國語文學論集』, 第93號, 서울, 中國語文學硏究會, 2015年 8月

김준석	지식인의 이상과 실천-嵇康과 阮籍의 비극을 통해, 『中國語文學志』, 第50輯, 서울, 中國語文學會, 2015年 4月
김준석	嵇康 반란가담의혹에 대한 반박, 『中國語文學志』, 第53輯, 서울, 中國語文學會, 2015年 12月
김준수	關於『常用國字標準字表』的若干建議, 『中國言語研究』, 第60輯, 서울, 韓國中國言語學會, 2015年 10月
김준연 · 하주연	宋詞에 보이는 "물" 이미지 연구-"비", "강물", "눈물" 이미지를 중심으로, 『中國學報』, 第71輯, 서울, 韓國中國學會, 2015年 2月
김준연	杜甫 秦州, 同谷 時期 詩에 나타난 공간의 이중성, 『中國語文學志』, 第51輯, 서울, 中國語文學會, 2015年 6月
김준연	唐詩 名篇의 正典化 과정에 대한 비판적 고찰, 『中國文學』, 第85輯, 서울, 韓國中國語文學會, 2015年 11月
김준연 · 정명기	바흐친의 카니발 이론으로 분석한 柳永 詞의 특징, 『中國語文論叢』, 第72輯, 서울, 中國語文研究會, 2015年 12月
김지선	『唐詩畫譜』의 홍행과 唐詩의 통속화, 『中國語文學志』, 第52輯, 서울, 中國語文學會, 2015年 9月
김지연	문말어기사 "吧"의 의미 분석, 『中國學報』, 第71輯, 서울, 韓國中國學會, 2015年 2月
金志淵	陶淵明의 生命에 대한 미련과 초월 : 〈擬挽歌辭〉를 중심으로, 『中國語文學論集』, 第91號, 서울, 中國語文學研究會, 2015年 4月
김지영	『老乞大』를 통해 본 『중국어 I』 문화교육 개선 방향, 경희대 대학원 석사 논문, 2014

金智英　　夏敬觀의 〈說韓愈〉 譯註, 『中國語文論譯叢刊』, 第36輯, 서울, 中國語文論譯學會, 2015年 1月

金智英　　李睟光의 『芝峰類說』과 趙翼의 『甌北詩話』를 통해 본 唐詩 평가 비교(1) : 이백 시를 중심으로, 『中國語文學論集』, 第91號, 서울, 中國語文學硏究會, 2015年 4月

金智英　　조선 李瀷의 『星湖僿說』에 나타난 唐詩 평가 연구, 『中國語文論譯叢刊』, 第37輯, 서울, 中國語文論譯學會, 2015年 7月

金智英　　査愼行 詩 연구, 『中國語文學論集』, 第94號, 서울, 中國語文學硏究會, 2015年 10月

김지은　　중국어 교재의 '把'구문 분석, 부산대 교육대학원 석사 논문, 2014

김지현　　송대사론서 차용 관련기록 분석과 고찰, 『中國文學』, 第85輯, 서울, 韓國中國語文學會, 2015年 11月

김진호　　韓 · 中 數詞成語 奇字 · 偶字 結合方式 比較, 『中國文化硏究』, 第30輯, 서울, 中國文化硏究學會, 2015年 11月

金眞姬　　中韓慣用語所体現的文化內涵對比, 『中國人文科學』, 第59輯, 광주, 中國人文學會, 2015年 4月

김진희　　『論語』 '無友不如己者'에 대한 解釋 試探 : 君子와의 관련성을 중심으로, 『中國人文科學』, 第59輯, 광주, 中國人文學會, 2015年 4月

김진희 · 김태주 · 박순철　　중국어 교육의 활성화 필요성 고찰, 『中國學論叢』, 第47輯, 大田, 韓國中國文化學會, 2015年 9月

김창경 · 최유섭　　중국 도시체계의 종주성과 지향성 연구, 『中國學』, 第50

	輯, 부산, 大韓中國學會, 2015年 3月
金昌慶 · 胡再影	中國人名的文化內涵及命名趨勢, 『中國學』, 第51輯, 부산, 大韓中國學會, 2015年 6月
金昌慶	高麗文人對王維詩的接受, 『中國學』, 第52輯, 부산, 大韓中國學會, 2015年 9月
金昌慶 · 李桂蘭	東北亞文化認同的建構, 『中國學』, 第53輯, 부산, 大韓中國學會, 2015年 12月
김창주	來母字의 독음 / ʃ /에 대한 고찰-閩 中三元 방언에서 보이는 현상을 근거로, 『中國言語研究』, 第61輯, 서울, 韓國中國言語學會, 2015年 12月
김철운	孟子의 用夏變夷說, 『中國學報』, 第72輯, 서울, 韓國中國學會, 2015年 5月
김춘옥	新HSK 어휘집에 수록된 심리동사 연구, 강릉원주대 대학원 석사 논문, 2014
金泰慶	以母의 上古 중국어음 : 한국한자음 자료를 통한 고찰, 『中國語文學論集』, 第91號, 서울, 中國語文學研究會, 2015年 4月
金泰萬	『海國圖志』에 나타난 魏源의 世界認識 研究, 『中國學』, 第51輯, 부산, 大韓中國學會, 2015年 6月
김태봉	中國漢詩와의 비교 분석을 통한 황진이 〈詠半月〉 연구, 『中國學報』, 第71輯, 서울, 韓國中國學會, 2015年 2月
김태용	당현종 『도덕경』 어주의 "무위" 관념 연구, 『中國學報』, 第72輯, 서울, 韓國中國學會, 2015年 5月
김태은	중국어 축약 현상에 대한 고찰, 『中國言語研究』, 第56輯,

서울, 韓國中國言語學會, 2015年 2月

김태은 · 신수영　연어(collocation)와 중국어 결합 관계(搭配)에 대한 개념적 고찰,『中國語文學志』, 第50輯, 서울, 中國語文學會, 2015年 4月

김태은 · 신수영　어휘접근법에 기반한 중국어 결합관계 교수 · 학습에 대한 논의,『中語中文學』, 第61輯, 서울, 韓國中語中文學會, 2015年 8月

김태은　BCC 코퍼스에 기반 한중국어 음역어의 음성 기호화 현상 고찰,『中國語文學志』, 第53輯, 서울, 中國語文學會, 2015年 12月

김태은　초급 중국어 자모(字母) 지도를 위한 중국어 음운체계에 대한 이론적 검토 및 지도 방안,『中語中文學』, 第62輯, 서울, 韓國中語中文學會, 2015年 12月

김태주 · 김진희 · 박순철　중국어 교육의 활성화 필요성 고찰,『中國學論叢』, 第47輯, 大田, 韓國中國文化學會, 2015年 9月

김태홍　郭沫若의 歷史劇『屈原』연구, 경상대 대학원 석사 논문, 2014

김하늬　朱彝尊 애정시『風懷二百韻』고찰,『中國文學』, 第83輯, 서울, 韓國中國語文學會, 2015年 5月

김하림　중국현대문학학회에 대한 기억,『中國現代文學』, 第74號, 서울, 韓國中國現代文學學會, 2015年 9月

김학철 · 정동매　殺戮與救贖的兩難抉擇-余華和金英夏的父權意識比較分析,『中國語文論叢』, 第72輯, 서울, 中國語文研究會, 2015年 12月

김해령 모국어 배경이 중국어 성조의범주적 지각에 미치는 영향,『中國語文學』, 第70輯, 대구, 嶺南中國語文學會, 2015年 12月

김현수 노자철학과 아브라함 H. 매슬로 심리학의 비교-욕망과 사랑의 문제를 중심으로,『中國學報』, 第71輯, 서울, 韓國中國學會, 2015年 2月

김현수 『關尹子』의 萬物一體觀-道와 聖人 개념을 중심으로,『中國學報』, 第73輯, 서울, 韓國中國學會, 2015年 8月

김현주 · 박운석 왕해령(王海鴒)의 結婚三部曲에 나타난 女性意識,『中國語文學』, 第69輯, 대구, 嶺南中國語文學會, 2015年 8月

김현주 · 배경진 溫庭筠「菩薩蠻」詞 14首에 대한 詞語 연구,『中國學研究』, 第72輯, 서울, 中國學研究會, 2015年 6月

김현주 · 배경진 한국 실크로드연구의 현황과 전망,『韓中言語文化研究』, 第39輯, 서울, 韓國現代中國研究會, 2015年 10月

김현주 현대중국어 "嗎"의문문과 정반의문문의 화용, 인지적 특징 연구-"你很忙嗎?"와 "你很忙不忙?"의 비교 분석을 중심으로,『中國言語研究』, 第60輯, 서울, 韓國中國言語學會, 2015年 10月

金鉉哲 · 朴應晳 현대중국어 비원형 장소빈어에 대한 연구 : '吃+ L'구문을 중심으로,『中國語文學論集』, 第91號, 서울, 中國語文學研究會, 2015年 4月

金鉉哲 · 侯文玉 중 · 한 의문사 '誰'와 '누구'의 비의문 지칭기능 대조 연구,『中國語文學論集』, 第92號, 서울, 中國語文學研究會, 2015年 6月

金鉉哲 · 侯文玉 현대중국어 정도부사 '好'의 의미변화와 주관화 분석,『中

國語文學論集』, 第93號, 서울, 中國語文學硏究會, 2015年 8月

金鉉哲 · 金雅瑛　열운 장지영의 중국어교육 및 열운문고 소장 중국어학습서 연구, 『中國語文學論集』, 第93號, 서울, 中國語文學硏究會, 2015年 8月

金鉉哲 · 金世美　현대중국어 'V+C t' 구조의 지속 의미 연구, 『中國語文學論集』, 第94號, 서울, 中國語文學硏究會, 2015年 10月

金賢姬　중한 주어 유생성 및 인지 시점 고찰 : 중국어 존현문과 한국어 대응문을 대상으로, 『中國語文學論集』, 第95號, 서울, 中國語文學硏究會, 2015年 12月

金亨蘭　京劇『六月雪』 고찰 : 元雜劇『竇娥寃』, 明傳奇『金鎖記』와의 비교를 중심으로, 『中國人文科學』, 第61輯, 광주, 中國人文學會, 2015年 12月

김형석　『노자』 '嗇' 개념과 '早服' 개념에 관한 주석사적 고찰(1), 『中國學報』, 第74輯, 서울, 韓國中國學會, 2015年 11月

金惠慶　현대중국어 'V-得'구문분석 및 동사분류체계 구축을 위한 통합적 연구, 『中國語文學論集』, 第91號, 서울, 中國語文學硏究會, 2015年 4月

김혜영　초기 중국어 문법서 연구 : 『馬氏文通』부터 5 · 4운동까지의 9종 문법서를 대상으로, 서울대 대학원 박사 논문, 2014

김혜영　『신청년(新青年)』에 나타난 언어 관련 논의 분석, 『中國文學』, 第84輯, 서울, 韓國中國語文學會, 2015年 8月

김혜정　宋代 儒家의 風水觀 硏究 : 程子, 朱子, 蔡發을 중심으로, 『韓中言語文化硏究』, 第39輯, 서울, 韓國現代中國硏究

	會, 2015年 10月
김혜준	홍콩작가 류이창(劉以鬯)의 소설 『술꾼(酒徒)』의 가치와 의의-"의식의 흐름" 문제를 중심으로, 『中國語文論叢』, 第70輯, 서울, 中國語文硏究會, 2015年 8月
김혜준	홍콩작가 류이창(劉以鬯)의 소설 『술꾼(酒徒)』의 가치와 의의, 『中國語文論叢』, 第72輯, 서울, 中國語文硏究會, 2015年 12月
김혜진	탈산업화 시기 상하이 노동시장의 구조변화 연구, 『中國學硏究』, 第72輯, 서울, 中國學硏究會, 2015年 6月
김홍겸	중국고전소설의 이야기꾼 역할과 Storytelling, 『中國學論叢』, 第48輯, 大田, 韓國中國文化學會, 2015年 12月
金紅梅	현대중국어 'NP很能VP'구조의 양태적 고찰, 『中國語文學論集』, 第93號, 서울, 中國語文學硏究會, 2015年 8月
金洪培	試論高句麗對北燕的懷柔與打擊政策, 『中國學』, 第52輯, 부산, 大韓中國學會, 2015年 9月
金洪臣	完成体"過1"語法化的動因與機制, 『中國人文科學』, 第61輯, 광주, 中國人文學會, 2015年 12月
김홍실	"好不+X"에 대한 연구-ccl분석자료를 중심으로, 『中國言語硏究』, 第59輯, 서울, 韓國中國言語學會, 2015年 8月
김홍실	현대 중국어 "頭"의 문법화에 대한 소고, 『中國言語硏究』, 第60輯, 서울, 韓國中國言語學會, 2015年 10月
김홍화 · 최승현	한국의 明遺民과 중국의 朴家村 : 明末淸初 한중 교차 이민에 관한 연구, 『中國人文科學』, 第60輯, 광주, 中國人文學會, 2015年 8月

김화영　『景德傳燈錄』 시간부사 연구, 부산대 대학원 박사 논문, 2014

金華珍　淸末 嚴復과 林紓 번역의 문화적 전이 기능과 교육적 의의, 『中國語文學論集』, 第94號, 서울, 中國語文學硏究會, 2015年 10月

김효정　金文을 통해 본 周代 여성상 연구, 경성대 대학원 박사 논문, 2014

김효정　청동 旅器 고찰, 『中國人文科學』, 第60輯, 광주, 中國人文學會, 2015年 8月

김효정　『春秋左傳』에 등장하는 禮자의 용례 淺考, 『中國學』, 第53輯, 부산, 大韓中國學會, 2015年 12月

김희신　吳武壯公祠의 유래와 韓國社會에서의 位相, 『中國學報』, 第74輯, 서울, 韓國中國學會, 2015年 11月

김희인　어린이 중국어 워크북의 체계성 연구, 한국외대 교육대학원 석사 논문, 2014

김희진　盧隱 소설과 죽음 : 인물의 죽음을 중심으로, 『中國文學硏究』, 第60輯, 서울, 韓國中文學會, 2015年 8月

나 곤·장진개·구경숙　中高級口語語篇連接成分偏誤分析及敎學, 敎材編寫, 『中國言語硏究』, 第59輯, 서울, 韓國中國言語學會, 2015年 8月

나도원　갑골문에 나타난 "눈(目)"을 字素로 하는 글자의 상징성 연구, 『中國文學硏究』, 第61輯, 서울, 韓國中文學會, 2015年 11月

나도원　16세기와 21세기 공용한자의 인지언어학적 의미범주 고찰

-『훈몽자회』와 3500한자를 중심으로,『中國學』, 第53輯, 부산, 大韓中國學會, 2015年 12月

나민구 · 배경진 주걸륜(周傑倫)의 "你可以不平凡" 강연 텍스트의 수사학적 분석,『中國文化硏究』, 第28輯, 서울, 中國文化硏究學會, 2015年 5月

羅敏球 · 張 泉 從西方修辭學方法論的角度分析趙本山的小品『損助』,『中國學報』, 第72輯, 서울, 韓國中國學會, 2015年 5月

나민구 · 왕비취 社會語言影響的又一个主流,『中國學硏究』, 第74輯, 서울, 中國學硏究會, 2015年 11月

나선희 서사의 변주-게사르전 영문 번역본,『中國文學』, 第83輯, 서울, 韓國中國語文學會, 2015年 5月

나해연 · 임승배 宋元時期的學術承傳與詩文流派的生成,『中國語文論叢』, 第67輯, 서울, 中國語文硏究會, 2015年 2月

남양우 존현구문과 소유자-대상구문 간의 관계 고찰,『中語中文學』, 第62輯, 서울, 韓國中語中文學會, 2015年 12月

南黎明 · 孟柱億 論『元代話本選集』狹義處置式的"不愉快"語義 : 以"將""把"字句爲例,『中國語文學論集』, 第94號, 서울, 中國語文學硏究會, 2015年 10月

남희정 첸중수(錢鍾書)의 탈경계적 글쓰기-장편소설『포위된 성(圍城)』을 중심으로,『中國語文論叢』, 第71輯, 서울, 中國語文硏究會, 2015年 10月

노 성 한국어와 중국어 진행상(進行相) 표지 '-고 있다'와 '在'의 대조 연구, 한양대 대학원 석사 논문, 2014

노경희 나무 의상을 통한 庾信 후기문학의 상징체계 고찰,『中國

語文學志』, 第52輯, 서울, 中國語文學會, 2015年 9月

노상균　중국문화에서 節制美의 형성요인 탐색,『中國文學』, 第84輯, 서울, 韓國中國語文學會, 2015年 8月

노옥화 · 맹주억　한중 문화간 의사소통을 위한 중국 사회문화 요소 연구-중국 초등학교 의무교과과정『品德與生活』을 중심으로,『中國言語研究』, 第60輯, 서울, 韓國中國言語學會, 2015年 10月

노우정　도연명 시, 치유와 체험의 미학,『中國文學』, 第84輯, 서울, 韓國中國語文學會, 2015年 8月

노우정　도연명 시의 공간 이동과 공간 표상의 의미-길, 집, 무덤,『中國語文學志』, 第53輯, 서울, 中國語文學會, 2015年 12月

노재식　19세기 말 서양인들의 중국유교사상에 대한 인식연구-Chinese Recorder에 나타난 내용을 중심으로,『中國學論叢』, 第47輯, 大田, 韓國中國文化學會, 2015年 9月

노중석　旅菴 申景濬의『文章準則 莊子選』研究, 계명대 대학원 박사 논문, 2014

노혜정　한국한자음의 층위 분석 방법론 연구,『中國語文論叢』, 第67輯, 서울, 中國語文研究會, 2015年 2月

단명결 · 김양진　한 · 중 한자어 인간성 분류사 역사적 비교,『中國言語研究』, 第58輯, 서울, 韓國中國言語學會, 2015年 6月

段文菡　論蕭蕭新詩中'意念'與'意象'的糾結,『中國人文科學』, 第59輯, 광주, 中國人文學會, 2015年 4月

단소동　이인로와 소동파의「화귀거래사」비교 연구, 중앙대 대학원 석사 논문, 2014

담시회	『說文解字』'女'部字分類及其所體現的古代文化含意, 건국대 대학원 석사 논문, 2014
당수언	제자백가 사상에 내재된 무도사상, 용인대 대학원 박사 논문, 2014
당윤희	조선 전기에 간행된 宋朝 文人의 別集類 詩選集에 대한 고찰(1), 『中國語文學志』, 第50輯, 서울, 中國語文學會, 2015年 4月
당윤희	朝鮮에서 간행한 『名公妙選陸放翁詩集』에 대한 고찰, 『中國語文論叢』, 第71輯, 서울, 中國語文硏究會, 2015年 10月
도정원	한국어 '떨어지다'와 중국어에서의 대응연구, 숭실대 대학원 석사 논문, 2014
도혜숙	慧苑音義 반절체계와 반절상자 연구, 『中國學論叢』, 第47輯, 大田, 韓國中國文化學會, 2015年 9月
동단려	중국인 한국어 학습자를 위한 한중 의성어와 의태어 대조 연구, 한양대 대학원 석사 논문, 2014
동찌앤화	부사격 조사 '에'에 대한 중국어 번역 양상 연구, 동국대 대학원 석사 논문, 2014
두안진루	한중 동형 한자어의 단모음 교육 방안 연구, 청주대 대학원 석사 논문, 2014
두 일	唐五代體標記"着"的范圍及其時制特點, 『中國語文學』, 第70輯, 대구, 嶺南中國語文學會, 2015年 12月
등 함	유치진과 차오위(曹禺)의 희곡에 나타난 현실 인식 비교 연구, 명지대 대학원 석사 논문, 2014
등소훼	한국어 동사 '두다'의 중국어 대응표현에 관한 연구, 중부

대 대학원 석사 논문, 2014

려안수　鄭澈과 李白의 飮酒詩 比較 硏究, 충남대 대학원 석사 논문, 2014

루건명　한·중 지명의 후부 지명소 비교 연구 : 서울과 북경의 자연지명을 중심으로, 선문대 대학원 박사 논문, 2014

류　연·최명숙　中國現代女性成長中的創傷與救贖-論王安憶『桃之夭夭』中的女性形象, 『中國語文論叢』, 第68輯, 서울, 中國語文硏究會, 2015年 4月

류　위　量詞重疊"CC"與"每一C"句法上的差異及其動因, 『中國語文學志』, 第50輯, 서울, 中國語文學會, 2015年 4月

류　위　方位詞"里"予"內"的租合差異及其動因, 『中國言語硏究』, 第58輯, 서울, 韓國中國言語學會, 2015年 6月

류　위　方位結構"X裏"與"X中"的組合差異及其認知動因, 『中國語文學志』, 第53輯, 서울, 中國語文學會, 2015年 12月

柳江夏　소통을 위한 인문학적 토대의 토론 교육, 『中國語文學論集』, 第90號, 서울, 中國語文學硏究會, 2015年 2月

류기수　明淸 時期「巫山一段雲」의 形式 考察, 『中國學硏究』, 第74輯, 서울, 中國學硏究會, 2015年 11月

류리나　漢語'看'和韓語'보다'的對比硏究, 부산대 대학원 석사 논문, 2014

류명월　한국어 '-었-'과 중국어 '了'에 대한 연구, 안동대 대학원 석사 논문, 2014

류수평·민영난·윤해량　漢語人體部位"手"語匯認知分析兼及漢韓對比, 『中國語文論叢』, 第68輯, 서울, 中國語文硏究會, 2015年 4月

柳在元	『支那語集成』의 중국어 한글 표기법 연구 : 성모를 중심으로, 『中國語文論譯叢刊』, 第36輯, 서울, 中國語文論譯學會, 2015年 1月
柳在元	일제강점기 한어 회화서의 중국어 발음 설명에 관한 연구(2), 『中國語文學論集』, 第90號, 서울, 中國語文學研究會, 2015年 2月
柳正一	『情史』의 評輯者와 成書年代 考證, 『中國小說論叢』, 第45輯, 서울, 韓國中國小說學會, 2015年 4月
류창교	독일의 중문학자 쿠빈의 중국문학연구, 『中國文學』, 第83輯, 서울, 韓國中國語文學會, 2015年 5月
柳昌辰 · 丁海里	중국 근대 중서문화 소통과 번역론 : 임서(林紓)의 中西小說 비교론을 중심으로, 『中國人文科學』, 第60輯, 광주, 中國人文學會, 2015年 8月
柳昌辰	1900-1910년대 한국 신소설 속의 중국 심상(心像) 연구, 『中國人文科學』, 第61輯, 광주, 中國人文學會, 2015年 12月
류핀얼	중국어 관광안내문 오류 분석 및 표준화시안 : 영주 · 안동 지역의 문화재를 중심으로, 동양대 대학원 석사 논문, 2014
류호현	천바이천(陳白塵) 희극(喜劇)의 문화정치 연구: 1935~1945, 고려대 대학원 석사 논문, 2014
리 지	戴厚英의 '지식인 3부작' 연구, 경상대 대학원 석사 논문, 2014
리우쥐엔	한국어와 중국어의 착용동사 대조 연구, 청주대 대학원 석사 논문, 2014

린 린 중국 인명의 한글 표기에서 나타나는 문제점에 관한 연구, 단국대 대학원 석사 논문, 2014

마 밍 중국어 '了'와 한국어 '-었-'의 대응 연구 : 중국 소설 『홍까오량 가족』을 중심으로, 중앙대 대학원 석사 논문, 2014

마문가 양계초의 「신민설」의 형성배경과 그 영향에 관한 연구-한·중 신문을 중심으로, 부경대 대학원 석사 논문, 2014

마문나·오문희 현대중국어 형용사 사동 용법의 사전적 처리 연구, 『中國學報』, 第74輯, 서울, 韓國中國學會, 2015年 11月

마연청 중국인 한국어 학습자를 위한 '먹다'의 교육 방안 연구, 전남대 대학원 석사 논문, 2014

매 영 한국어교육에서의 문학교육의 현황과 교육 방안 연구: 「운수 좋은 날」과 『낙타상자』의 비교를 중심으로, 수원대 대학원 석사 논문, 2014

麥耘原·廉載雄 한어역사음운학의 영역으로 진입하고 있는 한장어비교연구(하), 『中國語文論譯叢刊』, 第36輯, 서울, 中國語文論譯學會, 2015年 1月

맹 흔 한·중 동형이의 한자어 대조 분석을 통한 학습전략, 상명대 대학원 석사 논문, 2014

맹자예 『三國志演義』 인물의 韓·中 속담 반영 양상 비교 연구, 신라대 교육대학원 석사 논문, 2014

맹주억·김외연 개혁개방 이후 연변지역 언어사용의 변화, 『中國文化硏究』, 第27輯, 서울, 中國文化硏究學會, 2015年 2月

맹주억 현대중국어 교육 중 전통몽학서 『增廣賢文』 활용의 의의, 『中國學硏究』, 第71輯, 서울, 中國學硏究會, 2015年 3月

孟柱億 · 南黎明　論『元代話本選集』狹義處置式的“不愉快”語義 ： 以“將”“把”字句爲例, 『中國語文學論集』, 第94號, 서울, 中國語文學硏究會, 2015年 10月

맹주억 · 노옥화　한중 문화간 의사소통을 위한 중국 사회문화 요소 연구-중국 초등학교 의무교과과정 『品德與生活』을 중심으로, 『中國言語硏究』, 第60輯, 서울, 韓國中國言語學會, 2015年 10月

명심지　스마트 디바이스 기반 게임에 적합한 중국어 편방(偏旁) 입력기법의 UI 디자인 연구, 중앙대 첨단영상대학원 석사 논문, 2014

명혜정　中國 敦煌寫本 펠리오본本과 韓國 初雕本 高麗大藏經本, 日本 金剛寺 筆寫本의 『玄應音義』 比較 硏究-표제어 비교를 중심으로, 『中國言語硏究』, 第56輯, 서울, 韓國中國言語學會, 2015年 2月

명혜정　高麗大藏經 初雕本과 再雕本의 『玄應音義』 대조 고찰, 『中國言語硏究』, 第59輯, 서울, 韓國中國言語學會, 2015年 8月

牟　蕾　『茶館』中的人物與社會：藝術特色與人物塑造, 목포대 대학원 석사 논문, 2014

모소박　한 · 중 기계음 의성어에 대한 형태 · 통사적 비교 연구, 한양대 대학원 석사 논문, 2014

모정열　湘南土話 鼻音韻尾 고찰, 『中語中文學』, 第60輯, 서울, 韓國中語中文學會, 2015年 4月

모정열　粵北土話 知莊章精組 성모의 변화, 『中國學報』, 第74輯,

서울, 韓國中國學會, 2015年 11月

모정열 · 김설화 補語語義指向對重動句的使用制約, 『中國語文學志』, 第53輯, 서울, 中國語文學會, 2015年 12月

무정명 한국 근대 소설에 나타난 한국과 한국인 : 1920년대 한인 제재 소설을 중심으로, 인하대 대학원 석사 논문, 2014

무효휘 한 · 중 친족호칭어 확대 사용에 대한 대조연구, 신라대 교육대학원 석사 논문, 2014

문대일 · 위혜평 對當前漢語國際教育人才規劃與培養的反思, 『韓中言語文化研究』, 第38輯, 서울, 韓國現代中國研究會, 2015年6月

文大一 李海朝와 梁啓超 '여성해방론'의 관련 양상 : 『紅桃花』, 『自由鐘』을 중심으로, 『中國語文學論集』, 第94號, 서울, 中國語文學研究會, 2015年 10月

문미경 甲骨文에 나타난 여성의 사회적 지위와 역할 연구, 숭실대 대학원 석사 논문, 2014

문미진 郭子儀 平生圖屛 硏究, 『中國人文科學』, 第60輯, 광주, 中國人文學會, 2015年 8月

文少英 ARCS이론을 활용한 중국어 말하기 지도방안, 한국외대 교육대학원 석사 논문, 2014

文秀連 · 趙大遠 한중 정부간 R&D협력기구 설치에 대한 연구, 『中國學論叢』, 第46輯, 大田, 韓國中國文化學會, 2015年 6月

문수정 『說文解字注』에 나타난 段玉裁의 古今字觀 硏究, 서울대 대학원 박사 논문, 2014

문수정 段玉裁 관점에서 본 '假借' 현상과 그 의미-『說文解字注』 주석을 중심으로, 『中國學』, 第50輯, 부산, 大韓中國學會,

	2015年 3月
문수정	章太炎『文始』의 어원 해설 방식과 유관 글자의 재분류-寒部 "貫" 계열을 중심으로,『中國語文學志』, 第53輯, 서울, 中國語文學會, 2015年 12月
문영준	淸學書 小兒論의 出處에 관한 연구, 서울대 대학원 석사 논문, 2014
문영희	한국어 선어말어미 '-었-'과 중국어 조사 '了'의 비교 연구, 한국교원대 대학원 석사 논문, 2014
문영준	運用韓國小學綜合教科書兒歌的小學初級漢語教材開發, 이화여대 외국어교육특수대학원 석사 논문, 2014
文有美	한중 중국어학 연구동향 실태분석 연구 : 학회지의 소논문을 중심으로,『中國語文學論集』, 第91號, 서울, 中國語文學研究會, 2015年 4月
문유미	인지언어학 이론을 적용한 然後의 泛化 연구,『中國言語研究』, 第57輯, 서울, 韓國中國言語學會, 2015年 4月
文有美	초급중국어 학습자를 위한 앱(App) 기반 스마트 러닝 활용방안 연구,『中國語文學論集』, 第94號, 서울, 中國語文學研究會, 2015年 10月
文有美	현대중국어 어법단위에 대한 小考 : '절'과 '이합사' 문제를 중심으로,『中國語文學論集』, 第95號, 서울, 中國語文學研究會, 2015年 12月
문정진	『海上花列傳』의 敍事와 圖像의 場面化-매체, 교육, 기억의 現在化를 중심으로,『中國語文論叢』, 第67輯, 서울, 中國語文研究會, 2015年 2月

문정진 · 오경희　『水滸葉子』의 인물 敍事 試探, 『中國語文論叢』, 第72輯, 서울, 中國語文硏究會, 2015年 12月

文準彗　『六書經緯』의 構成과 體裁, 『中國語文論譯叢刊』, 第36輯, 서울, 中國語文論譯學會, 2015年 1月

文智成　중국문화의 다양성과 통일성 시각에서 본 객가문화의 정체성, 『中國學論叢』, 第46輯, 大田, 韓國中國文化學會, 2015年 6月

文炫善　현환소설의 무협 장르적 성격 : 황이(黃易)의 『심진기(尋秦記)』를 중심으로, 『中國小說論叢』, 第45輯, 서울, 韓國中國小說學會, 2015年 4月

文惠貞　韓中 시문에 나타난 蘧伯玉의 '知非' 관점 고찰, 『中國學論叢』, 第46輯, 大田, 韓國中國文化學會, 2015年 6月

閔寬東　國內 所藏 日本版 中國古典小說 硏究, 『中國語文論譯叢刊』, 第36輯, 서울, 中國語文論譯學會, 2015年 1月

閔寬東 · 裵玗桯　國內 關羽廟의 現況과 受容에 대한 硏究, 『中國小說論叢』, 第45輯, 서울, 韓國中國小說學會, 2015年 4月

민관동　韓 · 日의 中國古典小說 出版樣相 硏究, 『中國小說論叢』, 第46輯, 서울, 韓國中國小說學會, 2015年 8月

민병희　근대 학술체계에서의 동아시아 人文傳統에 대한 접근 방식과 "中國學", 『中國學報』, 第71輯, 서울, 韓國中國學會, 2015年 2月

민순아　진로교육을 연계한 고등학교 중국어수업 교수자료 개발, 이화여대 교육대학원 석사 논문, 2014

민영난 · 류수평 · 윤해량　漢語人體部位"手"語匯認知分析兼及漢韓對比, 『中

國語文論叢』, 第68輯, 서울, 中國語文硏究會, 2015年 4月

민장환 · 서석홍 중국 원저우(溫州)시의 민간대출 위기와 금융개혁에 관한 연구, 『中國學』, 第52輯, 부산, 大韓中國學會, 2015年 9月

민정기 1918년, 모두에게 열린 금성(禁城) : 마르코 폴로에서 피에르 로티에 이르기까지 서양인의 눈에 비친 중국의 궁성(宮城), 『中國文學』, 第83輯, 서울, 韓國中國語文學會, 2015年 5月

박 석 선진유가에서의 감정 수양의 중요성-『大學』과 『中庸』을 중심으로, 『中國文學』, 第82輯, 서울, 韓國中國語文學會, 2015年 2月

박 철 한 · 중 다의어 의미 확장 대조 연구 : 유정물에서 무정물로의 확장 양상을 중심으로, 숭실대 대학원 석사 논문, 2014

박경송 중국인을 위한 한국어 발음교육 용어의 중국어 번역 방안, 『中國學報』, 第73輯, 서울, 韓國中國學會, 2015年 8月

朴敬姬 『人物志』 人物品評의 審美意識, 『中國文化硏究』, 第28輯, 서울, 中國文化硏究學會, 2015年 5月

박교리 한국인 학습자의 한중동형사 습득 동태에 관한실험 연구, 『中國言語硏究』, 第60輯, 서울, 韓國中國言語學會, 2015年 10月

박근칠 한국의 돈황 역사학 연구, 『中國學報』, 第73輯, 서울, 韓國中國學會, 2015年 8月

박기철 한자와 e-ducation-한글전용 對 한자혼용 논쟁 중 교육의 관점에서, 『中國學』, 第50輯, 부산, 大韓中國學會, 2015

年 3月

박난영　바진(巴金)과 기독교 : 『田惠世』를 중심으로, 『中國小說論叢』, 第46輯, 서울, 韓國中國小說學會, 2015年 8月

박남용　西西의 『我城』에 나타난 홍콩서사와 동화적 상상력, 『中國學研究』, 第71輯, 서울, 中國學研究會, 2015年 3月

박남용　샤오홍(蕭紅)과 선총원(沈從文) 소설 속의 민속문화, 『中國學研究』, 第73輯, 서울, 中國學研究會, 2015年 8月

박덕준　한국인을 위한 중국어유의어사전 연구, 『中語中文學』, 第60輯, 서울, 韓國中語中文學會, 2015年 4月

박덕준　선택접속사유의어 "還是, 或者, 要마" 연구, 『中國語文學志』, 第53輯, 서울, 中國語文學會, 2015年 12月

박명진　『清風閘』에 나타난 "世情" 문화, 『中國語文學』, 第69輯, 대구, 嶺南中國語文學會, 2015年 8月

박미경　'온고이지신(溫故而知新)'의 재음미, 대구교대 교육대학원 석사 논문, 2014

박미애　現代中國語 動詞複寫構文 研究, 연세대 대학원 박사 논문, 2014

박미자　『三國演義』에 나오는 별점의 의미에 관한 연구, 단국대 대학원 석사 논문, 2014

박미자　『三國演義』에 나오는 별점의 의미에 관한 고찰-죽음에 관한 별점을 중심으로, 『中國語文論叢』, 第71輯, 서울, 中國語文研究會, 2015年 10月

박민웅　An Annotated Bibliography of Selected Chinese Traditional Bibliographies, 『中國學』, 第53輯, 부산, 大韓中國

學會, 2015年 12月

박민호　　피춘(皮村)과 중국의 새로운 노동자 문화, 『中國學硏究』, 第74輯, 서울, 中國學硏究會, 2015年 11月

朴炳仙 · 袁曉鵬 · 朴庸鎭　　『往五天竺國傳』 校勘(1), 『中國語文論譯叢刊』, 第36輯, 서울, 中國語文論譯學會, 2015年 1月

朴福在 · 趙源一　　揚雄의 修養論 思想 硏究, 『中國學論叢』, 第45輯, 大田, 韓國中國文化學會, 2015年 3月

朴捧淳　　중국어 문화 교육을 위한 영화의 활용 연구-영화 '그 시절 우리가 사랑했던 소녀'를 이용하여, 『中國學論叢』, 第45輯, 大田, 韓國中國文化學會, 2015年 3月

박상수 · 친쉬야오　　중국 예비 "촹커(創客)"의 개인적 특성과 창업환경 특성이 창업의지에 미치는 영향에 관한 연구, 『中國學硏究』, 第73輯, 서울, 中國學硏究會, 2015年 8月

박석홍　　意味資質 기반 象形字 形體素 分析 小考, 『中國文學硏究』, 第59輯, 서울, 韓國中文學會, 2015年 5月

朴錫弘　　象形字 核心形體素 考察, 『中國語文論譯叢刊』, 第37輯, 서울, 中國語文論譯學會, 2015年 7月

박석홍　　甲骨文 簡化字素 '$(mǐn)' 小考, 『中國文學硏究』, 第60輯, 서울, 韓國中文學會, 2015年 8月

박선경　　『祖堂集』 의문사 연구 : 特指의문문과 번역문을 중심으로, 부산대 대학원 석사 논문, 2014

박선화　　李淸照 사에서의 여성형상 연구, 전북대 교육대학원 석사 논문, 2014

박성일　　韓國學生漢語"把"的語際偏誤分析, 『中國言語硏究』, 第

	60輯, 서울, 韓國中國言語學會, 2015年 10月
박성진	<제세가(齊世家)>에 수용된 안자(晏子) 형상 연구 -사마천(司馬遷)의 수용 태도를 중심으로, 『中國語文論叢』, 第67輯, 서울, 中國語文研究會, 2015年 2月
박성하	현대중국어「NP+的+VP」구조의 어법특성 및 구조의미 분석, 『中國學報』, 第73輯, 서울, 韓國中國學會, 2015年8月
박성하	양태조동사 '能'의 하위분류 및 주어와의 공기특성 분석, 『中語中文學』, 第61輯, 서울, 韓國中語中文學會, 2015年8月
박성해	『장이머우 영화론』 번역, 인하대 교육대학원 석사 논문, 2014
朴成勳	李漁 戲曲理論 속의 敎化論 고찰 : 『閑情偶寄』를 중심으로, 『中國文化研究』, 第27輯, 서울, 中國文化研究學會, 2015年 2月
朴세늬	『論語 · 子罕』 第5章 '子畏於匡…'句 新釋 -'茲'字의 해석을 중심으로, 『中國學論叢』, 第45輯, 大田, 韓國中國文化學會, 2015年 3月
박세영	차이위안페이(蔡元培)의 美育論에 비추어 본 문화예술교육의 방향, 이화여대 대학원 석사 논문, 2014
박세욱	李公麟의 『五馬圖』 연구-宋代 天馬의 흔적, 『中國學』, 第51輯, 부산, 大韓中國學會, 2015年 6月
朴昭賢	烈婦와 淫婦 사이-明末小說 『杜騙新書』의 팜므 파탈을 중심으로, 『中國文學』, 第82輯, 서울, 韓國中國語文學會, 2015年 2月
朴昭賢	근대계몽기 신문과 추리소설 : 『神斷公案』을 중심으로, 『中

國語文學論集』, 第90號, 서울, 中國語文學硏究會, 2015年 2月

박송희 한·중 여성영웅소설에 나타난 여성의식 비교연구, 경희대 대학원 박사 논문, 2014

박수열·팽 주·최의현 중국 그림자은행의 중소기업 대출에 관한 연구, 『中國學硏究』, 第74輯, 서울, 中國學硏究會, 2015年 11月

朴順哲 後滄 金澤述의 文藝論 硏究, 『中國學論叢』, 第46輯, 大田, 韓國中國文化學會, 2015年 6月

박순철·김진희·김태주 중국어 교육의 활성화 필요성 고찰, 『中國學論叢』, 第47輯, 大田, 韓國中國文化學會, 2015年 9月

박순철 頤齋 黃胤錫의 詩書畵觀 硏究-中國 詩書畵觀의 影響을 中心으로, 『中國學論叢』, 第48輯, 大田, 韓國中國文化學會, 2015年 12月

박승현 노자철학과 마음 치유-현대인의 마음의 병에 대한 노자 철학적 접근, 『中國學報』, 第72輯, 서울, 韓國中國學會, 2015年 5月

박영록 韓國 史書에 收錄된 明初 白話聖旨의 言語性格, 『中國文學硏究』, 第58輯, 서울, 韓國中文學會, 2015年 2月

朴英順·姚大勇 張漢喆『漂海錄』的文學特色, 『中國語文學論集』, 第90號, 서울, 中國語文學硏究會, 2015年 2月

박영일 韓民族 大衆歌謠 歌詞에 나타난 '어머니'像의 比較 硏究, 성균관대 대학원 박사 논문, 2014

박영환 인문학적 관점에서 본 "문화한류"의 계시(啓示), 『中國學報』, 第71輯, 서울, 韓國中國學會, 2015年 2月

박옥영 초등교육기관의 중국어교육 : 초등학교 다문화교육을 중심으로, 원광대 교육대학원 석사 논문, 2014

박용선 清 末期 任熊의『姚大梅詩意圖冊』硏究, 홍익대 대학원 석사 논문, 2014

朴庸鎭·袁曉鵬·朴炳仙 『往五天竺國傳』校勘(1),『中國語文論譯叢刊』, 第36輯, 서울, 中國語文論譯學會, 2015年 1月

박용진 한국인 중국어 학습자를 위한 필수문법항목 설계,『中國言語硏究』, 第57輯, 서울, 韓國中國言語學會, 2015年 4月

朴庸鎭·朴智淑·趙仙花 『往五天竺國傳』校勘(2),『中國語文論譯叢刊』, 第37輯, 서울, 中國語文論譯學會, 2015年 7月

박우기 韓寒 문학의 사회적 실천 연구, 동국대 대학원 석사 논문, 2014

박운석·鐘書林 陶淵明作品中的小說元素硏究,『韓中言語文化硏究』, 第37輯, 서울, 韓國現代中國硏究會, 2015年 2月

박운석·종서림 陶淵明作品與小說敍事之關系硏究,『韓中言語文化硏究』, 第38輯, 서울, 韓國現代中國硏究會, 2015年 6月

박운석·김현주 왕해령(王海鴒)의 結婚三部曲에 나타난 女性意識,『中國語文學』, 第69輯, 대구, 嶺南中國語文學會, 2015年 8月

박원기 『百喩經』부사 연구,『中國語文論叢』, 第69輯, 서울, 中國語文硏究會, 2015年 6月

朴胤朝 字중심 중국어교재의 교육적 효율성에 관하여-『漢語語言文字啓蒙』에 대한 분석을 중심으로,『中國語文學論集』, 第91號, 서울, 中國語文學硏究會, 2015年 4月

박윤지 日本 小倉文庫『象院題語』의 注音에 반영된 中國語 音韻

	體系 硏究, 이화여대 대학원 석사 논문, 2014
박윤철	중국과 대만의 지역적 경제교류와 발전전략, 『中國學硏究』, 第73輯, 서울, 中國學硏究會, 2015年 8月
박은석 · 유수경	설문 조사에 근거한 중국어 문장부호 “分號”의 어법 특성과 조사대상자 특성별 분석, 『中國言語硏究』, 第57輯, 서울, 韓國中國言語學會, 2015年 4月
박은석	‘구별사’, ‘관형사’, ‘연체사’ 비교 연구, 『中語中文學』, 第61輯, 서울, 韓國中語中文學會, 2015年 8月
박은석 · 박정구	중국어 “一＋量＋形” 구문의 발전 및 그 기제-“一+검+A” 형식의 분석을 중심으로, 『中國言語硏究』, 第61輯, 서울, 韓國中國言語學會, 2015年 12月
박은옥	한 · 중 문화교류에서 貢女의 역할-服飾 · 飮食 · 音樂을 중심으로, 『中國學』, 第53輯, 부산, 大韓中國學會, 2015年 12月
朴應晳 · 朱剛君	비판적 담화분석의 새 지평 : 비판적 은유 분석-환구시보의 북핵 관련 사설을 중심으로, 『中國學論叢』, 第45輯, 大田, 韓國中國文化學會, 2015年 3月
朴應晳 · 金鉉哲	현대중국어 비원형 장소빈어에 대한 연구 : ‘吃+ L’구문을 중심으로, 『中國語文學論集』, 第91號, 서울, 中國語文學硏究會, 2015年 4月
박응석	인지문법을 통한 현대중국어 비원형장소빈어문 분석 : ‘寫黑板’ 구문을 중심으로, 『中國語 教育과 硏究』, 第21號, 서울, 韓國中國語教育學會, 2015年 6月
朴應晳	현대중국어 비원형 장소빈어의 인지적 분석 : ‘裝 · 存 · 送

+ L'구문을 중심으로, 『中國語文學論集』, 第93號, 서울, 中國語文學硏究會, 2015年 8月

朴姿映　　루쉰 연구자들은 왜 잡문에 주목하는가 : 이천년대 이후 루쉰 연구 경향에 대한 일검토, 『中國語文學論集』, 第91號, 서울, 中國語文學硏究會, 2015年 4月

朴姿映　　루쉰이 불러낸 귀신들: 시선과 질문들, 『中國語文學論集』, 第93號, 서울, 中國語文學硏究會, 2015年 8月

박자영　　루쉰의 귀신, 벤야민의 천사, 『中國現代文學』, 第74號, 서울, 韓國中國現代文學學會, 2015年 9月

박재연 · 김　영 · 이재홍　조선본 『古列女傳』의 발굴과 그 의미, 『中國語文學志』, 第51輯, 서울, 中國語文學會, 2015年 6月

朴宰雨 · 徐　榛　翟永明1980年代詩歌對普拉斯詩歌主題意識的接受與嬗變-以"黑色、 女性、 死亡"三種意識爲中心, 『中國學報』, 第71輯, 서울, 韓國中國學會, 2015年 2月

朴宰雨 · 於麗麗 · 鄭有軫　韓國華文文學: 探索四個來源與現狀, 『中國學報』, 第73輯, 서울, 韓國中國學會, 2015年 8月

박정구 · 박은석　중국어 "一＋量＋形" 구문의 발전 및 그 기제-"一+검+A" 형식의 분석을 중심으로, 『中國言語硏究』, 第61輯, 서울, 韓國中國言語學會, 2015年 12月

박정구 · Kong Fan Lian　"V得個C"的構式特征及其在漢語動補式系統中的地位, 『中國言語硏究』, 第61輯, 서울, 韓國中國言語學會, 2015年 12月

박정수 · 김원곤　韓國과 臺灣의 기업문화 특징과 시사점-中小企業을 중심으로, 『中國學論叢』, 第47輯, 大田, 韓國中國文化學會,

2015年 9月

박정수 · 김원곤　2016年 台灣 大選과 兩岸關係에 대한 展望, 『中國學論叢』, 第48輯, 大田, 韓國中國文化學會, 2015年 12月

朴貞淑 · 黃永姬 · 權鎬鐘 · 李紀勳 · 申旻也 · 李奉相　『青樓韻語』의 經文과 原註에 대한 譯解(1), 『中國語文論譯叢刊』, 第37輯, 서울, 中國語文論譯學會, 2015年 7月

朴貞淑 · 權鎬鍾　『青樓韻語』를 통해 본 妓女의 接客心理 考察, 『中國語文學論集』, 第93號, 서울, 中國語文學硏究會, 2015年 8月

박정원　융복합시대의 중국어문학 자원 큐레이팅 전략 연구, 『中國語文學志』, 第52輯, 서울, 中國語文學會, 2015年 9月

박정희　문화텍스트를 통한 충칭 도시문화 연구－『失踪的上淸寺』와 『好奇害死猫』를 중심으로, 『中國語文學』, 第69輯, 대구, 嶺南中國語文學會, 2015年 8月

박종봉　'三言' 애정소설 연구-신분을 중심으로, 충북대 대학원 석사 논문, 2014

박종연　朝鮮 초기 중국어 통역 발전 배경에 관한 연구-『朝鮮王朝實錄』의 기록을 중심으로, 『中國語文學』, 第70輯, 대구, 嶺南中國語文學會, 2015年 12月

박종학　老子의 柔弱과 太極拳 鬆(송)의 관계 연구, 『中國文化研究』, 第30輯, 서울, 中國文化硏究學會, 2015年 11月

朴鍾漢 · 姜勇仲　중국 상하이(上海) 지역의 상호(商號)의 특성과 변화 양상에 대한 사회언어학적 고찰, 『中國語文學論集』, 第91號, 서울, 中國語文學硏究會, 2015年 4月

박준수　族譜를 통한 北宋 士大夫의 內面意識 探究 : 歐陽修의

『歐陽氏譜圖』를 중심으로, 『中國文化研究』, 第28輯, 서울, 中國文化研究學會, 2015年 5月

박준수 · 고광민　柳宗元 「乞巧文」과 韓愈 「送窮文」 優劣論 : 문장구도분석을 중심으로, 『中國文化研究』, 第28輯, 서울, 中國文化研究學會, 2015年 5月

박준원　崔述의 저술에 나타난 孔孟과 弟子들의 位相, 『中國學』, 第52輯, 부산, 大韓中國學會, 2015年 9月

朴重奎 · 鄭睿恩 · 尹祥銀　漢語"聲母加韻母ao"的漢字与韓國語漢字詞讀音對應規律研究, 『中國人文科學』, 第59輯, 광주, 中國人文學會, 2015年 4月

박지수　20世紀初 中國 大衆集會의 發展과 國民大會의 形成, 서울대 대학원 석사 논문, 2014

박지숙　王夫之의 人性論과 융합된 詩學觀 小考-性情을 중심으로, 『中國語文論叢』, 第67輯, 서울, 中國語文研究會, 2015年 2月

朴智淑 · 朴庸鎭 · 趙仙花　『往五天竺國傳』 校勘(2), 『中國語文論譯叢刊』, 第37輯, 서울, 中國語文論譯學會, 2015年 7月

朴智淑　王夫之 『古詩評選』의 文氣論 研究, 『中國語文學論集』, 第95號, 서울, 中國語文學研究會, 2015年 12月

박진옥　試論現代漢語三類特殊涉量賓語句的主觀性問題, 『中國語文學志』, 第50輯, 서울, 中國語文學會, 2015年 4月

朴贊旭 역 · 游汝杰 저　사회언어학과 한어방언학의 새로운 전기, 『中國語文論譯叢刊』, 第36輯, 서울, 中國語文論譯學會, 2015年 1月

박찬욱　중국어 초급 교재 회화문의 대화개시 연구, 『中國語 教育과 研究』, 第21號, 서울, 韓國中國語教育學會, 2015年 6月

박찬욱 중국어교육으로 언어변화와 언어기능을 도입하는 문제에 관하여 : 회화교재 속의 동사 '看'에 대한 분석을 일례로, 『中國文化研究』, 第30輯, 서울, 中國文化研究學會, 2015年 11月

朴贊旭 "朱鎔基禮賓府晚宴講話"에 대한 기능언어학적 분석 : 제스처, 억양, 어법, 담화 간 관련성에 대한 사례연구, 『中國語文學論集』, 第95號, 서울, 中國語文學研究會, 2015年 12月

박창욱 鐵凝 소설 『분화(花)』에 대한 신역사주의적 접근, 『中國語文論叢』, 第67輯, 서울, 中國語文研究會, 2015年 2月

박창욱 遲子建 소설 『僞滿洲國』 속 "滿洲敍事"의 意義, 『中國語文論叢』, 第69輯, 서울, 中國語文研究會, 2015年 6月

박철현 개혁기 상하이 도시재생의 문화정치 : "석고문(石庫門) vs 공인신촌(工人新村)" 논쟁을 중심으로, 『中國文學』, 第84輯, 서울, 韓國中國語文學會, 2015年 8月

박태진 · 김영식 · 김도훈 중국 다롄(大連) 도시가구의 주택금융 이용 실태에 관한 연구, 『中國學』, 第52輯, 부산, 大韓中國學會, 2015年 9月

박향란 고대 중국어 피동표현과 공손의미의 상관관계 고찰 : 'A見V' 구문을 중심으로, 『韓中言語文化研究』, 第39輯, 서울, 韓國現代中國研究會, 2015年 10月

박현규 조선 金正喜가 청 翁樹崐에게 보낸 『高麗史鄭道傳』, 『中國語文學』, 第69輯, 대구, 嶺南中國語文學會, 2015年 8月

朴賢珠 '不'字의 원형과 선진시기 의미 변화 고찰, 『中國語文學論

	集』, 第92號, 서울, 中國語文學硏究會, 2015年 6月
박현준	재귀사 차단효과의 재해석, 『中國言語硏究』, 第61輯, 서울, 韓國中國言語學會, 2015年 12月
朴惠敬	唐詩 속 彭祖의 형상과 사상적 함의, 『中國語文學論集』, 第93號, 서울, 中國語文學硏究會, 2015年 8月
朴惠敬	唐詩 속 漢武帝 형상에 반영된 皇帝에 대한 비판적 인식, 『中國語文學論集』, 第95號, 서울, 中國語文學硏究會, 2015年 12月
박혜리	『切韻』의 음운 체계의 역사적 사실성에 대한 탐구, 『中國言語硏究』, 第61輯, 서울, 韓國中國言語學會, 2015年 12月
박혜성	魯迅의 『奔月』과 『離婚』에 나타난 女性의 自我實現 硏究, 청주대 대학원 석사 논문, 2014
朴紅瑛 · 鄭鎭椌	從韓國學生習得“看”的偏誤分析“看”的用法, 『中國語文論譯叢刊』, 第37輯, 서울, 中國語文論譯學會, 2015年 7月
박홍준	李漁詞學理論硏究, 『中國學報』, 第73輯, 서울, 韓國中國學會, 2015年 8月
박효미	老舍의 『四世同堂』 번역 : 제10장 ~ 제17장, 동국대 교육대학원 석사 논문, 2014
박홍수 · 진윤영	신생 준접사의 생성원인 및 조어 특징, 『中國學報』, 第73輯, 서울, 韓國中國學會, 2015年 8月
박홍수 · 고은미	“국어”와 “보통화”의 어휘 이질화 현상 및 원인 분석 : TOCFL과 HSK를 중심으로, 『中國文化硏究』, 第29輯, 서울, 中國文化硏究學會, 2015年 8月
朴花艶 · 韓容洙	淺析漢韓‘給予類’動詞价質的相似性, 『中國文化硏究』, 第

	30輯, 서울, 中國文化硏究學會, 2015年 11月
반미정	張愛玲『傳奇』의 묘사수법에 나타난『紅樓夢』의 영향, 동국대 대학원 석사 논문, 2014
房曉丹	淺談韓國醫療旅游宣傳網站漢譯問題-以韓國政府機關相關網站爲中心,『中國學』, 第51輯, 부산, 大韓中國學會, 2015年 6月
배경진 · 나민구	주걸륜(周傑倫)의 "你可以不平凡" 강연 텍스트의 수사학적 분석,『中國文化硏究』, 第28輯, 서울, 中國文化硏究學會, 2015年 5月
배경진 · 김현주	溫庭筠「菩薩蠻」詞 14首에 대한 詞語 연구,『中國學硏究』, 第72輯, 서울, 中國學硏究會, 2015年 6月
배경진 · 김현주	한국 실크로드연구의 현황과 전망,『韓中言語文化硏究』, 第39輯, 서울, 韓國現代中國硏究會, 2015年 10月
배다니엘	中唐 于武陵의 시가 고찰,『韓中言語文化硏究』, 第38輯, 서울, 韓國現代中國硏究會, 2015年 6月
배다니엘	岑參 자연시의 묘사기법 고찰,『中國學報』, 第74輯, 서울, 韓國中國學會, 2015年 11月
배도임	李銳의『人間』, 葉兆言의『后羿』, 蘇童의『碧奴』, 阿來의『格薩爾王』의 '반영웅주의' 비교를 중심으로,『中國學硏究』, 第73輯, 서울, 中國學硏究會, 2015年 8月
배서봉	한 · 중 여성 감독 영화의 페미니즘 미학 비교 연구 : 이정향과 마리웬의 영화를 중심으로, 목포대 대학원 박사 논문, 2014
배연희	양장(楊絳)의 산문에 나타난 문혁 기억과 서사,『中國小

說論叢』, 第46輯, 서울, 韓國中國小說學會, 2015年 8月

裵玗桯 · 閔寬東　國內 關羽廟의 現況과 受容에 대한 硏究, 『中國小說論叢』, 第45輯, 서울, 韓國中國小說學會, 2015年 4月

백광준　표상의 정치학-혜성을 둘러싼 근대 중국의 시선들을 중심으로, 『中國文學』, 第82輯, 서울, 韓國中國語文學會, 2015年 2月

백광준　현대 중국의 「淸明上河圖」 소비와 해석-문화 표상으로서 「청명상하도」 읽기, 『中國學報』, 第73輯, 서울, 韓國中國學會, 2015年 8月

백광준　士大夫와 山人의 사이에서 - 張岱와 陳繼儒를 통해 본 명말 문인의 삶, 『中國文學』, 第85輯, 서울, 韓國中國語文學會, 2015年 11月

백문영　한국어 · 중국어 재귀 표현 대조 연구 및 교육방안 : 한국어 '자기', '자신', 중국어 '自己'를 중심으로, 단국대 대학원 석사 논문, 2014

백미연　田苗의 『女性物事與宋詞』 번역-제1장, 제3장, 제4장, 제8장, 동국대 교육대학원 석사 논문, 2014

백영선　施蟄存의 『將軍底頭』 硏究, 경상대 대학원 석사 논문, 2014

백원담　냉전연구의 문화적 · 지역적 전환 문제, 『中國現代文學』, 第75號, 서울, 韓國中國現代文學學會, 2015年 12月

백원담　백원담-차오정루(曺征路) 대담-『민주수업』의 문화대혁명 성찰과 그 후, 『中國現代文學』, 第75號, 서울, 韓國中國現代文學學會, 2015年 12月

백은희	중국어 담화 지시체의 인지범주와 형식적 구현, 『中國言語研究』, 第58輯, 서울, 韓國中國言語學會, 2015年 6月
백정숙 · 김소현	沈奇詩의 지역성과 변방의식, 『中國人文科學』, 第60輯, 광주, 中國人文學會, 2015年 8月
백지훈	인과관계 접속사 "因爲", "爲什麽呢" 대조 연구 인과관계 의미영역별 출현양상, 어순 분포 및 문법의 생태학적 관점에서 본 화용적 효율성의 차이를 중심으로, 『中國言語研究』, 第57輯, 서울, 韓國中國言語學會, 2015年 4月
范魯新	『老乞大』, 『朴通事』의 漢語 補語 構造 研究, 서울대 대학원 박사 논문, 2014
범숙걸	김삼의당과 석패란의 문학세계 비교 연구, 가천대 대학원 박사 논문, 2014
邊琯植	華語教學過程中話輪轉換的調查與分析, 『中國語 教育과 研究』, 第22號, 서울, 韓國中國語教育學會, 2015年 12月
변성규	從女性主義視角來看中國古代詩詞中的織女形象, 『中國學報』, 第73輯, 서울, 韓國中國學會, 2015年 8月
변지원 · 윤보라	얼화(儿化) 재인식을 통한 새 접근법 제안 : 한국인 교수자와 학습자를 중심으로, 『中國語 教育과 研究』, 第22號, 서울, 韓國中國語教育學會, 2015年 12月
봉인영	환영(幻影)과의 전쟁 : 딩링의 옌안 시기 소설 서사, 공포와 "이모티브(emotives)", 『中國現代文學』, 第74號, 서울, 韓國中國現代文學學會, 2015年 9月
傅根淸	漢字, 東亞文化圈共同的創意寶藏, 『中國學』, 第52輯, 부산, 大韓中國學會, 2015年 9月

付希亮 · 崔昌源　簡論中國五帝時代研究的史料選擇, 『中國學研究』, 第71輯, 서울, 中國學研究會, 2015年 3月

비　효　한비야의 『지도 밖으로 행군하라』 중역본 『少有人走的路-向地圖外行軍』의 번역 분석, 계명대 대학원 석사 논문, 2014

비조위　한 · 중 · 일 인간성 분류사에 대한 대조 연구 : 대우관계를 중심으로, 한국외대 대학원 석사 논문, 2014

謝明勳　文學現場重建 : 六朝志怪小說「資料來源」析論, 『中國文化研究』, 第29輯, 서울, 中國文化研究學會, 2015年 8月

사　례　四川 瀘州 방언의 복수표지 "些", "화", "們", "家/家家"에 대한 연구, 『中國言語研究』, 第61輯, 서울, 韓國中國言語學會, 2015年 12月

사수매　聯合報를 通해 본 臺灣人의 韓國認識-1951年~2010年의 韓國談論을 中心으로, 연세대 대학원 박사 논문, 2014

史亞菲　韓 · 中 形成期 樂府詩의 比較 研究-漢 樂府와 高麗 小樂府를 中心으로, 국민대 대학원 석사 논문, 2014

사옥동　한 · 중 색채어의 대조 연구 : 기본 오색을 대상으로, 동국대 대학원 석사 논문, 2014

山元宣宏　日本的公用漢字和其爭論點, 『中國學』, 第52輯, 부산, 大韓中國學會, 2015年 9月

상향함　한 · 중 간접표현의 대조연구 : TV 드라마를 대상으로, 전북대 대학원 석사 논문, 2014

서　성 · 강현실　명청 서사 삽화의 역사적 전개와 공간의 확장, 『中國文化研究』, 第28輯, 서울, 中國文化研究學會, 2015年 5月

서 성·조성천　李白 전집의 판본 소개, 『中國語文論叢』, 第71輯, 서울, 中國語文研究會, 2015年 10月

서 성·조성천　『삼국연의』 속의 협상 전략, 『中國文化研究』, 第30輯, 서울, 中國文化研究學會, 2015年 11月

서 성　『삼국연의』의 용 이미지와 『주역』 건괘(乾卦)의 형상화, 『中國語文論叢』, 第72輯, 서울, 中國語文研究會, 2015年 12月

徐 盛·趙得昌　李白 〈登覽〉 詩譯解(4), 『中國語文論譯叢刊』, 第36輯, 서울, 中國語文論譯學會, 2015年 12月

서 신·장금봉　李漁『十二樓』中的情欲美學研究, 『韓中言語文化研究』, 第38輯, 서울, 韓國現代中國研究會, 2015年 6月

서 영　同一名詞組成的偏正結構研究, 『中國語文學』, 第70輯, 대구, 嶺南中國語文學會, 2015年 12月

徐 榛·朴宰雨　翟永明1980年代詩歌對普拉斯詩歌主題意識的接受與嬗變-以"黑色、女性、死亡"三種意識爲中心, 『中國學報』, 第71輯, 서울, 韓國中國學會, 2015年 2月

서 진·기 영　再論嚴歌苓『白蛇』: 以文革下的女性性別書寫爲中心, 『韓中言語文化研究』, 第38輯, 서울, 韓國現代中國研究會, 2015年 6月

서 충　장편소설 『活着』의 오역 유형 분석, 선문대 통번역대학원 석사 논문, 2014

서모지　한·중 비교 구문의 대조 연구, 동국대 대학원 석사 논문, 2104

徐美靈　20세기 전반기 중국어 발음 교육 고찰 : 한국에서 출판된

중국어 교과서를 중심으로, 『中國語文學論集』, 第90號, 서울, 中國語文學研究會, 2015年 2月

徐美靈 『中國語會話全書』의 발음 표기 연구, 『中國語文學論集』, 第95號, 서울, 中國語文學研究會, 2015年 12月

徐寶余 先秦兩漢楚聲與文學關系研究, 『中國人文科學』, 第60輯, 광주, 中國人文學會, 2015年 8月

서석홍 · 민장환 중국 원저우(溫州)시의 민간대출 위기와 금융개혁에 관한 연구, 『中國學』, 第52輯, 부산, 大韓中國學會, 2015年 9月

서용준 黃鶴樓 관련 李白詩 연구, 『韓中言語文化研究』, 第39輯, 서울, 韓國現代中國研究會, 2015年 10月

서월령 近代漢音借詞"선비"考, 『中國言語研究』, 第61輯, 서울, 韓國中國言語學會, 2015年 12月

서윤정 문학사적 시각에서 본 모옌 문학 환상성의 함의, 『中國學研究』, 第71輯, 서울, 中國學研究會, 2015年 3月

서지혜 문화상호적 관점으로 본 가오싱젠(高行健)의 연극이론과 표현기법 연구 : 『팔월의 눈 (八月雪)』을 중심으로, 중앙대 대학원 석사 논문, 2014

서진현 한국인 학습자를 위한 현대중국어 동사 등급분류 설계, 『中國語 教育과 研究』, 第21號, 서울, 韓國中國語教育學會, 2015年 6月

서진현 초급학습자를 위한 현대중국어의 낮은 단계 규칙의 문법 항목 설계 : 한국인 학습자를 중심으로, 『中國語 教育과 研究』, 第22號, 서울, 韓國中國語教育學會, 2015年 12月

서진희 중당 문학의 사상적 배경과 그 미의식에 대한 연구, 서울

대 대학원 박사 논문, 2014

서천우　한국공포영화 속에 나타난 맹자(孟子)의 사단(四端)주장, 성균관대 대학원 석사 논문, 2014

서한용　『篆訣歌』의 轉寫 과정에 따른 誤謬, 『中國語文論叢』, 第69輯, 서울, 中國語文硏究會, 2015年 6月

서형요　한 · 중 방송 자막의 외래어 사용 비교 분석, 대구대 대학원 석사 논문, 2014

石　堅 · 韓松濤　論漢韓身体詞的詞義擴展, 『中語中文學』, 第60輯, 서울, 韓國中語中文學會, 2015年 4月

석　양　한국과 중국의 신시 형성과정 비교연구: 朱耀翰의 『아름다운 새벽』과 胡適의 『嘗試集』을 중심으로, 인하대 대학원 석사 논문, 2014

석　영　한중 번역의 기법 분석, 선문대 통번역대학원 석사 논문, 2014

선미래　『생활중국어』 교과서 삽화 분석 연구, 이화여대 교육대학원 석사 논문, 2014

설　나　한국어 감정 용언의 교육 연구 : 한 중 대조를 통하여, 연세대 대학원 석사 논문, 2014

설　초　한국어 추측 표현의 중국어 대응 표현 연구 : '-겠-'과 '-ㄹ 것이-'를 대상으로, 동국대 대학원 석사 논문, 2014

성　박　한국어 '보다' 구문표현 중국어 대응 표현 연구, 동국대 대학원 석사 논문, 2014

성근제　北大荒과 띵링 : 제2회 '띵링연구 청년포럼' 참가 후기, 『中國現代文學』, 第74號, 서울, 韓國中國現代文學學會, 2015

	年 9月
成謹濟	민족어의 정치성 : 중국 조선족의 문화정치적 상황에 대한 역사적 고찰, 『中國語文學論集』, 第95號, 서울, 中國語文學硏究會, 2015年 12月
성근제	五四와 文革 : 중국혁명의 상징체계, 『中國現代文學』, 第75號, 서울, 韓國中國現代文學學會, 2015年 12月
성옥례	상하이 시기 루쉰의 글쓰기에 나타난 일상성에 관하여, 『中國語文論叢』, 第68輯, 서울, 中國語文硏究會, 2015年 4月
성윤숙 · 韓松濤	論漢韓身体詞的跨域認知, 『中國語文論譯叢刊』, 第37輯, 서울, 中國語文論譯學會, 2015年 7月
成紅舞	晚淸至民國在華教會女校与中國女性的現代啓蒙, 『韓中言語文化硏究』, 第37輯, 서울, 韓國現代中國硏究會, 2015年 2月
소 남	한 · 중 의문문 대비 및 교육 방안 연구, 건국대 대학원 석사 논문, 2014
邵 磊	從漢語再看中世韓國語的齒音, 『韓中言語文化硏究』, 第39輯, 서울, 韓國現代中國硏究會, 2015年 10月
소 영	현대 중국어 차용동량사의 체계와 어법특성 연구, 성균관대 대학원 박사 논문, 2014
소 잠	徐有榘의 『毛詩講義』 硏究와 譯注, 성균관대 대학원 박사 논문, 2014
소대평	論蚩尤對孫悟空形象塑造的影響, 『中國語文學』, 第69輯, 대구, 嶺南中國語文學會, 2015年 8月
소숙현	대화분석론을 활용한 고등학교 중국어 I 교과서 대화문

	분석, 이화여대 교육대학원 석사 논문, 2014
소영하	사례 관찰을 기초로 한 중국어 문법교육 연구, 계명대 대학원 석사 논문, 2014
蘇恩希	『華語萃編(初集)』 사회문화상 연구 : 교통수단의 종류와 발전을 중심으로, 『中國文化研究』, 第27輯, 서울, 中國文化研究學會, 2015年 2月
소은희	Robert Morrison 『Dialogues and detached sentences in the Chinese Language(中文會話及凡例)』(1816년)에 나타난 사회문화상 연구 : 광동무역시기 十三行과 무역체재를 중심으로, 『韓中言語文化研究』, 第37輯, 서울, 韓國現代中國研究會, 2015年 2月
소은희	일제강점기 언어말살정책으로 인한 중국어회화 교재와 매체에 나타난 언어 · 문화상 고찰 : 『漢語獨學』, 『華語精選』, 『自習完壁支那語集成』, 『無先生速修中國自通』, 『(北京官話)支那語大海』과 신문기사를 중심으로, 『中國文化研究』, 第29輯, 서울, 中國文化研究學會, 2015年 8月
소해양	한 · 중 촉각형용사에 대한 의미론적 대조 연구, 서울시립대 대학원 석사 논문, 2014
손 기	중국어 성모와 한국 한자음 초성의 대응 연구 : 현대 중국어 성모 'q'를 중심으로, 아주대 대학원 석사 논문, 2014
孫 貞	현대중국어 시간부사 의미기능 연구, 고려대 대학원 박사 논문, 2014
손 함	중국인 한국어 학습자를 위한 한국어 부사격 조사와 중국어 개사의 대조 연구 : '-에', '-에서'를 중심으로, 경희대

대학원 석사 논문, 2014

손 홍　한·중 '희다' 계열 색채어의 대조 연구, 서울시립대 대학원 석사 논문, 2014

孫佳倩　人稱代詞'她'的歷史性研究, 숭실대 대학원 석사 논문, 2014

손경려　한국어 교육을 위한 허난설헌과 주숙진 시 비교 연구, 덕성여대 대학원 석사 논문, 2014

손려려　殺人者的記憶法, 제주대 통역대학원 석사 논문, 2014

손몽실　한·중 제화시 비교연구 : 신위, 소식을 중심으로, 중앙대 대학원 석사 논문, 2014

孫美玲　王蒙 反思小說의 歷史意識 硏究,『中國學論叢』, 第45輯, 大田, 韓國中國文化學會, 2015年 3月

孫美莉　사건구조 관점에서 본 'NPL+V着+NP' 존재구문 고찰,『中國語文學論集』, 第90號, 서울, 中國語文學研究會, 2015年 2月

손민정·김석영　중국어 교과서의 외래어 표기 개선 방안,『中國語文學志』, 第52輯, 서울, 中國語文學會, 2015年 9月

손박림　한국어 '치다'와 중국어 '打'의 대비연구, 숭실대 대학원 석사 논문, 2014

손상기·이정세　중국소비자의 한국화장품 구매만족에 미치는 영향-한류선호도의 조절효과,『中國學論叢』, 第47輯, 大田, 韓國中國文化學會, 2015年 9月

손승혜·이귀옥·강필임　중국의 한국드라마 연구와 수용-'별에서 온 그대' 관련 중국학술논문 내용분석,『中國學報』, 第74輯, 서울,

韓國中國學會, 2015年 11月

손승회 文化大革命과 武漢極左派,『中國學報』, 第73輯, 서울, 韓國中國學會, 2015年 8月

손애하 · 임승배 梁鼎芬詩歌硏究,『中國語文論叢』, 第69輯, 서울, 中國語文硏究會, 2015年 6月

손윤희 '以+O+VP'와 'VP+以+O' 형식 비교-『論語』,『孟子』를 중심으로, 성균관대 대학원 석사 논문, 2014

손정애 한국인 학습자의 중간언어 분석을 통한 중국어 조사 '了'의 교육 순서 연구,『中國文學』, 第84輯, 서울, 韓國中國語文學會, 2015年 8月

손지윤 · Olivier Bailble 중국 총리 리커창(李克强) 중국-ASEAN(아세안) 박람회 연설 텍스트의 수사학적 분석,『韓中言語文化硏究』, 第37輯, 서울, 韓國現代中國硏究會, 2015年 2月

손해서 동형의 한중 한자어 형용사 대비 연구, 부경대 대학원 박사 논문, 2014

孫興鋒 論中國大學的歷史發展与現存問題,『中國人文科學』, 第59輯, 광주, 中國人文學會, 2015年 4月

송경애 張潮 작품 속의 評語 고찰,『中國學』, 第50輯, 부산, 大韓中國學會, 2015年 3月

송국경 한국어 부정극어 부사의 중국어 대응 표현 연구 : 소극적 부정극어와 적극적 부정극어를 대상으로, 동국대 대학원 석사 논문, 2014

송미령 현대중국어 風格 연구,『中國學硏究』, 第71輯, 서울, 中國學硏究會, 2015年 3月

송빛나 『阿Q正傳』의 리얼리즘 연구, 경희대 교육대학원 석사 논문, 2014

宋瑄叶 『兒女英雄傳』承接連詞考察, 『中國人文科學』, 第59輯, 광주, 中國人文學會, 2015年 4月

송시황 중국어 음절의 운율구조와 음장, 『中國文化研究』, 第28輯, 서울, 中國文化研究學會, 2015年 5月

송연옥 중국의 아동문학상 연구 : 전국우수아동문학상(全國優秀兒童文學獎)을 중심으로, 『中國文化研究』, 第27輯, 서울, 中國文化研究學會, 2015年 2月

송영규 현대중국어 新語 중 'X+女'型 호칭어 分析, 『中國學論叢』, 第48輯, 大田, 韓國中國文化學會, 2015年 12月

송영란 『靑邱野談』과 『三言二拍』의 致富談 比較硏究, 서울시립대 대학원 석사 논문, 2014

송용인 『優語集』에서 보이는 배우와 孔儒의 갈등관계, 『中國學』, 第51輯, 부산, 大韓中國學會, 2015年 6月

송원찬 『서유기』를 통해 본 문화원형의 계승과 변용, 『中國文化研究』, 第27輯, 서울, 中國文化研究學會, 2015年 2月

송윤미 『大唐西域記』에 기재된 佛敎의 諸神 故事 考察, 『韓中言語文化研究』, 第39輯, 서울, 韓國現代中國研究會, 2015年 10月

송인주 · 임동춘 陸游 茶詩에 나타난 宋代 貢茶 硏究, 『中國人文科學』, 第60輯, 광주, 中國人文學會, 2015年 8月

宋貞和 神話 속 英雄은 어떻게 만들어지는가? : 英雄神話의 각도에서 본 『穆天子傳』의 특징에 대한 小考, 『中國小說論叢』,

第45輯, 서울, 韓國中國小說學會, 2015年 4月

宋珠永　　朝鮮 初期의 對明 關係와 吏文政策 研究, 한국외대 국제지역대학원 박사 논문, 2014

송진열　　피터 그리너웨이의 영화『필로우북』에 나타난 육체의 서, 『中國學』, 第50輯, 부산, 大韓中國學會, 2015年 3月

송진영　　'二拍'의 商賈小說 研究 :『轉運漢巧遇洞庭紅, 波斯胡指破鼉龍殼』을 중심으로,『中國小說論叢』, 第46輯, 서울, 韓國中國小說學會, 2015年 8月

宋紅玲 · 金錫永 · 李康齊 · 李美京 · 李衍淑　중국어 평가 문항 작성 기법 연구 : 신HSK, SNULT, FLEX 선택형 문항에 대한 비판적 분석을 중심으로,『中國語文學論集』, 第90號, 서울, 中國語文學研究會, 2015年 2月

송효원　　권향자『천연조미료로 通하는 나만의 요리』(用天然調料做我自己的料理)의 중국어 번역 연구, 동의대 대학원 석사 논문, 2014

수원제　　외국인을 위한 중국어 관용어 교육 연구, 동국대 대학원 석사 논문, 2014

쉬　리　　현대중국어 '往A里V' 구문의 의미와 문법화 연구 : 코퍼스 분석을 중심으로,『中國文學』, 第83輯, 서울, 韓國中國語文學會, 2015年 5月

申景媄　　중국어 자질 문법의 응용 시론,『中國語文學論集』, 第90號, 서울, 中國語文學研究會, 2015年 2月

신경미 · 최규발　현대중국어 "這"와 "這個"에 대한 小考,『中國語文論叢』, 第69輯, 서울, 中國語文研究會, 2015年 6月

신경선　初級漢語語音教學研究-以聲, 韻, 調爲中心,『中國言語研究』, 第60輯, 서울, 韓國中國言語學會, 2015年 10月

辛京垠　중학교『생활중국어』쓰기 영역 분석 및 문항 설계, 한국외대 교육대학원 석사 논문, 2014

신동순　두치펑(杜琪峰) 감독의 "남녀시리즈" 영화에 나타난 '홍콩'과 '중국', 그 의미작용의 정치,『中國文化研究』, 第27輯, 서울, 中國文化研究學會, 2015年 2月

申東順　『홍기(紅旗)』잡지에 나타난 '문화대혁명'의 문화적 징후들 : 우한(吳晗)'과 '수호(水滸)'를 중심으로,『中國小說論叢』, 第45輯, 서울, 韓國中國小說學會, 2015年 4月

신문적　한국어와 중국어 '앞/뒤' 계열 합성어의 은유 표현 대조 연구, 경희대 대학원 석사 논문, 2014

신미경 · 유 위　중국어 '都'와 한국어 '모두/다'의 인지모형 대조 연구,『韓中言語文化研究』, 第39輯, 서울, 韓國現代中國研究會, 2015年 10月

신미경 · 유 위　중 · 한 전칭양화사 대조 연구,『中國學研究』, 第74輯, 서울, 中國學研究會, 2015年 11月

申旻也 · 黃永姬 · 權鎬鐘 · 李紀勳 · 朴貞淑 · 李奉相　『青樓韻語』의 經文과 原註에 대한 譯解(1),『中國語文論譯叢刊』, 第37輯, 서울, 中國語文論譯學會, 2015年 7月

신민야　시견오 기녀 소재 시의 특징 고찰,『中國文化研究』, 第29輯, 서울, 中國文化研究學會, 2015年 8月

신상현　王童감독의 영화를 통해 본 대만인의 정체성 :『無言的山丘』와『香蕉天堂』을 중심으로,『中國文學研究』, 第59輯,

서울, 韓國中文學會, 2015年 5月

신성열 老子的 相生과 哲學治癒,『中國學報』, 第74輯, 서울, 韓國中國學會, 2015年 11月

신수영 · 김태은 연어(collocation)와 중국어 결합 관계(搭配)에 대한 개념적 고찰,『中國語文學志』, 第50輯, 서울, 中國語文學會, 2015年 4月

신수영 · 김태은 어휘접근법에 기반한 중국어 결합관계 교수 · 학습에 대한 논의,『中語中文學』, 第61輯, 서울, 韓國中語中文學會, 2015年 8月

신승혜 중국 결혼이민여성 대상 상호문화교육 방안-한국과 중국의 신화를 활용하여,『中國學論叢』, 第48輯, 大田, 韓國中國文化學會, 2015年 12月

辛承姬 · 金善娥 중국어 교육을 위한 신HSK 한자 일치도 유형분석,『中國語文學論集』, 第93號, 서울, 中國語文學硏究會, 2015年8月

신영자 『甲骨文合集』에 나타난 婦정 관련 卜辭考察,『中國語文論叢』, 第67輯, 서울, 中國語文硏究會, 2015年 2月

愼鏞權 알타이 언어의 영향에 의한 중국어 어순 유형의 변화-『老乞大』에 나타난 어순과 후치사를 중심으로,『中國文學』, 第85輯, 서울, 韓國中國語文學會, 2015年 11月

申祐先 從「齷齪」探討詞義發展的多向性,『中國語文學論集』, 第95號, 서울, 中國語文學硏究會, 2015年 12月

신원철 『說文解字』'雙聲' 聲符 硏究-'茸'字를 위주로,『中國文學』, 第84輯, 서울, 韓國中國語文學會, 2015年 8月

신의연 한국 대학 중국 현대 문학 수업에 관한 소고-『許三觀賣血

記』를 교재로 하여, 『中國學論叢』, 第47輯, 大田, 韓國中國文化學會, 2015年 9月

신정수 19세기 전반기 유럽 선교사들의 『三國志演義』 소개 방식과 서술 태도 연구-모리슨과 구츨라프를 중심으로, 『中國語文論叢』, 第70輯, 서울, 中國語文硏究會, 2015年 8月

신정호 전후 대만문학의 한국 인식, 『中國人文科學』, 第61輯, 광주, 中國人文學會, 2015年 12月

신지연 『說文解字繫傳』 朱翺 反切 臻·山攝 三·四等韻 운모체계, 고려대 대학원 석사 논문, 2014

신지영 청대 궁정대희 『忠義璇圖』의 소설 『水滸傳』 각색 방식, 『中國小說論叢』, 第47輯, 서울, 韓國中國小說學會, 2015年 12月

申振浩 曹禺의 歷史劇 『膽劍篇』 재평가, 『中國語文學論集』, 第92號, 서울, 中國語文學硏究會, 2015年 6月

申鉉錫 譚獻의 詞論 硏究, 『中國人文科學』, 第61輯, 광주, 中國人文學會, 2015年 12月

신현준·예룬 흐루너베헌-라우 다스랄, 디자인주간, 후토폴리스(胡同城) : 베이징 남부(城南)의 도시재생과 문화의 (탈)정치, 『中國現代文學』, 第75號, 서울, 韓國中國現代文學學會, 2015年 12月

신희경 한·중 피동문 대조 연구 : 중국어 무표지 피동문과의 대조를 중심으로, 부산대 대학원 석사 논문, 2014

심광현 리쩌허우의 『비판철학의 비판』의 비판적 수용을 위하여, 『中國現代文學』, 第75號, 서울, 韓國中國現代文學學會,

	2015年 12月
심규호	晩明小品文和正祖的文体反正,『韓中言語文化硏究』, 第37輯, 서울, 韓國現代中國硏究會, 2015年 2月
심방화	錢鍾書『圍城』成長敍事 硏究, 성신여대 대학원 석사 논문, 2014
沈惠英	The Chinese Repository 1권 1호(1832), 2권 1호(1833) 서문 역주 및 해제,『中國語文論譯叢刊』, 第37輯, 서울, 中國語文論譯學會, 2015年 7月
안기섭	고대한어 '爲'의 품사 부여와 기능 분별에 대한 의문,『中國學硏究』, 第71輯, 서울, 中國學硏究會, 2015年 3月
안기섭	古代漢語 '已'의 품사 분별과 의미항에 대한 몇 가지 의문 : 副詞의 의미항 · 助詞(語氣詞)의 인정 여부를 중심으로,『中國人文科學』, 第59輯, 광주, 中國人文學會, 2015年 4月
안기섭	古代漢語 조사 '也'의 기능에 대한 새로운 접근,『中國人文科學』, 第60輯, 광주, 中國人文學會, 2015年 8月
안기섭 · 정성임	現代漢語 '在 · 正 · 正在 · 着 · 呢'의 변별점에 대하여,『中國人文科學』, 第61輯, 광주, 中國人文學會, 2015年 12月
安東煥	전통 연행(演行)예술과 현대문화의 공존 : 북경 지단묘회(地壇廟會) 연구,『中國人文科學』, 第61輯, 광주, 中國人文學會, 2015年 12月
安炳國	初唐 王績 園林山莊詩 硏究,『中國語文學論集』, 第90號, 서울, 中國語文學硏究會, 2015年 2月
안상복	韓中 두 나라 山臺와 雜戲 비교 연구,『中國語文學志』, 第52輯, 서울, 中國語文學會, 2015年 9月

安性栽	孔子의 君子에 대한 定義 고찰,『中國學』, 第52輯, 부산, 大韓中國學會, 2015年 9月
안승웅 · 김정필	문 · 사 · 철 활용 한자교수법을 위한 제언,『中國學』, 第50輯, 부산, 大韓中國學會, 2015年 3月
안승웅	沈從文의 여성 교유(交遊)와 여성형상,『中國學』, 第51輯, 부산, 大韓中國學會, 2015年 6月
안연진 · 최재영	元明 시기 "강의무" 양상 조동사의 부정형식 고찰,『中國言語研究』, 第59輯, 서울, 韓國中國言語學會, 2015年 8月
安榮銀	풀뿌리문화의 심미적 의의를 찾아서 : 닝하오(寧浩) 영화「크레이지 스톤(瘋狂的石頭Crazy Stone)」「크레이지 레이서(瘋狂的賽車 Silver Medalist, Crazy Racer)」를 중심으로,『中國語文論譯叢刊』, 第36輯, 서울, 中國語文論譯學會, 2015年 1月
안영은	아이웨이웨이(艾未未)는 어떻게 신(艾神)이 되었나?,『中國現代文學』, 第72號, 서울, 韓國中國現代文學學會, 2015年 3月
안영은	저항의 즐거움-중국 대중매체 시대의 패러디,『中國學研究』, 第73輯, 서울, 中國學研究會, 2015年 8月
안예선	『漢書』 중 漢 武帝 이전 시기 敍事 고찰-『史記』와의 비교를 중심으로,『中國語文論叢』, 第69輯, 서울, 中國語文研究會, 2015年 6月
안유경	쑤퉁(蘇童)의『쌀(米)』읽기-가족의 전복, 그 의미 고찰을 중심으로,『中國學報』, 第74輯, 서울, 韓國中國學會, 2015年 11月

안재철 ‘以’의 몇 가지 用法 考察, 『中國文學硏究』, 第59輯, 서울, 韓國中文學會, 2015年 5月

안재호 程頤의 性情과 心의 體用說 管見, 『中國學報』, 第74輯, 서울, 韓國中國學會, 2015年 11月

안창현 ‘춘지에 완후이(春節晚會)’의 의례화와 기능 연구, 『中國文化硏究』, 第27輯, 서울, 中國文化硏究學會, 2015年 2月

안현주 영화 『人在囧途』를 활용한 중국어 지도방안 연구, 경남대 대학원 석사 논문, 2014

안희진 『노자』, 그 ‘역설’의 문학을 논함, 『中國學』, 第51輯, 부산, 大韓中國學會, 2015年 6月

안희진 공자의 ‘소정묘 사건’을 논함, 『中國學報』, 第73輯, 서울, 韓國中國學會, 2015年 8月

안희진 「艾子雜說」은 蘇軾의 글인가, 『中語中文學』, 第61輯, 서울, 韓國中語中文學會, 2015年 8月

양 가 四正卦淵源考, 『中國語文學』, 第70輯, 대구, 嶺南中國語文學會, 2015年 12月

양 기 한·중 미각 형용사 대조 연구 : 시다, 달다, 쓰다, 맵다, 짜다를 중심으로, 전남대 대학원 석사 논문, 2014

梁 楠·高慧琳 韓國華人華文文學的混種性 : 以1990年代出版『韓華』雜志爲中心, 『中國小說論叢』, 第47輯, 서울, 韓國中國小說學會, 2015年 12月

양 려 한·중 심리형용사의 문법적 특성에 대한 대조 연구, 국민대 대학원 석사 논문, 2014

양 뢰 한중 문학작품의 의성어·의태어 비교 연구 : 소설을 중심

으로, 대구대 대학원 석사 논문, 2014

양 맹　한·중 번역에서의 품사 불일치에 대한 연구, 단국대 대학원 석사 논문, 2014

양 초　현대 한·중 친족호칭어의 대조 연구, 가천대 대학원 석사 논문, 2014

양갑용·이희옥　중국식 민주주의와 엘리트 충원방식, 『中國學研究』, 第72輯, 서울, 中國學研究會, 2015年 6月

양경미　함축을 기반으로 한 중국어 시트콤 담화 분석Ⅰ : 대화의 격률을 중심으로, 『中國語 敎育과 研究』, 第21號, 서울, 韓國中國語敎育學會, 2015年 6月

梁東訓　韓中兩國中學教師聘用過程對比研究, 『中國學』, 第51輯, 부산, 大韓中國學會, 2015年 6月

梁萬基·劉 倩　語音細化研究在對外漢語發音教學中的應用, 『中國人文科學』, 第61輯, 광주, 中國人文學會, 2015年 12月

梁萬基·楊才英　從功能視角談漢語情態詞的語義特徵及句法表現-以"必須""可能"和"可以"爲中心, 『中國學』, 第53輯, 부산, 大韓中國學會, 2015年 12月

梁世旭　中-韓 언어접촉과 어휘 차용의 새 국면-5종 일간지의 중국어 차용어 표기를 중심으로, 『中國學』, 第51輯, 부산, 大韓中國學會, 2015年 6月

양쉬에　韓國語와 中國語 인사말의 比較研究, 강원대 대학원 석사 논문, 2014

양승덕　심약의 문학사관 연구, 『中國學論叢』, 第48輯, 大田, 韓國中國文化學會, 2015年 12月

楊艷麗　基於事件類型的現代漢語重動句教學研究, 『中國語 教育과 硏究』, 第22號, 서울, 韓國中國語教育學會, 2015年 12月

양영매　현대중국어 "A着VP" 구조에 대한 통사 분석, 『中國語文學』, 第69輯, 대구, 嶺南中國語文學會, 2015年 8月

양영매　현대중국어 연동문의 완료상과 부정, 『中國言語硏究』, 第59輯, 서울, 韓國中國言語學會, 2015年 8月

楊才英 · 梁萬基　從功能視角談漢語情態詞的語義特徵及句法表現-以"必須""可能"和"可以"爲中心, 『中國學』, 第53輯, 부산, 大韓中國學會, 2015年 12月

양중석　『史記 · 貨殖列傳』의 창작목적, 『中國文學』, 第83輯, 서울, 韓國中國語文學會, 2015年 5月

양초롱　조선후기 중국어 분류어휘집 『漢談官話』의 어휘 연구, 이화여대 대학원 석사 논문, 2014

楊惠珍　어린이 중국어 문화란 분석 및 언어문화 통합교육 지도방안 연구 : E. Okssar 문화소 이론을 중심으로, 한국외대 교육대학원 석사 논문, 2014

양회석　타이완 원주민의 설화 '머리사냥' 연구, 『中國人文科學』, 第60輯, 광주, 中國人文學會, 2015年 8月

於麗麗 · 朴宰雨 · 鄭有軫　韓國華文文學: 探索四個來源與現狀, 『中國學報』, 第73輯, 서울, 韓國中國學會, 2015年 8月

엄귀덕　당시의 어법적 특색, 『中國學』, 第53輯, 부산, 大韓中國學會, 2015年 12月

嚴英旭 · 林桓模　楊逵與金史良、張赫宙比較研究, 『中國人文科學』, 第61輯, 광주, 中國人文學會, 2015年 12月

엄익상 從『當代中文』韓語版看全球化教材的本土化問題, 『韓中言語文化硏究』, 第38輯, 서울, 韓國現代中國硏究會, 2015年 6月

엄익상 Opening Remarks of IACL23,『中國言語硏究』, 第61輯, 서울, 韓國中國言語學會, 2015年 12月

엄익상 IACL23의 성과와 과제,『中國言語硏究』, 第61輯, 서울, 韓國中國言語學會, 2015年 12月

여문리 한 · 중 가열 요리 동사 대조 연구, 숙명여대 대학원 석사 논문, 2014

여병창 武寧王陵 誌石 銘文 '立志如左' 再解釋,『中國學論叢』, 第48輯, 大田, 韓國中國文化學會, 2015年 12月

여승환 孫寶瑄의『忘山廬日記』에 표현된 京劇 배우에 대한 평가와 교류,『中國文學硏究』, 第59輯, 서울, 韓國中文學會, 2015年 5月

여정남 雙音節邱詞新義的語義予隱愈化特徵, 『中國言語硏究』, 第58輯, 서울, 韓國中國言語學會, 2015年 6月

여효효 중국어 구조조사 '的'에 대응되는 한국어 양상 연구 : 중 · 한 병렬말뭉치를 중심으로, 연세대 대학원 석사 논문, 2014

연소영 中國 唐代 民間에서의 佛教活動과 意義 :『太平廣記』를 중심으로,『中國小說論叢』, 第47輯, 서울, 韓國中國小說學會, 2015年 12月

연재흠 주희 독서론 연구,『中國學報』, 第72輯, 서울, 韓國中國學會, 2015年 5月

염 몽　　동물 관련 사자성어의 의미 분석 연구, 호서대 대학원 석사 논문, 2014

염선화　　朴竹西와 朱淑眞의 한시 비교 연구, 중앙대 대학원 석사 논문, 2014

廉載雄 · 麥耘原　　한어역사음운학의 영역으로 진입하고 있는 한장어비교연구(하), 『中國語文論譯叢刊』, 第36輯, 서울, 中國語文論譯學會, 2015年 1月

염재웅　　漢語 中古音 異讀字 分析을 통한 中古音 層次 硏究, 『中國文化硏究』, 第27輯, 서울, 中國文化硏究學會, 2015年 2月

염재웅　　조선초기 언해자료에 반영된 한어변조구사법 활용상황 연구, 『中國言語硏究』, 第61輯, 서울, 韓國中國言語學會, 2015年 12月

염정삼　　先秦 시기 有指와 無指의 논전-公孫龍子 指物論을 중심으로, 『中國學報』, 第71輯, 서울, 韓國中國學會, 2015年 2月

廉竹鈞　　미래시간지칭 연구 총론 : 유형학적 및 문법화 이론적 접근, 『中國語文學論集』, 第90號, 서울, 中國語文學硏究會, 2015年 2月

예룬 흐루너베헌-라우 · 신현준　　다스랄, 디자인주간, 후토폴리스(胡同城) : 베이징 남부(城南)의 도시재생과 문화의 (탈)정치, 『中國現代文學』, 第75號, 서울, 韓國中國現代文學學會, 2015年 12月

예설교　　한국어와 중국어의 인터넷 의성의태어 연구, 대구대 대학원 석사 논문, 2014

오 단　　낙선재본 『홍루몽』에 대한 언어학적연구, 숭실대 대학원 석사 논문, 2014

오 정　한국어와 민남방언(閩南方言)의 대조 연구, 동국대 대학원 석사 논문, 2014

오경희 · 문정진　『水滸葉子』의 인물 敍事 試探, 『中國語文論叢』, 第72輯, 서울, 中國語文硏究會, 2015年 12月

오만종 · 이경아　漢初 文人의 不遇意識에 대한 소고 : 不遇主題 賦 작품을 중심으로, 『中國文化硏究』, 第27輯, 서울, 中國文化硏究學會, 2015年 2月

吳萬鍾　三代의 滅亡과 后妃, 『中國人文科學』, 第60輯, 광주, 中國人文學會, 2015年 8月

오만종　荊軻 형상에 대한 小考 : 초기 문헌 기록과 후대 시가를 중심으로, 『中國人文科學』, 第61輯, 광주, 中國人文學會, 2015年 12月

오명선　욕망의 확장공간으로서의 극장과 연극 『추하이탕(秋海棠)』, 『中國語文論叢』, 第68輯, 서울, 中國語文硏究會, 2015年 4月

오문위　한중 AXAB식 중첩어 비교 연구, 『中國學』, 第53輯, 부산, 大韓中國學會, 2015年 12月

오문희 · 마문나　현대중국어 형용사 사동 용법의 사전적 처리 연구, 『中國學報』, 第74輯, 서울, 韓國中國學會, 2015年 11月

오성덕　白居易 飮酒詩와 茶詩 小考, 군산대 대학원 석사 논문, 2014

오세준　部分上古祭部字 "漢-阿對應" 比較硏究, 『中國言語硏究』, 第61輯, 서울, 韓國中國言語學會, 2015年 12月

오소정 · 정성아　뉴미디어의 초국가적 상호작용성에 대한 연구 : C-Radio 『우상본색(偶像本色)』를 중심으로, 『中國文化硏究』, 第

27輯, 서울, 中國文化硏究學會, 2015年 2月

오수경　발견에서 공유로: 한중 연극 교류 양상과 방향,『中國學報』, 第71輯, 서울, 韓國中國學會, 2015年 2月

오수경　글을 통해 만나는 해외 원로학자 : 蔣星煜(上海藝術硏究所연구원) 선생,『中國文學』, 第83輯, 서울, 韓國中國語文學會, 2015年 5月

오순방　明末 天主教와 佛教의 종교 분쟁과 최초의 西歐小說 中譯本『聖요세파傳記』硏究,『韓中言語文化硏究』, 第37輯, 서울, 韓國現代中國硏究會, 2015年 2月

吳淳邦・左維剛　陳春生『五更鐘』的基督教視角解讀,『中國語文論譯叢刊』, 第37輯, 서울, 中國語文論譯學會, 2015年 7月

吳淳邦　晚淸基督教翻譯小說的翻譯策略硏究 : 以『紅侏儒傳』,『喻道要旨』,『五更鐘』爲例,『韓中言語文化硏究』, 第39輯, 서울, 韓國現代中國硏究會, 2015年 10月

吳淳邦・高　飛　『小孩月報』所刊載的伊索寓言敍述特點硏究,『中國小說論叢』, 第47輯, 서울, 韓國中國小說學會, 2015年 12月

오승렬　시진핑 시대 중국 도시화 모델의 변화와 함의,『中國學硏究』, 第73輯, 서울, 中國學硏究會, 2015年 8月

오승희　明代 狂態邪學派 硏究, 서울대 대학원 석사 논문, 2014

오열명　한국어 양보 연결어미의 중국어 번역 양상 연구 : '-아/어도', '-더라도', '-ㄹ 지라도'를 중심으로, 동국대 대학원 석사 논문, 2014

오영옥　中級漢語立體化教材設計硏究 : 以口語教學爲中心, 부산외대 대학원 박사 논문, 2014

오월홍	중국어 정도보어 '得' 구문의 한국어 대응표현 연구, 동국대 대학원 석사 논문, 2014
吳恩淑·湯　洪	『論語』에 나타난 '學' 과 '習'의 의미에 관한 고찰, 『中國語文學論集』, 第92號, 서울, 中國語文學研究會, 2015年 6月
오제중	『說文解字』 重文의 內容 및 字例 研究 : 或體와 俗體의 字例 분석을 위주로, 『中國文化研究』, 第27輯, 서울, 中國文化研究學會, 2015年 2月
吳進珍	영어와 중국어의 이중목적어 구문, 수원대 대학원 박사 논문, 2014
오창화	劉三姐說話의 故事性 : 張爾翮의 〈貴縣劉三妹歌仙傳〉과 孫芳桂의 〈歌仙劉三妹傳〉을 중심으로, 『韓中言語文化研究』, 第37輯, 서울, 韓國現代中國研究會, 2015年 2月
오태석	역설의 즐거움: 老莊 존재론의 否定性, 『中國語文學志』, 第51輯, 서울, 中國語文學會, 2015年 6月
오태석	현대자연과학과 융복합적 중국학 연구, 『中國學報』, 第74輯, 서울, 韓國中國學會, 2015年 11月
오현주	중국어 조동사 활용을 통한 공손표현 고찰, 『中國語文學』, 第70輯, 대구, 嶺南中國語文學會, 2015年 12月
오혜정	중국 창의산업클러스터의 발전과 도시경쟁력-상하이시 'M50(莫干山路)'과 '1933노장방(老場坊)'을 중심으로, 『中國學』, 第51輯, 부산, 大韓中國學會, 2015年 6月
오효려	法理與情理的思辨-以中韓公案小說的結局爲中心, 『中國學報』, 第74輯, 서울, 韓國中國學會, 2015年 11月
옥　주	『平山冷燕』의 作品研究와 飜譯樣相 研究, 경희대 대학원

	석사 논문, 2014
옥경영	중국 8090後세대의 글로벌소비문화연구, 『中國文化硏究』, 第27輯, 서울, 中國文化硏究學會, 2015年 2月
왕 가	만주국 시기 한·중 소설의 현실대응 연구 : 안수길과 양산정의 작품을 중심으로, 공주대 대학원 박사 논문, 2014
王 楠	『明朝那些事兒』的敘事及語言特徵分析, 『中國語文學論集』, 第90號, 서울, 中國語文學硏究會, 2015年 2月
王 楠	基於焦點理論的現代漢語事態句分析, 『中國語文學論集』, 第93號, 서울, 中國語文學硏究會, 2015年 8月
왕 뢰	한국어와 중국어의 금기어 비교 연구 : 죽음에 관한 금기어를 중심으로, 조선대 대학원 석사 논문, 2014
王 蕾	多角度看對外漢語視听說課課程建設, 『中國人文科學』, 第60輯, 광주, 中國人文學會, 2015年 8月
왕 성	자유로운 영혼의 갈등과 선택-〈자화상〉의 부재를 통해서 본 중국 근대적 자아 확립의 실패, 『中國語文學志』, 第52輯, 서울, 中國語文學會, 2015年 9月
王 娟	상하이 조계문화와 쉬쉬(徐訏)의 소설, 고려대 대학원 석사 논문, 2014
汪 波	한국어와 중국어의 시제와 상 대조 연구 : 인지언어학적 관점으로, 고려대 대학원 박사 논문, 2014
왕 평	한·중 공간거리 비언어 의사소통 대조 연구, 경희대 대학원 석사 논문, 2014
왕 하	한·중 고전고설 『구운몽(九雲夢)』과 『홍루몽(紅樓夢)』의 인물 비교 연구, 세명대 대학원 석사 논문, 2014

왕루한	한 · 중 문장 조건 연결어미의 대조 연구 : '-면, -거든, -다면, -더라면, -어야'를 중심으로, 한양대 대학원 석사 논문, 2014
왕문첩	한국어 '주다', '-아/어 주다'와 중국어 '給'의 대조 연구, 경희대 대학원 석사 논문, 2014
王芳芳	강경애와 샤오홍(蕭紅) 소설의 비교연구, 전북대 대학원 석사 논문, 2014
왕봉경	金庸 소설의 인물형상과 유형분석, 대진대 대학원 석사 논문, 2014
王飛燕	湯顯祖『牡丹亭』挿圖的審美意味, 『中國人文科學』, 第60輯, 광주, 中國人文學會, 2015年 8月
왕비연	李漁『十二樓』中的女性群像以及由此表現出的李漁的女性觀, 『中國語文論叢』, 第72輯, 서울, 中國語文研究會, 2015年 12月
王飛燕	唐前志怪小說中愛情題材作品之類型與敘事特點, 『中國人文科學』, 第61輯, 광주, 中國人文學會, 2015年 12月
왕비취 · 나민구	社會語言影響的又一个主流, 『中國學研究』, 第74輯, 서울, 中國學研究會, 2015年 11月
왕염려	중국의 한국 현대 문학 번역 및 수용 양태 연구 : 수교 이후 번역된 소설을 중심으로, 인하대 대학원 박사 논문, 2014
왕영덕 · 가춘매	臨時動量詞的語義和句法初步分析, 『中國言語研究』, 第57輯, 서울, 韓國中國言語學會, 2015年 4月
왕영덕	"那里"否定用法初步分析, 『中國語文學志』, 第51輯, 서울,

	中國語文學會, 2015年 6月
王雨桐	강경애의 『인간문제』와 샤오홍(蕭紅)의 『생사의 마당』 비교 연구, 전남대 대학원 석사 논문, 2014
王立洲	論南宋京都、宮室賦的衰微, 『中國語文論譯叢刊』, 第37輯, 서울, 中國語文論譯學會, 2015年 7月
왕주위	한국어 양태부사와 중국어 어기부사의 대조 연구 : '결코, 과연, 만약, 물론, 아마'를 중심으로, 경희대 대학원 석사 논문, 2014
王天泉	從陳乾事件看淸初朝鮮王朝對中國漂流民遣返方式的改變, 『中國學硏究』, 第73輯, 서울, 中國學硏究會, 2015年 8月
왕혜혜	陶淵明 詩의 意象 및 意義硏究, 동국대 대학원 석사 논문, 2014
姚　笛	중국어 병음 공부를 위한 스마트 앱 시스템에 관한연구, 고려대 경영정보대학원 석사 논문, 2014
姚大勇・朴英順	張漢喆『漂海錄』的文學特色, 『中國語文學論集』, 第90號, 서울, 中國語文學硏究會, 2015年 2月
우　봉	淺談網絡리語的構詞特點及非罵性語用功能, 『中國語文學志』, 第50輯, 서울, 中國語文學會, 2015年 4月
于　鵬	對韓口語教學中漢語新詞語引入的量與度, 『中國語 教育과 硏究』, 第21號, 서울, 韓國中國語教育學會, 2015年 6月
우　유	한국어와 중국어의 인칭 대명사 비교 연구, 울산대 대학원 석사 논문, 2014
우　청	한・중 대명사의 분류 체계 연구, 중앙대 대학원 석사 논문, 2014

우강식 『劍俠傳』에 나타난 女俠敍事의 형상과 중국 무협소설사적 의의에 관한 고찰, 『中國小說論叢』, 第47輯, 서울, 韓國中國小說學會, 2015年 12月

우염곤 현대 중국어 동사 유의어 연구 : '좋아하다'류를 중심으로, 대구대 대학원 석사 논문, 2014

우용용 1980~90년대 한·중 소설에 나타난 여성성 비교연구-박완서와 왕안억의 소설을 중심으로, 경희대 대학원 석사 논문, 2014

우재호 文房四友를 읊은 唐詩에 관하여, 『韓中言語文化研究』, 第37輯, 서울, 韓國現代中國研究會, 2015年 2月

우재호 黃庭堅의 書藝詩 研究, 『中國語文學』, 第69輯, 대구, 嶺南中國語文學會, 2015年 8月

禹埈浩 夫婦有別의 意味에 대한 研究, 『中國學研究』, 第73輯, 서울, 中國學研究會, 2015年 8月

于翠玲 『射雕英雄傳』飮食文化韓譯之考察, 『中國人文科學』, 第60輯, 광주, 中國人文學會, 2015年 8月

원 척 중국어 조사 '的'와 한국어, 영어의 대응표현 대조연구, 전남대 대학원 석사 논문, 2014

원려근 한국어 교재에 나타난 중국어 번역 오류 연구, 영남대 대학원 석사 논문, 2014

원미경 王安憶의 장편 소설 『長恨歌』의 한역본 번역 양상 연구, 숭실대 대학원 석사 논문, 2014

원쟈옌 『홍루몽』에 나타난 대관원의 意境 분석, 강릉원주대 대학원 석사 논문, 2014

袁毓林・鄭仁貞　경험상 표지 '過'와 문미 조사 '了$_2$'의 완료 용법 대조분석, 『中國語文學論集』, 第91號, 서울, 中國語文學硏究會, 2015年 4月

袁毓林・鄭仁貞　漢語經歷体"過"句式的体特征和事態句的語義功能, 『中語中文學』, 第60輯, 서울, 韓國中語中文學會, 2015年 4月

元廷植　明・淸代 福建 宗族의 '종족이야기' 만들기와 전승-南靖縣長敎簡氏宗族의 開基祖 簡德潤 이야기를 중심으로, 『中國學報』, 第71輯, 서울, 韓國中國學會, 2015年 2月

元鍾禮　明代 前七子의 정치 비판적 擬古詩에 내재된 社會的 政治的 意思表現, 『中國文學』, 第85輯, 서울, 韓國中國語文學會, 2015年 11月

원춘옥　현대중국어 "……的" 구문과 "是……的"(一), 『中國語文論叢』, 第68輯, 서울, 中國語文硏究會, 2015年 4月

원해운　한국어 담화표지 '아니'와 중국어 '不是'의 대조연구, 경희대 대학원 석사 논문, 2014

袁曉鵬・朴庸鎭・朴炳仙　『往五天竺國傳』 校勘(1), 『中國語文論譯叢刊』, 第36輯, 서울, 中國語文論譯學會, 2015年 1月

위수광　중국어 교육문법의 표현항목 선정에 관한 고찰-의사소통기능항목을 토대로, 『中國言語硏究』, 第57輯, 서울, 韓國中國言語學會, 2015年 4月

위수광　중국어 표현문법체계와 표현항목 선정, 『中語中文學』, 第60輯, 서울, 韓國中語中文學會, 2015年 4月

위혜평・문대일　對當前漢語國際敎育人才規劃與培養的反思, 『韓中言語文化硏究』, 第38輯, 서울, 韓國現代中國硏究會, 2015年 6月

劉 潔　　表示"撈取"義詞匯的歷史演變 : 以『齊民要術』中表"撈取"義的詞匯爲線索, 『中國文學研究』, 第61輯, 서울, 韓國中文學會, 2015年 11月

劉 潔　　韓國學習者漢語詞匯學習中的幾個難點, 『中國語 教育과 硏究』, 第22號, 서울, 韓國中國語教育學會, 2015年 12月

유 나　　현대중국어 열등비교 범주의 인지적 의미 연구, 연세대 대학원 박사 논문, 2014

유 녕　　한·중 높임법의 비교 연구, 중부대 대학원 석사 논문, 2014

유 림　　한·중 합성어 의미관계 대조 연구, 경희대 대학원 박사 논문, 2014

유 양　　『도가니』와 『熔爐』의 지시관형사 대조 연구, 경희대 대학원 석사 논문, 2014

유 열　　한·중 한자어의 비교 연구 : 연세대학교 한국어 교재(3-6권) 부록에서 나온 어휘를 중심으로, 한국교원대 대학원 석사 논문, 2014

유 예　　王力先秦兩漢時期的音韻學研究, 『韓中言語文化研究』, 第38輯, 서울, 韓國現代中國研究會, 2015年 6月

유 위·신미경　　중국어 '都'와 한국어 '모두/다'의 인지모형 대조 연구, 『韓中言語文化研究』, 第39輯, 서울, 韓國現代中國研究會, 2015年 10月

유 위·신미경　　중·한 전칭양화사 대조 연구, 『中國學研究』, 第74輯, 서울, 中國學研究會, 2015年 11月

유 진　　한국어와 중국어 지시어의 대조 연구 : 담화 기능과 특성

을 중심으로, 전북대 대학원 석사 논문, 2014

劉 倩·梁萬基 語音細化研究在對外漢語發音教學中的應用, 『中國人文科學』, 第61輯, 광주, 中國人文學會, 2015年 12月

유 환 한·중 간접 인용표현 대조연구 : 복합 형식으로 쓰이는 인용표현을 중심으로, 경희대 대학원 석사 논문, 2014

유경철 훠위안자 민족영웅 만들기의 재구성, 『中國現代文學』, 第73號, 서울, 韓國中國現代文學學會, 2015年 6月

유경철 훠위안자(霍元甲) 민족영웅 만들기의 21세기적 지속 : 훠위안자에 관한 천취(晨曲)의 작업과 훠위안자 관련 다큐멘터리 프로그램을 중심으로, 『中語中文學』, 第61輯, 서울, 韓國中語中文學會, 2015年 8月

유동훈·조기정 唐代 『十六湯品』에 나타난 沃茶法 考察, 『中國人文科學』, 第61輯, 광주, 中國人文學會, 2015年 12月

劉曼璐·姜承昊 關于二元經濟体制下的中國地區所得差距研究, 『中國學研究』, 第74輯, 서울, 中國學研究會, 2015年 11月

유미경 교환과 증여의 서사 : '보은' 서사를 넘어서, 『中國小說論叢』, 第47輯, 서울, 韓國中國小說學會, 2015年 12月

유배은 한국어와 중국어의 추측·의지 표현의 양태적 의미 대조 연구 : '-겠-', '-(으)ㄹ 것이다', '要', '會'를 중심으로, 경희대 대학원 석사 논문, 2014

劉寶霞 從常用詞異文表達看『紅樓夢』程甲、乙本的語言個性差異, 『中國學論叢』, 第47輯, 大田, 韓國中國文化學會, 2015年 9月

유성준 晩唐 曹鄴의 시 연구, 『中國學研究』, 第72輯, 서울, 中國

學研究會, 2015年 6月

유수경 · 박은석 설문 조사에 근거한 중국어 문장부호 "分號"의 어법 특성과 조사대상자 특성별 분석, 『中國言語硏究』, 第57輯, 서울, 韓國中國言語學會, 2015年 4月

유수경 현대 중국어 "V上來/去" 구문의 어법특성 분석-"來, 去" 를 중심으로, 『中國言語硏究』, 第58輯, 서울, 韓國中國言語學會, 2015年 6月

유수경 "상위" 공간개념 언어성분에 관한 의미지도 연구-중국어 "上/上面/上邊", 한국어 "위/상", 영어 "on"의 비교 연구, 『中國言語硏究』, 第61輯, 서울, 韓國中國言語學會, 2015年 12月

유수민 『封神演義』 속 哪吒 형상 小考 : 道敎的 토착화 및 幻想性과 관련하여, 『中語中文學』, 第61輯, 서울, 韓國中語中文學會, 2015年 8月

劉承炫 『鷰子賦』의 민중적 웃음, 『中國小說論叢』, 第45輯, 서울, 韓國中國小說學會, 2015年 4月

유아기 한 · 중 한자어의 대조 연구 : 한국어능력시험의 초급어휘를 중심으로, 호서대 대학원 석사 논문, 2014

游汝杰 저 · 朴贊旭 역 사회언어학과 한어방언학의 새로운 전기, 『中國語文論譯叢刊』, 第36輯, 서울, 中國語文論譯學會, 2015年 1月

유염평 淸末民初白話報刊詞匯現象硏究, 『韓中言語文化硏究』, 第38輯, 서울, 韓國現代中國硏究會, 2015年 6月

유영기 『傷寒雜病論』의 언어학적 연구 : 者자구를 중심으로, 『中國人文科學』, 第59輯, 광주, 中國人文學會, 2015年 4月

유유흔 한·중 이중부정 표현 대조 연구, 동국대 대학원 석사 논문, 2014

유인경 현대중국어 '不' 부정반어문 연구, 연세대 대학원 석사 논문, 2014

유재원 일제강점기 한어 회화서의 중국어 발음 설명에 관한 연구(1), 『中國言語硏究』, 第56輯, 서울, 韓國中國言語學會, 2015年 2月

유재원 20세기 전후 한어 회화서에 반영된 중국어 성모 한글 표음상의 특징 연구, 『中國學硏究』, 第71輯, 서울, 中國學硏究會, 2015年 3月

劉俊芳·韓容洙 中韓標點符號對比, 『中國學硏究』, 第74輯, 서울, 中國學硏究會, 2015年 11月

유지봉 李穡과 杜甫의 詩文學 比較 硏究, 경희대 대학원 박사 논문, 2014

유지원 蘇軾 禪詩 意境의 심화양상 硏究, 고려대 대학원 박사 논문, 2014

유채원 청대 육영시설 운영 연구, 전남대 대학원 박사 논문, 2014

劉海萌 論中韓古典小說儒家思想影響下的揚抑觀：以『三國演義』和『壬辰彔』爲例, 『韓中言語文化硏究』, 第37輯, 서울, 韓國現代中國硏究會, 2015年 2月

유해맹 東方英雄：論中韓古代文學的儒將形象-以『三國演義』和『壬辰彔』爲例, 『中國文學』, 第84輯, 서울, 韓國中國語文學會, 2015年 8月

陸潭晟 在韓中國留學生大學生活适應性的影響要因分析及探討,

『中國學硏究』, 第74輯, 서울, 中國學硏究會, 2015年 11月

尹 順　　桑樹와 古代 誕生神話의 相關的 意義, 『中國文化硏究』, 第28輯, 서울, 中國文化硏究學會, 2015年 5月

윤 위　　韓國語와 中國語의 강조표현 比較硏究, 강원대 대학원 석사 논문, 2014

윤보라 · 변지원　　얼화(儿化) 재인식을 통한 새 접근법 제안 : 한국인 교수자와 학습자를 중심으로, 『中國語 敎育과 硏究』, 第22號, 서울, 韓國中國語敎育學會, 2015年 12月

尹祥銀 · 鄭春恩 · 朴重奎　　漢語“聲母加韻母ao”的漢字与韓國語漢字詞讀音對應規律硏究, 『中國人文科學』, 第59輯, 광주, 中國人文學會, 2015年 4月

윤상철　　『易經』의 天人合一觀 연구, 성균관대 대학원 박사 논문, 2014

윤상희　　祈使句的主 · 客觀分類系統, 『中國言語硏究』, 第58輯, 서울, 韓國中國言語學會, 2015年 6月

윤석민　　姜獻奎 『周易參同契演說』에 대한 양생역학적 고찰, 『中國學報』, 第74輯, 서울, 韓國中國學會, 2015年 11月

尹錫偶　　杜甫 「秋興八首」 의 테마 分析, 『中國語文學論集』, 第90號, 서울, 中國語文學硏究會, 2015年 2月

尹錫偶　　杜甫 『秋野』 五首 小考, 『中國語文學論集』, 第93號, 서울, 中國語文學硏究會, 2015年 8月

윤성환　　브랜드 이미지, 브랜드 신뢰, 브랜드 몰입, 고객만족 및 브랜드 충성도 간의 구조적 관계에 관한 연구, 『中國學硏究』, 第73輯, 서울, 中國學硏究會, 2015年 8月

윤신신 예술가곡『대강동거(大江東去)』연구, 한서대 국제예술디자인대학원 석사 논문, 2014

윤애경 現代漢語ABB式形容詞的內部結構硏究,『中國言語硏究』, 第57輯, 서울, 韓國中國言語學會, 2015年 4月

윤영도 정동의 관점에서 바라본 21세기 위화론 : 잔혹과 황당을 중심으로,『中國現代文學』, 第73號, 서울, 韓國中國現代文學學會, 2015年 6月

尹泳裪 뉴미디어시대 루저문화 시탐(試探) : 한국의 '루저'와 중국의 '띠아오스(屌絲)' 현상을 중심으로,『中國語文論譯叢刊』, 第37輯, 서울, 中國語文論譯學會, 2015年 7月

윤유정 현대중국어 다항보어 "V+C1+C2+(C3)" 격식 初探,『中國言語硏究』, 第61輯, 서울, 韓國中國言語學會, 2015年 12月

尹銀雪 崑曲『十五貫』서사의 변용 양상 고찰,『中國語文學論集』, 第95號, 서울, 中國語文學硏究會, 2015年 12月

尹在碩 里耶秦簡所見秦代縣廷祭祀,『中國學報』, 第71輯, 서울, 韓國中國學會, 2015年 2月

尹志源『淮南子』與儒家,『中國學論叢』, 第45輯, 大田, 韓國中國文化學會, 2015年 3月

윤창준 한자 쓰기 오류 방지를 위한 錯別字 유형 분석: 字形이 서로 비슷하여 발생한 別字를 중심으로,『韓中言語文化硏究』, 第38輯, 서울, 韓國現代中國硏究會, 2015年 6月

윤해량 · 류수평 · 민영난 漢語人體部位"手"語匯認知分析兼及漢韓對比,『中國語文論叢』, 第68輯, 서울, 中國語文硏究會, 2015年 4月

尹賢淑 王國維의『古劇脚色考』譯註,『中國語文論譯叢刊』, 第

36輯, 서울, 中國語文論譯學會, 2015年 1月

윤현숙 馮夢龍『油郎獨占花魁』와의 비교를 통해 본 李玉『占花魁』,『中國文學研究』, 第60輯, 서울, 韓國中文學會, 2015年 8月

윤혜지 『규수사초(閨秀詞鈔)』에 수록된 한국 여성작가 사(詞) 6수 고찰,『中語中文學』, 第60輯, 서울, 韓國中語中文學會, 2015年 4月

은경화 구미지역 기업체의 중국어 교육 현황과 발전방향, 경북대 국제대학원 석사 논문, 2014

李 舸 한·중 명절 음식문화 비교 연구, 충북대 대학원 석사 논문, 2014

李 娜·高 靜 對外漢字教材研究,『中國語 教育과 研究』, 第22號, 서울, 韓國中國語教育學會, 2015年 12月

李 季 戴厚英의 '지식인 3부작' 연구, 경상대 대학원 석사 논문, 2014

이 리 중국어 성애 표현 완곡어 연구, 동국대 대학원 석사 논문, 2014

이 몽 韓·中 擬聲語 對比 研究 : 形態·統辭的 機能과 特徵을 中心으로, 중앙대 대학원 석사 논문, 2014

李 民 中韓, 韓中口譯研究現狀与未來思路,『韓中言語文化研究』, 第37輯, 서울, 韓國現代中國研究會, 2015年 2月

이 민 即席口譯中的顯化、簡化特徵及其歸因分析,『中國學研究』, 第74輯, 서울, 中國學研究會, 2015年 11月

이 사 조선족 시의 민족 정체성 구현양상 연구 : 개혁개방초기~

1990년대 시를 중심으로, 건국대 대학원 박사 논문, 2014

이 설　　한·중 부정 양태부사 대조 연구, 연세대 대학원 석사, 2014

李 雪　　한국어와 중국어의 동작상에 대한 대조연구, 고려대 대학원 박사 논문, 2014

이 양　　한국어 보조동사 '-어 가다, -어 오다'에 대한 중국어 대응 표현 연구, 동국대 대학원 석사 논문, 2014

이 영　　從針對韓國學生漢語教育視角上考察"應該", 『中國言語研究』, 第57輯, 서울, 韓國中國言語學會, 2015年 4月

李 穎　　漢語助動詞"能"與"可以"的語義比較, 『中國學』, 第52輯, 부산, 大韓中國學會, 2015年 9月

이 천　　적합성 이론에 기초한 영화자막 번역 방식에 관한 연구 : 한국 영화의 중국어 어휘 번역을 중심으로, 중앙대 대학원 석사 논문, 2014

이 해　　한국어와 중국어 간접인용문의 대비연구, 숭실대 대학원 석사 논문, 2014

이 흔　　한·중 異形同義語의 대비 연구 : 생활 용어를 중심으로, 건국대 대학원 석사 논문, 2014

李康齊·金錫永·宋紅玲·李美京·李衍淑　중국어 평가 문항 작성 기법 연구 : 신HSK, SNULT, FLEX 선택형 문항에 대한 비판적 분석을 중심으로, 『中國語文學論集』, 第90號, 서울, 中國語文學研究會, 2015年 2月

李黔萍·韓憲鎭　熟語在對韓漢語教學中的偏誤分析研究, 『中國語文學論集』, 第90號, 서울, 中國語文學研究會, 2015年 2月

이경규　貶謫이 秦觀詞에 끼친 영향 硏究,『中國學報』, 第73輯, 서울, 韓國中國學會, 2015年 8月

이경미　한중일 고전문학 속에 보이는 여성과 꿈,『中國學』, 第53輯, 부산, 大韓中國學會, 2015年 12月

이경민　전신반응교수법(TPR)을 적용한 중국어 수업 방안연구, 경기대 교육대학원 석사 논문, 2014

이경민　佛敎의 中國化와 魏晉 南北朝 僧侶의 詩歌 創作 : 불교 중국화에 대한 문학사적 고찰,『中國人文科學』, 第60輯, 광주, 中國人文學會, 2015年 8月

이경백　歌辭와 辭賦의 比較 硏究, 공주대 대학원 석사 논문, 2014

이경아 · 오만종　漢初 文人의 不遇意識에 대한 소고 : 不遇主題 賦 작품을 중심으로,『中國文化硏究』, 第27輯, 서울, 中國文化硏究學會, 2015年 2月

이경원　漢城(Seoul)大學所藏商代牛胛骨綜合硏究,『中國言語硏究』, 第58輯, 서울, 韓國中國言語學會, 2015年 6月

이경진　비교구문에 출현하는 동의문 분석,『中國學硏究』, 第71輯, 서울, 中國學硏究會, 2015年 3月

李桂蘭 · 金昌慶　東北亞文化認同的建構,『中國學』, 第53輯, 부산, 大韓中國學會, 2015年 12月

李繼征　15-16C韓國漢字音遇攝的層次,『中語中文學』, 第61輯, 서울, 韓國中語中文學會, 2015年 8月

李光洙 · 金光赫 · 李龍振　基于SWOT-AHP方法的圖們江區域綠色物流發展戰略硏究-以延邊地區爲中心,『中國學論叢』, 第45輯, 大田, 韓國中國文化學會, 2015年 3月

李光洙　　대만 사회운동에 관한 연구-2014년 해바라기운동을 중심으로, 『中國學論叢』, 第46輯, 大田, 韓國中國文化學會, 2015年 6月

이귀옥 · 손승혜 · 강필임　　중국의 한국드라마 연구와 수용-'별에서 온 그대' 관련 중국학술논문 내용분석, 『中國學報』, 第74輯, 서울, 韓國中國學會, 2015年 11月

이규갑　　韓國의 漢字 教育과 教育用 漢字 : 漢字選定 方式의 問題點 爲主, 『韓中言語文化研究』, 第37輯, 서울, 韓國現代中國研究會, 2015年 2月

이규갑　　非正字形 偏旁이 固定的으로 사용되는 異體字의 생성 고찰, 『中國言語研究』, 第57輯, 서울, 韓國中國言語學會, 2015年 4月

李揆一　　당대 시부취사(詩賦取士)의 형성 배경과 문화적 의의, 『中國學論叢』, 第46輯, 大田, 韓國中國文化學會, 2015年 6月

이규일　　부현 의고시의 사상적 배경과 성격, 『中國學論叢』, 第47輯, 大田, 韓國中國文化學會, 2015年 9月

李金恂　　명 전기를 통한 애정정표의 작용에 대한 고찰, 『中國人文科學』, 第59輯, 광주, 中國人文學會, 2015年 4月

이금엽　　한국어와 중국어의 공간개념어 비교 연구, 대구대 대학원 석사 논문, 2014

李錦姬　　비즈니스 중국어 평가 개발에 관한 연구: 신 · 구BCT (Business Chinese Test)를 중심으로, 『中國語文學論集』, 第92號, 서울, 中國語文學研究會, 2015年 6月

이기영　　위기발생원인 차이에 따른 중국 주택시장 조기경보체제

반응변화 연구, 『中國學硏究』, 第73輯, 서울, 中國學硏究會, 2015年 8月

李紀勳·黃永姬·權鎬鐘·申旻也·朴貞淑·李奉相　『青樓韻語』의 經文과 原註에 대한 譯解(1), 『中國語文論譯叢刊』, 第37輯, 서울, 中國語文論譯學會, 2015年 7月

이기훈　중국 老鋪 '라오쯔하오(老字號)'의 문화가치 탐구 : 베이징 지역을 중심으로, 『中國文化硏究』, 第30輯, 서울, 中國文化硏究學會, 2015年 11月

이나현　현대 중국어 'V得A' 구문과 'VA' 구문의 의미대조 연구, 한국외대 대학원 박사 논문, 2014

李娜賢　현대중국어 來着구문의 의미 분석, 『中國語文學論集』, 第90號, 서울, 中國語文學硏究會, 2015年 2月

이나현　현대중국어 "V不C", "V不了"의 내적 대조를 통한 교육 연구, 『中國語文學志』, 第52輯, 서울, 中國語文學會, 2015年 9月

이남종　장녕(張寧) 『봉사록(奉使錄)』 詩文硏究, 『中國學報』, 第73輯, 서울, 韓國中國學會, 2015年 8月

이다혜·정유선　국내 비한국계 중국인 결혼이민자 가족 자녀 대상 중국어 교육에 대한 몇 가지 제언, 『韓中言語文化硏究』, 第37輯, 서울, 韓國現代中國硏究會, 2015年 2月

李多惠·鄭有善　한국어-중국어 이중언어 교육 현황 및 방안 : 국내 중국인 결혼이민자 자녀 대상을 중심으로, 『中國語文論譯叢刊』, 第37輯, 서울, 中國語文論譯學會, 2015年 7月

이동훈　王士禛의 문학풍조에 대한 脫보편주의적 인식 고찰, 『中

國學論叢』, 第47輯, 大田, 韓國中國文化學會, 2015年 9月

이명아 · 한용수　한국 대학생의 중국, 일본 국가 이미지에 대한 자유연상 어휘 연구-수도권 대학생의 설문조사를 중심으로,『中國人文科學』, 第61輯, 광주, 中國人文學會, 2015年 12月

이명종　근대 한국인의 만주 인식 연구, 한양대 대학원 박사 논문, 2014

이명희　西周 周公廟 유적지 출토 寧風卜辭 고찰,『中國文化研究』, 第29輯, 서울, 中國文化研究學會, 2015年 8月

이문화　한국어 '-고 있다'와 '-아/어 있다'의 중국어 대응표현 연구,『韓中言語文化研究』, 第37輯, 서울, 韓國現代中國研究會, 2015年 2月

李美京 · 金錫永 · 宋紅玲 · 李康齊 · 李衍淑　중국어 평가 문항 작성 기법 연구 : 신HSK, SNULT, FLEX 선택형 문항에 대한 비판적 분석을 중심으로,『中國語文學論集』, 第90號, 서울, 中國語文學研究會, 2015年 2月

이미경　한국인의 중국어 성조 인지와 음성 특징 고찰,『中國言語研究』, 第61輯, 서울, 韓國中國言語學會, 2015年 12月

이미애　한국인의 중국어 성조 오류분석, 공주대 교육대학원 석사 논문, 2014

李旻英　초급 중국어 회화교재의 문법항목 연구 : 특수구문을 중심으로, 한국외대 교육대학원 석사 논문, 2014

이배영　리옥(李玉) 영화 중 여성 캐릭터에 대한 연구 :『금년하천(今年夏天)』,『핑궈(苹果)』중심으로, 건국대 대학원 석사 논문, 2014

이범열 현대중국어의 신체어 연구-"얼굴", "입", "귀"를 중심으로, 『中國語文學志』, 第50輯, 서울, 中國語文學會, 2015年 4月

이범열 현대중국어의 식물은유: 인간과 식물의 관계를 중심으로, 『中國語文學志』, 第52輯, 서울, 中國語文學會, 2015年 9月

이범열 생략의 담화 기능에 관한 연구-현대중국어를 중심으로, 『中國語文學』, 第70輯, 대구, 嶺南中國語文學會, 2015年 12月

李寶暻 루쉰의 번역관과 비균질적인 세계의 발견, 『中國語文論譯叢刊』, 第36輯, 서울, 中國語文論譯學會, 2015年 1月

李寶暻 루쉰(魯迅)의 『쿵이지(孔乙己)』 재독-'문지방'을 기어나간 '이후'에 대한 상상, 『中國文學』, 第85輯, 서울, 韓國中國語文學會, 2015年 11月

이보고 The Chinese Repository 와 The Middle Kingdom의 상관성 연구 : 19세기 서구의 대(對) 중국 지식 체계화 과정에 대한 검토, 『中語中文學』, 第61輯, 서울, 韓國中語中文學會, 2015年 8月

이보고 5·4 전후 새로운 과학 담론 공동체의 형성과 세계관의 전환 : 1920년대 중국의 상대성 이론 수용과 그 이념적 배경을 중심으로, 『中國現代文學』, 第74號, 서울, 韓國中國現代文學學會, 2015年 9月

이봉상·권호종 『青樓韻語』를 통해 본 嫖客의 風流守則, 『韓中言語文化研究』, 第38輯, 서울, 韓國現代中國研究會, 2015年 6月

李奉相·黃永姬·權鎬鐘·申旻也·朴貞淑·李紀勳 『青樓韻語』의 經文과 原註에 대한 譯解(1), 『中國語文論譯叢刊』, 第37輯, 서울, 中國語文論譯學會, 2015年 7月

李相機	春秋時期 秦石刻文字와 他國金文과의 字形比較, 『中國人文科學』, 第60輯, 광주, 中國人文學會, 2015年 8月
李相雨	淺析中國后現代話劇的發展演進及其文化學意義, 『中國人文科學』, 第59輯, 광주, 中國人文學會, 2015年 4月
이상원	지역문화축제 홈페이지 내 중국어 번역 오류 분석, 부산대 대학원 석사 논문, 2014
이새한	대학교 중 · 고급 중국어 학습자를 위한 PBL 활용 수업 설계, 한국외대 교육대학원 석사 논문, 2014
이선희	한중 광고에 나타난 공감감적 은유의 인지적 연구, 『中國語文學』, 第68輯, 대구, 嶺南中國語文學會, 2015年 4月
이선희	효율적인 성조교육을 위한 다중지능 교육방안, 『中國人文科學』, 第61輯, 광주, 中國人文學會, 2015年 12月
이선희	韓國學習者漢語音系範疇消極原型(analogical prototype)的磁極效應-以漢語單元音音系的感知和發音爲例, 『中國學論叢』, 第48輯, 大田, 韓國中國文化學會, 2015年 12月
李雪花 · 金原希	韓國學生致使句偏誤分析及教學對策, 『中語中文學』, 第61輯, 서울, 韓國中語中文學會, 2015年 8月
이성현	기이한 근대 : 『點石齋畫報』의 巨像 도상을 중심으로, 『中國現代文學』, 第74號, 서울, 韓國中國現代文學學會, 2015年 9月
이소남	現代漢語 重義현상 硏究, 제주대 대학원 석사 논문, 2014
이소동	고대중국어 명사화표지 '所', '者', '之'의 통일과정 연구, 『中國文化硏究』, 第29輯, 서울, 中國文化硏究學會, 2015年 8月
李昭林	含結果義的"V+得+AP/VP"的韓譯及其制約因素考察, 『中

國語文學論集』, 第95號, 서울, 中國語文學硏究會, 2015年 12月

이소영　　5·4 운동 시기 여성교육과 여성교육론, 한국교원대 대학원 석사 논문, 2014

이수민　　『姑妄言』 속에 등장하는 꿈의 기능, 『中語中文學』, 第61輯, 서울, 韓國中語中文學會, 2015年 8月

이수민　　『姑妄言』의 인물형상화 기법 고찰, 『中國學論叢』, 第47輯, 大田, 韓國中國文化學會, 2015年 9月

李秀娟　　京味와 京派, '同'과 '異'에 대한 고찰 : 1920-30년대 소설을 중심으로, 『中國小說論叢』, 第45輯, 서울, 韓國中國小說學會, 2015年 4月

이수진　　蘇軾 黃州時期 詩·詞에서의 生死意識 연구, 전남대 대학원 석사 논문, 2014

이숙연　　臺灣原住民的靈性傳統與敍事美學, 『韓中言語文化研究』, 第37輯, 서울, 韓國現代中國硏究會, 2015年 2月

李淑娟　　性別·自我·族裔-臺灣原住民女性作家的敍述策略與書寫主題, 『中國文學』, 第84輯, 서울, 韓國中國語文學會, 2015 8月

李淑娟　　作爲鏡象的原住民, 『中國人文科學』, 第61輯, 광주, 中國人文學會, 2015年 12月

이순애　　현대 중국어 '給'의 사용 오류 분석, 공주대 교육대학원 석사 논문, 2014

이승희 역·쩡 쥔 저　　지방성(地方性)의 생산 : 『판화(繁花)』의 상하이 서술, 『中國現代文學』, 第72號, 서울, 韓國中國現代文學

學會, 2015年 3月

이승희　　사진으로 보는 냉전 전야 중국의 국제외교 : 1938~1946년 옌안영화단 활동을 중심으로,『中國文化硏究』, 第29輯, 서울, 中國文化硏究學會, 2015年 8月

이시찬　　『左傳』에 보이는 天人 관계에 대한 고찰 : '災' 예언을 중심으로,『中國文學硏究』, 第59輯, 서울, 韓國中文學會, 2015年 5月

이양기　　FTA 발효에 따른 한중 식품안전정책 및 제도의 조화가능성,『中國學』, 第53輯, 부산, 大韓中國學會, 2015年 12月

이여영　　曾鞏 서문 연구, 전북대 교육대학원 석사 논문, 2014

이연도　　중국 미학의 특성과 '境界'-王國維의『人間詞話』를 중심으로,『中國學報』, 第73輯, 서울, 韓國中國學會, 2015年 8月

李衍淑·金錫永·宋紅玲·李康齊·李美京　　중국어 평가 문항 작성 기법 연구 : 신HSK, SNULT, FLEX 선택형 문항에 대한 비판적 분석을 중심으로,『中國語文學論集』, 第90號, 서울, 中國語文學硏究會, 2015年 2月

이연승　　陳澧의 "漢學"에 대한 소고-『漢儒通義』를 중심으로,『中國學報』, 第71輯, 서울, 韓國中國學會, 2015年 2月

이연연　　한·중 비친족 호칭어의 대조연구, 동국대 대학원 석사 논문, 2014

이영림　　성취평가제에서의 고등학교 중국어 I 수업 통합형 과업중심 수행평가 설계, 이화여대 외국어교육특수대학원 석사 논문, 2014

李永燮　　한국 해태의 形象考 : 中國으로부터의 변천과정을 중심으

로, 『中國語文學論集』, 第92號, 서울, 中國語文學研究會, 2015年 6月

이영섭 晩明小品文을 통한, 中國古典散文에 대한 文化的 접근 - 張岱의 小品文 〈湖心亭看雪〉을 一例로, 『中國語文學志』, 第51輯, 서울, 中國語文學會, 2015年 6月

이영숙 讀者文化 고찰을 통한 韓・中 木蘭 형상 담론 : 조선후기 『鄭木蘭傳』과 淸 후기 『北魏奇史閨孝烈傳』『忠孝勇烈奇女傳』을 중심으로, 『中國文化研究』, 第27輯, 서울, 中國文化研究學會, 2015年 2月

이영숙 1920-30년대 韓國 歷史小說에서의 木蘭 형상, 『中國文化研究』, 第30輯, 서울, 中國文化研究學會, 2015年 11月

이영월 인터넷 e-book을 활용한 대학 고급중국어회화 수업의 플립드 러닝 모형 설계, 『中國學』, 第51輯, 부산, 大韓中國學會, 2015年 6月

이영지 대상류 개사 '對, 給, 跟, 爲, 向' 교수-학습 지도방안 연구 : 외국어계열 고등학생 중심으로, 이화여대 교육대학원 석사 논문, 2014

李英姬 韓漢重疊結構對比研究-以普遍共性爲主, 『中國學』, 第53輯, 부산, 大韓中國學會, 2015年 12月

이옥주 표준중국어 경계 성조(boundary tone)의 연구방법론 고찰, 『中語中文學』, 第60輯, 서울, 韓國中語中文學會, 2015年 4月

李玉珠 표준중국어 음보 강세유형 고찰, 『中國語文學論集』, 第95號, 서울, 中國語文學研究會, 2015年 12月

李沃夏　　李淸照의 哀愁詞에 보이는 植物 이미지 활용 양상 연구, 『中國學論叢』, 第46輯, 大田, 韓國中國文化學會, 2015年 6月

李沃夏　　'二李' 哀愁詞에 나타난 식물이미지 활용 양상 비교, 『中國人文科學』, 第60輯, 광주, 中國人文學會, 2015年 8月

이용교　　한 · 중의 고빈도 사용 한자어 비교 연구 : 2음절 한자어를 중심으로, 한양대 대학원 석사 논문, 2014

이용범　　金台俊과 郭沫若 : 한 고전학자의 인식론적 전환의 계기, 성균관대 대학원 석사 논문, 2014

李龍振 · 金光赫 · 李光洙　　基于SWOT-AHP方法的圖們江區域綠色物流發展戰略硏究-以延邊地區爲中心, 『中國學論叢』, 第45輯, 大田, 韓國中國文化學會, 2015年 3月

이욱연　　루쉰의 〈애도(傷逝)〉와 기억과 망각의 서사, 『中國語文學志』, 第50輯, 서울, 中國語文學會, 2015年 4月

이욱진　　『詩經』 풀 캐기 경물이 있는 작품의 짝 찾기 주제 제시 방법, 『中國文學』, 第82輯, 서울, 韓國中國語文學會, 2015年 2月

李雲龍　　宋代則例初探, 『中國學報』, 第72輯, 서울, 韓國中國學會, 2015年 5月

이운재　　시 · 공간 개념에 근거한 현대 중국어 어순 연구, 서울대 대학원 박사 논문, 2014

이운재　　유형학적 관점에서 본 중국어 명사구의 지시적 특징, 『中國文學』, 第82輯, 서울, 韓國中國語文學會, 2015年 2月

이유진　　王朔 소설의 반어문 연구, 영남대 대학원 석사 논문, 2104

李有鎭	21세기 초 주몽서사를 둘러싼 한・중 담론에 대한 비판적 검토 : 한・중 민족주의 담론으로서의 주몽서사에 대한 계보학적 고찰의 일환으로,『中國語文學論集』, 第90號, 서울, 中國語文學硏究會, 2015年 2月
이육화	『華音啓蒙諺解』語彙考釋(二)-"니니"와 語氣助詞를 중심으로,『中國語文論叢』, 第67輯, 서울, 中國語文硏究會, 2015年 2月
이월선	黃庭堅의 文藝理論과 書法硏究, 서울여대 대학원 석사 논문, 2014
이은경	현대중국어 문장의 주어에 대한 두 가지 분석체계와 교육적 고찰,『中國學報』, 第72輯, 서울, 韓國中國學會, 2015年 5月
이은경	'(是)……的'구문의 통사・의미와 한국어 대응관계를 통한 교육방안,『韓中言語文化硏究』, 第39輯, 서울, 韓國現代中國硏究會, 2015年 10月
이은경	현대중국어 "VP" 주어의 통사, 의미와 교육,『中國語文學志』, 第53輯, 서울, 中國語文學會, 2015年 12月
이은경	중・한 관계화 제약 화제의 특징과 화제문의 정보구조,『中語中文學』, 第62輯, 서울, 韓國中語中文學會, 2015年 12月
李垠尙	『苗蠻圖』와 18세기 청나라 정부의 문명화 프로젝트,『中國學論叢』, 第46輯, 大田, 韓國中國文化學會, 2015年 6月
이은수	"就是"의 의미 분석,『中國語文論叢』, 第68輯, 서울, 中國語文硏究會, 2015年 4月
이은수	부사 '已經'의 의미 연구,『韓中言語文化硏究』, 第39輯,

서울, 韓國現代中國硏究會, 2015年 10月

이은주 論柳永, 周邦彦羈旅詞的時空結构及抒情模式, 『韓中言語文化硏究』, 第37輯, 서울, 韓國現代中國硏究會, 2015年 2月

이은진 張岱 散文에 나타나는 人間 가치의 재발견, 『中國語文論譯叢刊』, 第37輯, 서울, 中國語文論譯學會, 2015年 7月

이은화 어휘의 의미투명도가 한국인 중국어 학습자의 중국어어휘 습득에 미치는 영향 연구, 『中國言語硏究』, 第61輯, 서울, 韓國中國言語學會, 2015年 12月

이은화 한 · 중 양국 외국인 유학생 유치정책의 발전과 주요 제도 연구, 『中國學』, 第53輯, 부산, 大韓中國學會, 2015年 12月

이인경 혼인과 관련된 漢字에 투사된 고대 중국의 혼인 풍속, 『中國學硏究』, 第73輯, 서울, 中國學硏究會, 2015年 8月

李在鈴 미 · 소 군정기 중국 언론의 북한인식-소련군의 점령정책을 중심으로, 『中國學報』, 第72輯, 서울, 韓國中國學會, 2015年 5月

이재홍 · 김 영 · 박재연 조선본 『古列女傳』의 발굴과 그 의미, 『中國語文學志』, 第51輯, 서울, 中國語文學會, 2015年 6月

이재훈 朱熹 『詩集傳』 <鄭風> 鄭, <緇衣>, <將仲子>, <大叔于田> 新舊傳 비교 연구, 『中國語文論叢』, 第70輯, 서울, 中國語文硏究會, 2015年 8月

이정세 · 손상기 중국소비자의 한국화장품 구매만족에 미치는 영향-한류선호도의 조절효과, 『中國學論叢』, 第47輯, 大田, 韓國中國文化學會, 2015年 9月

이정순	한·중 동시통역 시 동시성 확보방안 연구 : 선형동시통역 기법과 사역문을 중심으로, 한국외대 통번역대학원 박사 논문, 2014
이정은	신조어를 활용한 중국문화지도방안 : 외국어계열고등학생을 대상으로, 이화여대 교육대학원 석사 논문, 2014
이정인	'중국의 꿈(中國夢)' ; 이미지의 생산과 재현, 『中國學研究』, 第73輯, 서울, 中國學研究會, 2015年 8月
이정재	이방인의 견문록에 나타난 청대 궁정연극 : 朝鮮, 越南, 英國 사절단 기록의 재발견과 재검토, 『中國文化研究』, 第27輯, 서울, 中國文化研究學會, 2015年 2月
이정재	조선 사절 燕行錄에 나타난 청대 후기 北京의 민간연극, 『中國語文學志』, 第52輯, 서울, 中國語文學會, 2015年 9月
李濟雨	晩明'小品'之範疇與概念研究的回顧和反思, 『中國語文論譯叢刊』, 第36輯, 서울, 中國語文論譯學會, 2015年 1月
이종무·김원희	明末淸初 江南 어느 여성의 삶 : 女人, 遺民, 作家 商景蘭 研究, 『中語中文學』, 第60輯, 서울, 韓國中語中文學會, 2015年 4月
李鍾武	貶謫文人의 작품 속 심리양상 고찰 I : '두려움', 『中國人文科學』, 第60輯, 광주, 中國人文學會, 2015年 8月
이종민	梁啓超의 中國夢과 『新中國未來記』, 『中國學報』, 第71輯, 서울, 韓國中國學會, 2015年 2月
이종민	'충칭사건'과 중국모델의 방향에 대한 비판적 인식, 『中國現代文學』, 第74號, 서울, 韓國中國現代文學學會, 2015年 9月

이주노	魯迅과 周作人 형제의 失和에 관한 小考,『中國文學』, 第82輯, 서울, 韓國中國語文學會, 2015年 2月
이주노	서사매체의 차이에 따른 梁祝故事의 변용 양상 연구 : 演戲類를 중심으로,『中國人文科學』, 第61輯, 광주, 中國人文學會, 2015年 12月
이주영	중학교 교육용 한자 연계를 통한 고등학교 중국어 교육용 한자 교재 개발 방안, 상명대 교육대학원 석사 논문, 2014
이주현	徐渭 詩의 否定性과 예술 창작의 원리, 서울대 대학원 박사 논문, 2014
이주현	쓰러진 군자(君子)-서위(徐渭) 그림과 시에 나타난 매화와 대나무,『中國文學』, 第82輯, 서울, 韓國中國語文學會, 2015年 2月
이주현	칭송과 동경, 그리고 새 방향의 모색-袁宏道의 徐渭 시 수용에 관한 고찰,『中國語文論叢』, 第68輯, 서울, 中國語文研究會, 2015年 4月
이주현	명화 위의 무법자, 건륭제(乾隆帝)의 그림 감상법 — 서위(徐渭) 그림의 어제(御製)를 중심으로,『中國文學』, 第84輯, 서울, 韓國中國語文學會, 2015年 8月
李浚植	「國風」 풍자시의 풍자양상,『中語中文學』, 第62輯, 서울, 韓國中語中文學會, 2015年 12月
이중희 · 구은미	중국 유학생 유치의 연계 유형과 입학 경로에 관한 사례 연구,『中國學』, 第53輯, 부산, 大韓中國學會, 2015年 12月
이지연	대학 교양중국어 수업 방안 연구 : 주제중심 교수법 활용 실례를 중심으로,『中國語 教育과 研究』, 第21號, 서울,

韓國中國語教育學會, 2015年 6月

이지영　後漢 시기 /r/의 梵漢對譯에 관하여, 『中國語文學志』, 第50輯, 서울, 中國語文學會, 2015年 4月

이지영　『反切檢字圖』 初探, 『中國言語研究』, 第57輯, 서울, 韓國中國言語學會, 2015年 4月

이지원　대화분석 방법을 활용한 상호작용적인 말하기 연습활동 : 고급 단계 중국어 워크북을 중심으로, 『中國文學研究』, 第61輯, 서울, 韓國中文學會, 2015年 11月

이지은　의미지도모형(semantic map model)을 통한 이중수사체계 연구-"兩"과 "二"을 중심으로, 『中國語文學志』, 第51輯, 서울, 中國語文學會, 2015年 6月

이지은 · 강병규　중국 客家 방언과 贛 방언의 분리와 통합-군집분석과 다차원 척도법을 중심으로, 『中國言語研究』, 第59輯, 서울, 韓國中國言語學會, 2015年 8月

이지은　학부 중국어 수업에서의 전문용어 교수 방안에 관한 시론-특수 목적 중국어(CSP) 수업을 중심으로, 『中語中文學』, 第61輯, 서울, 韓國中語中文學會, 2015年 8月

李知玹 · 李彰浩　被구문 동사의 의미운율 : 코퍼스 활용 방법의 일례, 『中國語文學論集』, 第91號, 서울, 中國語文學研究會, 2015年 4月

이지현 · 이창호 · 정지수　상 자질에 관한 몇 가지 생각, 『中國語文論叢』, 第69輯, 서울, 中國語文研究會, 2015年 6月

이지현 · 이창호　현대 중국어의 상황 결합 유형 고찰-"開"와 "門開了"를 중심으로, 『中國言語研究』, 第61輯, 서울, 韓國中國言語學

會, 2015年 12月

이지혜　　현대중국어 중첩 수량표현의 통사·의미적 특성 연구, 성균관대 대학원 석사 논문, 2014

이지희　　만·몽 시조신화의 천녀 시조모 기원과 전승, 『中國文學研究』, 第58輯, 서울, 韓國中文學會, 2015年 2月

이진용　　『장자(莊子)』「경상초(庚桑楚)」편에 드러난 양생론, 『中國學報』, 第71輯, 서울, 韓國中國學會, 2015年 2月

이진용　　『莊子』「徐無鬼」편에 드러난 聖人의 德에 대한 이해, 『中國學報』, 第73輯, 서울, 韓國中國學會, 2015年 8月

李眞眞　　한·중 경어법의 대조 연구, 가천대 대학원 석사 논문, 2014

李彰浩·李知玹　　被구문 동사의 의미운율 : 코퍼스 활용 방법의 일례, 『中國語文學論集』, 第91號, 서울, 中國語文學研究會, 2015年 4月

이창호·이지현·정지수　　상 자질에 관한 몇 가지 생각, 『中國語文論叢』, 第69輯, 서울, 中國語文研究會, 2015年 6月

이창호·이지현　　현대 중국어의 상황 결합 유형 고찰-“開”와 “門開了”를 중심으로, 『中國言語研究』, 第61輯, 서울, 韓國中國言語學會, 2015年 12月

이천택　　한중 친족 지칭어에 대한 대조연구, 고려대 대학원 석사 논문, 2014

이철근　　主語, 賓語及介詞賓語位置上的“V過O”功能考察, 『中國語文學』, 第70輯, 대구, 嶺南中國語文學會, 2015年 12月

李哲理　　辛棄疾詞風研究-試議宦海沉浮中的辛棄疾詞, 『中國學』,

第50輯, 부산, 大韓中國學會, 2015年 3月

이철승 공자의 "화이(華夷)"관과 문화의식, 『中國學報』, 第74輯, 서울, 韓國中國學會, 2015年 11月

이춘영 해섭(蟹攝) 1,2등(等) 글자의 현대 한국 한자음 형성 배경 탐석, 『中國語文學』, 第68輯, 대구, 嶺南中國語文學會, 2015年 4月

이치수 魏晉南北朝 시기의 詩法論 연구, 『中國語文學』, 第68輯, 대구, 嶺南中國語文學會, 2015年 4月

이치수 葉夢得 『石林詩話』 詩論, 『中國語文學』, 第69輯, 대구, 嶺南中國語文學會, 2015年 8月

이치수 錢鍾書의 陸游論, 『中國語文學』, 第70輯, 대구, 嶺南中國語文學會, 2015年 12月

이태수 『忠義直言』의 代詞 연구, 『中國言語研究』, 第57輯, 서울, 韓國中國言語學會, 2015年 4月

李泰俊 吳宓과 어빙 배비트의 신인문주의 교육사상 연구, 『中國語文學論集』, 第94號, 서울, 中國語文學研究會, 2015年 10月

이현선 조선 시대 문헌 자료로 본 近代漢語 禪母의 변화 양상, 『中國語文學志』, 第53輯, 서울, 中國語文學會, 2015年 12月

이현섭 柳宗元의 '論'體 散文에 대한 신수사학적 연구, 고려대 대학원 석사 논문, 2014

이현우 『朝鮮王朝實錄』에 나타난 陶淵明에 관한 키워드와 인식의 양상, 『中國語文學志』, 第53輯, 서울, 中國語文學會, 2015年 12月

李泫政	淸代宮廷戲「天香慶節」的演出技法和意義, 『中國文學』, 第82輯, 서울, 韓國中國語文學會, 2015年 2月
李賢珍	『論衡』 의문대사 '何' 연구 : 문법특징과 의문대사 목적어의 위치 문제를 중심으로, 『中國語文論譯叢刊』, 第36輯, 서울, 中國語文論譯學會, 2015年 1月
이혜인	봉총 최상룡의 맹자 해석 연구, 성균관대 대학원 석사 논문, 2014
이혜정	"的"자 구조 중에 있는 "的"의 공시문법화 연구, 『中國語文學』, 第70輯, 대구, 嶺南中國語文學會, 2015年 12月
이혜천	우리나라 고등학교 중국어교육에 있어서의 중국고전시가 활용 방안 연구, 울산대 교육대학원 석사 논문, 2014
이효영	중국어 쓰기 과정에서의 피드백이 한국인 학습자의 쓰기 능력에 미치는 영향, 『中語中文學』, 第60輯, 서울, 韓國中語中文學會, 2015年 4月
이효홍	한국어와 중국어의 의성어와 의태어 대조 연구 : 자연계와 사물을 중심으로, 목포대 대학원 석사 논문, 2014
李驍頡	『짜장면뎐』의 중국어 번역, 인제대 대학원 석사 논문, 2014
이희경	1980년대 중국 원로지식인의 분노 표출 제양상에 대한 소고 : 趙丹, 巴金, 夏衍을 중심으로, 『中國現代文學』, 第72號, 서울, 韓國中國現代文學學會, 2015年 3月
이희옥 · 양갑용	중국식 민주주의와 엘리트 충원방식, 『中國學研究』, 第72輯, 서울, 中國學研究會, 2015年 6月
李羲珠	한국인 중국어 학습자의 접속사 사용상의 오류 연구, 한국

외대 교육대학원 석사 논문, 2014

이희진 郁達夫「沈淪」의 소외의식 연구, 가천대 대학원 석사 논문, 2014

이희현 『晨報副鐫』에 나타난 지식인의 농민과 군벌에 대한 인식태도 고찰 : 河植三과 徐玉諾을 중심으로, 『中國文學硏究』, 第61輯, 서울, 韓國中文學會, 2015年 11月

임 주 백거이 풍유시의 교화성 연구, 전북대 교육대학원 석사 논문, 2014

임대근 한국의 대만문학 연구 : 주체 위치의 설정과 대만 내부 갈등 극복 가능성, 『中國現代文學』, 第73號, 서울, 韓國中國現代文學學會, 2015年 6月

임도현 두보 시의 제목과 시상 전개 방식, 『中國語文學志』, 第53輯, 서울, 中國語文學會, 2015年 12月

임동춘 · 송인주 陸游 茶詩에 나타난 宋代 貢茶 硏究, 『中國人文科學』, 第60輯, 광주, 中國人文學會, 2015年 8月

임명화 고대중국어 단문과 복문의 구분에 대한 고찰, 『中國人文科學』, 第60輯, 광주, 中國人文學會, 2015年 8月

임미나 宋代 동등비교구문 연구, 『中國學硏究』, 第73輯, 서울, 中國學硏究會, 2015年 8月

任盤碩 아세안의 격차해소 노력과 중국의 기여, 『中國學論叢』, 第45輯, 大田, 韓國中國文化學會, 2015年 3月

임범종 한국인 학습자의 중국어 en□에서 e[□]의 변이음[ɛ]에 대한 지각 양상 연구, 『中國語文學』, 第70輯, 대구, 嶺南中國語文學會, 2015年 12月

임보연	외국어계열 고등학생 중국어 유의어 지도방안 연구, 이화여대 교육대학원 석사 논문, 2014
임상범	대국굴기의 미래, 제국 중국?,『中國學報』, 第71輯, 서울, 韓國中國學會, 2015年 2月
任帥眞	한어 意合法의 구조와 의미 연구,『中國語文學論集』, 第94號, 서울, 中國語文學研究會, 2015年 10月
임승권	중국의 부동산등기에 관한 연구,『中國學論叢』, 第48輯, 大田, 韓國中國文化學會, 2015年 12月
임승배 · 나해연	宋元時期的學術承傳與詩文流派的生成,『中國語文論叢』, 第67輯, 서울, 中國語文研究會, 2015年 2月
임승배 · 손애하	梁鼎芬詩歌研究,『中國語文論叢』, 第69輯, 서울, 中國語文研究會, 2015年 6月
林娟廷	신조어를 활용한 중국어 교육방안 연구,『中國學論叢』, 第46輯, 大田, 韓國中國文化學會, 2015年 6月
임연정	영재교육(超常教育) 제도의 고찰을 통한 현대 중국사회의 이해,『中國人文科學』, 第60輯, 광주, 中國人文學會, 2015年 8月
임연정	한국학생의 중국어 어기조사 학습오류분석 및 교육방안 고찰 : "嗎", "吧", "呢", "啊"를 중심으로,『中語中文學』, 第61輯, 서울, 韓國中語中文學會, 2015年 8月
林娟廷	한국대학생의 중국어 읽기 전략과 읽기 성취도, HSK 자격증 취득 간의 상관성 소고,『中國語文學論集』, 第94號, 서울, 中國語文學研究會, 2015年 10月
임연정	실증적 연구를 통한 한중 협력교육과정에 대한 제안-W대

학교 사례분석을 중심으로,『中國言語研究』, 第60輯, 서울, 韓國中國言語學會, 2015年 10月

임연정 한국대학생의 중국어 읽기 불안 분석연구,『中國語 教育과 研究』, 第22號, 서울, 韓國中國語教育學會, 2015年 12月

林英花 중국어의 禁忌語와 대체유형,『中國學』, 第51輯, 부산, 大韓中國學會, 2015年 6月

임우경 '가장 사랑스러운 사람': 한국전쟁 귀환포로와 신중국 영웅서사의 그늘,『中國學報』, 第73輯, 서울, 韓國中國學會, 2015年 8月

임우경 무대 위의 위험한 여/성: 張愛玲〈色, 戒〉의 성 정치,『中國語文學志』, 第53輯, 서울, 中國語文學會, 2015年 12月

임원빈 佛教傳入韓中兩國初期僧侶詩歌的比較研究,『中國學報』, 第73輯, 서울, 韓國中國學會, 2015年 8月

任元彬 唐代 詩僧의 禪詩 양상 고찰,『中國學研究』, 第73輯, 서울, 中國學研究會, 2015年 8月

임의영 타이완과 한국에서의 일제 식민지 교육정책 비교, 경상대 대학원 석사 논문, 2014

임재민 교양중국어 수업설계와 적용,『中國言語研究』, 第60輯, 서울, 韓國中國言語學會, 2015年 10月

임지선 王維 시의 주제의식 연구 : 시에 나타난 得意와 失意의 삶을 중심으로, 부산대 대학원 석사 논문, 2014

임지영 갑골복사를 통한 신령숭배 연구, 전남대 대학원 박사 논문, 2014

任祉泳 갑골문에 나타난 商代 羌族의 面貌 考察,『中國語文學論

	集』, 第90號, 서울, 中國語文學硏究會, 2015年 2月
林志永	與漢語"得"字情態補語相關聯的韓語狀語研究, 『中國人文科學』, 第60輯, 광주, 中國人文學會, 2015年 8月
임지영	플립러닝을 활용한 중국어 어법 수업모형 설계 연구 : "가능보어 · 정태보어 · 정도보어"를 실례로, 『中國語 教育과 研究』, 第22號, 서울, 韓國中國語教育學會, 2015年 12月
임춘성	문학인류학적 관점에서 고찰하는 상하이 민족지(3) : 『푸핑』, 『中國現代文學』, 第72號, 서울, 韓國中國現代文學學會, 2015年 3月
임춘성	소수자 문학의 관점에서 고찰한 중국 내 '동남아 중어문학' 연구, 『中國學報』, 第73輯, 서울, 韓國中國學會, 2015年 8月
임춘성	천하위공과 체진민주(遞進民主) : 제도와 주체의 변증법, 『中國現代文學』, 第74號, 서울, 韓國中國現代文學學會, 2015年 9月
임혜도	한국어와 중국어의 부치사 대조연구, 전남대 대학원 석사 논문, 2014
林桓慎 · 嚴英旭	楊逵與金史良、張赫宙比較研究, 『中國人文科學』, 第61輯, 광주, 中國人文學會, 2015年 12月
임효량	論韓語漢字詞對韓國學生學習漢語的影響, 울산대 대학원 석사 논문, 2014
임효정	李白 飮酒詩 研究-時期區分을 통한 內容分析과 그 變化를 中心으로, 한양대 대학원 석사 논문, 2014
자이리	'習式語言'研究, 『中國學論叢』, 第48輯, 大田, 韓國中國

文化學會, 2015年 12月

장 기　한국 웹툰의 비공식 중국어 번역에 대한 고찰, 『韓中言語文化硏究』, 第39輯, 서울, 韓國現代中國硏究會, 2015年 10月

張 琦　時事漢語課敎學設計, 『中國語 敎育과 硏究』, 第22號, 서울, 韓國中國語敎育學會, 2015年 12月

장 린 · 김영옥 · 구현아　예체능 계열 학생을 위한 교양 중국어 교재 개발 연구 : Y대학교 사례를 중심으로, 『中國人文科學』, 第59輯, 광주, 中國人文學會, 2015年 4月

張 麗 · 金起誾　한국 학생의 능원동사 "會", "能"오류 분석, 『中國語文學論集』, 第92號, 서울, 中國語文學硏究會, 2015年 6月

장 붕　장예모 영화에 나타난 색채의 상징성, 국민대 대학원 석사 논문, 2014

장 빈 · 최재영　朝鮮時代漢語敎科書中的否定詞考察-以已然性否定詞"無/無有, 沒/沒有, 不曾, 未/未曾/未有"爲例, 『中國言語硏究』, 第60輯, 서울, 韓國中國言語學會, 2015年 10月

장 양　『詩經 · 國風』 婚戀詩 硏究, 부산대 대학원 석사 논문, 2014

장 용　從"年度成語"看漢韓成語比較硏究的現實意義, 『中國言語硏究』, 第57輯, 서울, 韓國中國言語學會, 2015年 4月

장 원　한 · 중 인과 표현 대조 연구 : '-느라고', '-는 바람에'를 중심으로, 국민대 대학원 석사 논문, 2014

장 정　중국어 '好(hǎo)'와 한국어 '좋다'의 의미 대조 연구, 『韓中言語文化硏究』, 第37輯, 서울, 韓國現代中國硏究會, 2015年 2月

장 찬　　한·중 인칭대명사의 화용적 용법의 비교 연구 : 1, 2, 3인칭을 중심으로, 한국교원대 대학원 석사 논문, 2014

장 천　　한·중 지속상에 대한 비교 연구 : '-고 있다', '-어 있다'와 '着', '在'를 중심으로, 한국교원대 대학원 석사 논문, 2014

張 泉·羅敏球　　從西方修辭學方法論的角度分析趙本山的小品『損助』, 『中國學報』, 第72輯, 서울, 韓國中國學會, 2015年 5月

장 한　　한국어 시간관계 연결어미와 중국어 시간관계 관련사어의 대조 연구, 경희대 대학원 석사 논문, 2014

張 寒　　漢代軍事組織及相關法律制度研究, 『中國學報』, 第72輯, 서울, 韓國中國學會, 2015年 5月

장 혜　　韓·中文學作品翻譯的'翻譯腔'研究 : 以『鳳順姐姐』爲例, 숭실대 대학원 석사 논문, 2014

장 혜　　『당대중국에서의 현실주의문학』에 관한 연구, 동아대 대학원 석사 논문, 2014

짱지에　　펑샤오강(馮小剛)과 저우싱츠(周星馳) 희극영화 비교 연구, 부산대 대학원 석사 논문, 2014

장가영　　현대중국어 공간척도사의 의미와 개념화 연구, 서울대 대학원 박사 논문, 2014

장길니　　김기덕 영화와 지아장커 영화 속 캐릭터에 대한 비교연구 : 아웃사이더와 소인물(小人物)을 중심으로, 부산대 대학원 석사 논문, 2014

張琴鳳　　中國大陸, 臺灣新生代作家歷史創傷記憶研究, 『韓中言語文化研究』, 第37輯, 서울, 韓國現代中國研究會, 2015年 2月

장금봉·서 신　　李漁『十二樓』中的情欲美學研究, 『韓中言語文化研究』,

	第38輯, 서울, 韓國現代中國硏究會, 2015年 6月
張乃禹	梁啓超宗敎觀的內在矛盾和悖論, 『中國語文學論集』, 第90號, 서울, 中國語文學硏究會, 2015年 2月
장다겸	중국어 독해력 향상을 위한 문장구조 분석과 지도 방안 연구, 계명대 대학원 석사 논문, 2014
장림송	中國延邊朝鮮族自治州의 地方志, 전남대 대학원 석사 논문, 2014
張夢蝶	從精神贍養入法看孝道在中國法律上的變遷, 『中國學報』, 第72輯, 서울, 韓國中國學會, 2015年 5月
장문정	한국어 연결어미와 중국어 관련사어의 대조 연구, 호서대 대학원 석사 논문, 2014
장미란	한·중 형상성 분류사의 범주 확장에 대한 대조 연구, 서울시립대 대학원 박사 논문, 2014
張飛鳴	廣東語圈 中國人 學習者를 위한 韓國語 發音 敎育 方案 硏究, 중앙대 대학원 석사 논문, 2014
장선우	한중사전의 화용 정보 제시 현황, 『中語中文學』, 第60輯, 서울, 韓國中語中文學會, 2015年 4月
장선우	현대 중국어 "沒+형용사"의 특징 고찰, 『中國言語硏究』, 第60輯, 서울, 韓國中國言語學會, 2015年 10月
蔣星煜	吳曉鈴與『西廂記』, 『中國文學』, 第83輯, 서울, 韓國中國語文學會, 2015年 5月
장성중	중국 실험연극의 특성 연구, 동국대 대학원 석사 논문, 2014
장세도	중국 소수민족 미디어 정책에 관한 연구-신장 위구르 자치

	구와 광시 좡족 자치구의 사례를 중심으로, 광운대 대학원 박사 논문, 2014
張永伯	『좌전』에 나타난 '예론 禮論' 연구, 『中國語文學論集』, 第93號, 서울, 中國語文學研究會, 2015年 8月
장옥연	關于男人, 제주대 통역대학원 석사 논문, 2014
장유가	왕안억(王安憶)소설 문체 풍격 연구 : 90년대 이후 작품 중심으로, 전북대 대학원 석사 논문, 2014
장윤미	"조반(造反)은 민주(民主)다" : 조정로의 『민주수업』 을 읽고, 『中國現代文學』, 第74號, 서울, 韓國中國現代文學學會, 2015年 9月
장은영	한중 대외한자교육에 대한 이해, 『中語中文學』, 第61輯, 서울, 韓國中語中文學會, 2015年 8月
장은영 · 정연실	중국어 수업의 PBL 활용과 문제 설계, 『中國言語研究』, 第60輯, 서울, 韓國中國言語學會, 2015年 10月
장익민	李賀、李商隱詩歌對『花間集』的影響, 강원대 대학원 석사 논문, 2014
張在雄	早期官話에서 핵전 활음의 음운 형성 과정과 변화 원리에 관한 비단선 음운론적 연구, 『中國語文學論集』, 第92號, 서울, 中國語文學研究會, 2015年 6月
장정임	The lexicalization path of "不至于＋VP", 『中國語文論叢』, 第72輯, 서울, 中國語文研究會, 2015年 12月
장진개 · 구경숙	현대중국어 이음절 형용사 AABB식과 ABAB식 중첩의 비교 및 교육 방안-신HSK 6급 단어 분석 위주, 『中國言語研究』, 第57輯, 서울, 韓國中國言語學會, 2015年 4月

장진개 · 나 곤 · 구경숙 中高級口語語篇連接成分偏誤分析及教學, 教材編寫, 『中國言語研究』, 第59輯, 서울, 韓國中國言語學會, 2015年 8月

장춘석 神의 과일, 중국의 蟠桃와 서구의 황금사과 비교 연구, 『中國人文科學』, 第61輯, 광주, 中國人文學會, 2015年 12月

장현근 중국 고대정치사상에서 천명(天命) 관념의 등장과 군권의 정당화, 『中國學研究』, 第73輯, 서울, 中國學研究會, 2015年 8月

張賢珠 문학 속 鐵拐李 형상과 그 신화적 의미 : 절름발이 형상을 중심으로, 『中國語文論譯叢刊』, 第37輯, 서울, 中國語文論譯學會, 2015年 7月

장혜선 한국어와의 대조를 통한 중국어 활음-모음 연쇄와 이중모음의 음운표시 연구, 한국외대 대학원 석사 논문, 2014

장혜정 · 정영호 다문화가정 안정적 정착을 위한 인재 양성 방안 연구 : 중화권을 중심으로, 『中國人文科學』, 第59輯, 광주, 中國人文學會, 2015年 4月

장호득 현대중국어 단모음의 三極 체계 원리와 교학 응용, 『中國學』, 第53輯, 부산, 大韓中國學會, 2015年 12月

장호준 한중 인문유대 담론과 방향에 관한 고찰, 『中國學』, 第51輯, 부산, 大韓中國學會, 2015年 6月

장홍추 中國白話語文教材選編外國作品的百年歷程, 『中國語文學志』, 第50輯, 서울, 中國語文學會, 2015年 4月

장효민 李穡과 韋應物의 自然詩 比較研究, 중앙대 대학원 석사 논문, 2014

장효민 “很+名詞” 構文에 관한 小考, 『中國文學研究』, 第61輯, 서울, 韓國中文學會, 2015年 11月

장효진 · 김정기 徽州傳統三教神靈崇拜新探, 『中國學論叢』, 第48輯, 大田, 韓國中國文化學會, 2015年 12月

장희재 1980년대 중국 선봉연극의 사회적 의의 : 선봉 좌표의 콘텍스트 해독을 중심으로, 『中國文學』, 第83輯, 서울, 韓國中國語文學會, 2015年 5月

전가람 蘇軾의 ‘墨癖’과 ‘癖’의 禪家的 轉換 : 『東坡題跋』을 중심으로, 『中國人文科學』, 第59輯, 광주, 中國人文學會, 2015年 4月

전기정 현대중국어 “和”의 통사적 특징과 오류 분석, 『中國語文論叢』, 第68輯, 서울, 中國語文研究會, 2015年 4月

전병석 『정글만리』 연구 : 중국비즈니스 소설 의의를 중심으로, 『中國文化研究』, 第28輯, 서울, 中國文化研究學會, 2015年 5月

전생방 關於『漢語拼音正詞法基本規則』的幾個問題 : 以2012年版爲中心, 『中國文學研究』, 第58輯, 서울, 韓國中文學會, 2015年 2月

田生芳 『現代漢語詞典』中“R”部單字條目的釋義考察 : 以第5版爲中心, 『中國語文學論集』, 第94號, 서울, 中國語文學研究會, 2015年 10月

全成光 叩問“生命”的眞義, 『中國人文科學』, 第61輯, 광주, 中國人文學會, 2015年 12月

전성욱 위화(余華) 소설의 한국 수용에 대하여, 『中國現代文學』,

第73號, 서울, 韓國中國現代文學學會, 2015年 6月

전염순　　『詩藪』의 조선조 수용에 대한 일고찰, 『中國人文科學』, 第61輯, 광주, 中國人文學會, 2015年 12月

전유미　　현대 중국어 관습적 연어 연구 : 명사를 중심으로, 숭실대 대학원 석사 논문, 2014

全恩淑　　明末清初 소설 중 남성 인물의 "여성화" 경향 再考, 『中國語文學論集』, 第95號, 서울, 中國語文學研究會, 2015年 12月

전정림　　보조동사 '-어 놓(다), -어 두(다), -어 가지고'의 한·중 대조 연구, 경희대 대학원 석사 논문, 2014

전진아　　비즈니스 중국어교재 분석 및 지도방안 연구, 상명대 교육대학원 석사 논문, 2014

정 택　　한·중 음운체계의 대조 연구 : 중국인 학습자의 발음 교육 방안 모색을 중심으로, 건양대 대학원 석사 논문, 2014

정 화　　고등학교 『중국어Ⅱ』에서의 結果補語 교수-학습에 관한 연구, 원광대 교육대학원 석사 논문, 2014

쩡 쥔·이승희 역　　지방성(地方性)의 생산 : 『판화(繁花)』의 상하이 서술, 『中國現代文學』, 第72號, 서울, 韓國中國現代文學學會, 2015年 3月

정광훈　　敦煌 變文 속 商人 형상과 그 문학적 작용, 『中國小說論叢』, 第46輯, 서울, 韓國中國小說學會, 2015年 8月

정동매·김학철　　殺戮與救贖的兩難抉擇-余華和金英夏的父權意識比較分析, 『中國語文論叢』, 第72輯, 서울, 中國語文研究會, 2015年 12月

정동연　　近代 渡滿 日本人의 눈에 비친 中國人像: 帝國意識의 投

	影, 서울대 대학원 석사 논문, 2014
정명기 · 김준연	바흐친의 카니발 이론으로 분석한 柳永 詞의 특징, 『中國語文論叢』, 第72輯, 서울, 中國語文硏究會, 2015年 12月
정보경	도식조직자(Graphic Organizer)를 활용한 고등학교 『중국어I』 문법 지도 방안 연구, 숙명여대 교육대학원 석사 논문, 2014
정상희	'바람' 의미의 심리-'想'과 '要'의 비교 연구, 『中國學』, 第50輯, 부산, 大韓中國學會, 2015年 3月
鄭宣景	晩淸 4대소설과 근대 매체의 만남 : 문학 장의 전환, 그 과도기적 경계성을 중심으로, 『中國語文學論集』, 第93號, 서울, 中國語文學硏究會, 2015年 8月
정선경	『意大利建國三傑傳』 번역을 통해 본 한중 영웅서사 수용의 재맥락화, 『中國小說論叢』, 第46輯, 서울, 韓國中國小說學會, 2015年 8月
鄭雪瑞	1930年代張恨水文學創作的轉變 : 以『夜深沉』爲中心, 『韓中言語文化硏究』, 第39輯, 서울, 韓國現代中國硏究會, 2015年 10月
정성미	양계초의 『西學書目表』 연구, 중앙대 대학원 석사 논문, 2014
정성아 · 오소정	뉴미디어의 초국가적 상호작용성에 대한 연구 : C-Radio 『우상본색(偶像本色)』를 중심으로, 『中國文化硏究』, 第27輯, 서울, 中國文化硏究學會, 2015年 2月
정성은	純情과 肉慾의 사랑-위광중 애정시 解讀, 『中國語文學志』, 第50輯, 서울, 中國語文學會, 2015年 4月

정성임	"去+VP"와 "VP+去"의 특징 연구, 『中國言語硏究』, 第58輯, 서울, 韓國中國言語學會, 2015年 6月
정성임	현대 중국어 "這"의 인지적 의미 연구, 『中國語文學』, 第70輯, 대구, 嶺南中國語文學會, 2015年 12月
정성임 · 안기섭	現代漢語 '在 · 正 · 正在 · 着 · 呢'의 변별점에 대하여, 『中國人文科學』, 第61輯, 광주, 中國人文學會, 2015年 12月
정세련	中國 國體變革期 滿洲族 團體의 政治活動, 1901-1924, 서울대 대학원 석사 논문, 2014
정소영	한국인 학습자와 중국인 학습자의 時相에 관한 인식 비교 실험 연구-한국어 진행형을 중심으로, 『中國言語硏究』, 第59輯, 서울, 韓國中國言語學會, 2015年 8月
정소영	"地"와 "得"의 사용조건, 『中國言語硏究』, 第61輯, 서울, 韓國中國言語學會, 2015年 12月
정애란	중국전통문화에서 본 중국고대여성의 성의식구조에 대한 고찰, 『中國學硏究』, 第72輯, 서울, 中國學硏究會, 2015年 6月
鄭彦野 · 韓在均	大學漢語中高級口語課的任務型測試, 『中國語 敎育과 硏究』, 第22號, 서울, 韓國中國語敎育學會, 2015年 12月
정여옥	『說文解字』와 『康熙字典』의 部首 비교 연구, 건국대 대학원 석사 논문, 2014
정연실	『隷辨』의 '偏旁變形' 연구, 『中國學硏究』, 第73輯, 서울, 中國學硏究會, 2015年 8月
정연실 · 장은영	중국어 수업의 PBL 활용과 문제 설계, 『中國言語硏究』, 第60輯, 서울, 韓國中國言語學會, 2015年 10月

정영지 『現代漢語詞典』 속의 의성어 고찰, 『中國語文學』, 第70輯, 대구, 嶺南中國語文學會, 2015年 12月

정영호 · 장혜정 다문화가정 안정적 정착을 위한 인재 양성 방안 연구 : 중화권을 중심으로, 『中國人文科學』, 第59輯, 광주, 中國人文學會, 2015年 4月

鄭睿恩 · 尹祥銀 · 朴重奎 漢語"聲母加韻母ao"的漢字与韓國語漢字詞讀音對應規律研究, 『中國人文科學』, 第59輯, 광주, 中國人文學會, 2015年 4月

鄭雨光 湖畔詩派 汪靜之 시의 근대성 연구, 『中國文化研究』, 第27輯, 서울, 中國文化研究學會, 2015年 2月

정원대 · Olivier Bailble 중국 강연 텍스트에 대한 수사학적 분석, 『中國學研究』, 第71輯, 서울, 中國學研究會, 2015年 3月

鄭元祉 韓國乞粒(埋鬼)과 中國打夜胡 · 秧歌比較, 『中國人文科學』, 第60輯, 광주, 中國人文學會, 2015年 8月

鄭元祉 中國傳統時期 元宵節 公演의 傳統現況 展望에 관한 研究, 『中國人文科學』, 第61輯, 광주, 中國人文學會, 2015年 12月

정원호 조선시대 외교현장의 『詩經』 활용 고찰, 『中國學』, 第51輯, 부산, 大韓中國學會, 2015年 6月

정원호 寒山詩에 나타난 求道의 과정 고찰, 『中國學』, 第52輯, 부산, 大韓中國學會, 2015年 9月

정유갑 한 · 중 피동문 대조 연구, 울산대 대학원 석사 논문, 2014

정유미 현대중국어 감사-반응화행 양상 연구, 연세대 대학원 석사 논문, 2014

정유선 · 이다혜 국내 비한국계 중국인 결혼이민자 가족 자녀 대상 중국어

교육에 대한 몇 가지 제언, 『韓中言語文化研究』, 第37輯, 서울, 韓國現代中國研究會, 2015年 2月

鄭有善 · 李多惠 한국어-중국어 이중언어 교육 현황 및 방안 : 국내 중국인 결혼이민자 자녀 대상을 중심으로, 『中國語文論譯叢刊』, 第37輯, 서울, 中國語文論譯學會, 2015年 7月

정유선 · 한희정 QR코드를 활용한 중국어교육 방안 연구 : 말하기 수업 지도 방안을 중심으로, 『中國文學研究』, 第61輯, 서울, 韓國中文學會, 2015年 11月

정유신 張愛玲 소설 연구-남 · 녀 형상을 중심으로, 조선대 대학원 석사 논문, 2014

鄭有軫 · 朴宰雨 · 於麗麗 韓國華文文學: 探索四個來源與現狀, 『中國學報』, 第73輯, 서울, 韓國中國學會, 2015年 8月

정윤철 · 김민영 어린이중국어교사 양성과정 현황과 개선방안, 『中國學』, 第52輯, 부산, 大韓中國學會, 2015年 9月

鄭仁貞 · 袁毓林 경험상 표지 '過'와 문미 조사 '了$_2$'의 완료 용법 대조분석, 『中國語文學論集』, 第91號, 서울, 中國語文學研究會, 2015年 4月

鄭仁貞 · 袁毓林 漢語經歷体"過"句式的体特征和事態句的語義功能, 『中語中文學』, 第60輯, 서울, 韓國中語中文學會, 2015年 4月

鄭林嘯 · 胡文嘉 從知庄章的演變看馬禮遜『五車韻府』的音系性質, 『中語中文學』, 第61輯, 서울, 韓國中語中文學會, 2015年 8月

정재서 강증산(姜甑山)의 중국 신화 수용과 그 의미, 『中國學』, 第52輯, 부산, 大韓中國學會, 2015年 9月

정주연 '程度副詞+V得/不C+(O)' 研究, 『中國學』, 第52輯, 부산,

大韓中國學會, 2015年 9月

정지수 · 이지현 · 이창호　상 자질에 관한 몇 가지 생각, 『中國語文論叢』, 第69輯, 서울, 中國語文研究會, 2015年 6月

鄭鎭椌 · 朴紅瑛　從韓國學生習得"看"的偏誤分析"看"的用法, 『中國語文論譯叢刊』, 第37輯, 서울, 中國語文論譯學會, 2015年 7月

정진걸　隱居의 政治學-『史記』에 보이는 隱居를 대상으로, 『中國文學』, 第84輯, 서울, 中國語文學會, 2015年 8月

정진선　게사르신화를 통해 본 중국 지방정부의 민족문화관광자원 개발 양상 : 쓰촨성 까르제티베트족자치주를 중심으로, 『中國小說論叢』, 第47輯, 서울, 韓國中國小說學會, 2015年 12月

鄭燦山　六朝道經『玉京山步虛經』經文年代考證, 『中國學研究』, 第72輯, 서울, 中國學研究會, 2015年 6月

정태업　秦觀詞에 보이는 傷心의 境界, 『中國學』, 第52輯, 부산, 大韓中國學會, 2015年 9月

丁海里 · 柳昌辰　중국 근대 중서문화 소통과 번역론 : 임서(林紓)의 中西小說 비교론을 중심으로, 『中國人文科學』, 第60輯, 광주, 中國人文學會, 2015年 8月

정헌철 · 천대진　'三言'에 나타난 王安石의 形象, 『中國學』, 第50輯, 부산, 大韓中國學會, 2015年 3月

정혜인　현대한어 전치사구의 삭제와 보류 현상 연구, 『中國言語研究』, 第56輯, 서울, 韓國中國言語學會, 2015年 2月

정혜중　18세기 조선지식인의 청국 여성관-金昌業과 朴趾源의 기록을 중심으로, 『中國學報』, 第73輯, 서울, 韓國中國學會, 2015年 8月

정호재	현대중국어 '程度副詞+名詞'구문 연구, 전북대 교육대학원 석사 논문, 2014
제해성	小說 觀點에서 본『左傳』敍事의 文體 屬性,『中國語文論叢』, 第69輯, 서울, 中國語文研究會, 2015年 6月
조 개	한·중 부정사 표현 대조 연구, 한양대 대학원 석사 논문, 2014
조 림	韓·漢 사자성어 비교 연구, 건국대 대학원 석사 논문, 2014
조 원	17-20세기 몽원사 연구에 나타난 청 지식인들의 '몽골제국' 인식-『元史類編』,『元史新編』,『新元史』를 중심으로,『中國學報』, 第74輯, 서울, 韓國中國學會, 2015年 11月
조 진	외국어로서의 한국어교육 정책과 중국 대외한어교육 정책 비교 연구 : 세종학당과 공자학원의 비교를 중심으로, 상명대 대학원 석사 논문, 2014
조경환	근대 서양 선교사 중국어 문법서들의 把자문 연구,『中國語文論叢』, 第67輯, 서울, 中國語文研究會, 2015年 2月
曺京煥	근대 서양 선교사 중국어 문법서들의 피동문 연구,『中國語文學論集』, 第91號, 서울, 中國語文學研究會, 2015年 4月
조경환	Gutzlaff의 Notice On Chinese Grammar에 관한 소고,『中國語文論叢』, 第69輯, 서울, 中國語文研究會, 2015年 6月
조경환	중국어의 완수 동사,『中國語文論叢』, 第70輯, 서울, 中國語文研究會, 2015年 8月
조관희	方外之士와 주변부 문인 : 그들이 한중소설발달사에 끼친 영향,『中國小說論叢』, 第46輯, 서울, 韓國中國小說學會,

2015年 8月

조교교　　한국과 중국의 인칭 신어에 대한 비교 연구 : 2010년 인칭 신어를 중심으로, 고려대 대학원 석사 논문, 2014

조규백　　'고려, 조선조에서의 소동파 수용'에 관한 연구개황: 1964-2015년 기간을 중심으로,『中國學報』, 第73輯, 서울, 韓國中國學會, 2015年 8月

조기정 · 유동훈　　唐代『十六湯品』에 나타난 沃茶法 考察,『中國人文科學』, 第61輯, 광주, 中國人文學會, 2015年 12月

趙大遠 · 文秀連　　한중 정부간 R&D협력기구 설치에 대한 연구,『中國學論叢』, 第46輯, 大田, 韓國中國文化學會, 2015年 6月

조득창 · 조성천　　李白 <贈>詩 譯解(2)-제6수에서 제10수까지,『中國語文論叢』, 第69輯, 서울, 中國語文硏究會, 2015年 6月

趙得昌 · 趙成千　　李白「贈」詩 譯解(3): 제11수에서 제16수까지,『中國文化硏究』, 第29輯, 서울, 中國文化硏究學會, 2015年 8月

조득창 · 김덕삼 · 최원혁　　캠벨의 신화 이론으로 분석한 중국의 경극 : 경극「패왕별희」를 중심으로,『中國文化硏究』, 第30輯, 서울, 中國文化硏究學會, 2015年 11月

趙得昌 · 徐　盛　　李白〈登覽〉詩譯解(4),『中國語文論譯叢刊』, 第36輯, 서울, 中國語文論譯學會, 2015年 12月

趙旻祐　　樂善齋本『紅樓夢』對淸代文化術語的翻譯方式與意義,『中國語文學論集』, 第94號, 서울, 中國語文學硏究會, 2015年 10月

조병환　　근대 상하이 차관(茶館)의 공간구조에 관한 고찰,『中國人文科學』, 第60輯, 광주, 中國人文學會, 2015年 8月

조병환 1980년대 이후 상하이 차관문화의 특성, 『中國學硏究』, 第74輯, 서울, 中國學硏究會, 2015年 11月

趙奉來 당대 중국의 마르크스주의 대중화 이론과 개혁개방 이후의 역사 과정, 『中國學論叢』, 第45輯, 大田, 韓國中國文化學會, 2015年 3月

趙仙花·朴庸鎭·朴智淑 『往五天竺國傳』 校勘(2), 『中國語文論譯叢刊』, 第37輯, 서울, 中國語文論譯學會, 2015年 7月

조성우 反思與前瞻: 近年韓國青年學者的中國中古宗教史研究, 『中國學報』, 第74輯, 서울, 韓國中國學會, 2015年 11月

조성윤 史記의 感生神話 受容과 意義, 고려대 대학원 석사 논문, 2014

조성천·조득창 李白 <贈>詩 譯解(2)-제6수에서 제10수까지, 『中國語文論叢』, 第69輯, 서울, 中國語文硏究會, 2015年 6月

趙成千·趙得昌 李白 「贈」 詩 譯解(3): 제11수에서 제16수까지, 『中國文化硏究』, 第29輯, 서울, 中國文化硏究學會, 2015年 8月

조성천·서 성 李白 전집의 판본 소개, 『中國語文論叢』, 第71輯, 서울, 中國語文硏究會, 2015年 10月

조성천·서 성 『삼국연의』 속의 협상 전략, 『中國文化硏究』, 第30輯, 서울, 中國文化硏究學會, 2015年 11月

조세현 중국해양사를 바라보는 또 다른 시각-대만학계의 연구성과를 중심으로, 『中國學』, 第53輯, 부산, 大韓中國學會, 2015年 12月

趙麗娟·姜 燕 『詩經』『論語』『孟子』『呂氏春秋』中副詞“相”詞義再分析, 『中國語文學論集』, 第95號, 서울, 中國語文學硏究會,

	2015年 12月
조영경	重慶 시기 氷心의 여성관-『關於女人』과 문예항전활동을 중심으로, 『中國語文論叢』, 第67輯, 서울, 中國語文研究會, 2015年 2月
조영란	石刻 文獻에 대한 論考-乾嘉 시기를 중심으로, 『中國語文論叢』, 第70輯, 서울, 中國語文研究會, 2015年 8月
조영주	한국 제재 중국 근대소설에 대한 고찰 : 『朝鮮通史(亡國影)』, 『英雄淚』, 『朝鮮亡國演義』를 중심으로, 전남대 대학원 석사 논문, 2014
조영현	『許三觀賣血記』와 『許三觀』의 文化飜譯, 『中國文學研究』, 第60輯, 서울, 韓國中文學會, 2015年 8月
조우레이	韓國高中漢語教材『中國語Ⅰ』考察分析, 강원대 대학원 석사 논문, 2014
趙源一·朴福在	揚雄의 修養論 思想 研究, 『中國學論叢』, 第45輯, 大田, 韓國中國文化學會, 2015年 3月
趙源一	주나라 시기의 종교적 특징에 관한 연구, 『中國學論叢』, 第46輯, 大田, 韓國中國文化學會, 2015年 6月
조원일	陸賈의 逆取順守 觀念에 대한 研究, 『中國學論叢』, 第48輯, 大田, 韓國中國文化學會, 2015年 12月
趙殷尙	李華와 그의 제자들 : 학맥형성과정과 문학적 성향 및 특징을 중심으로, 『中國語文論譯叢刊』, 第37, 서울, 中國語文論譯學會, 2015年 7月
조은아	상호문화적인 접근방법을 통한 한중문화 대화문 지도 방안 : 외국어계열 고등학생을 대상으로, 이화여대 교육대학

원 석사 논문, 2014

曺銀晶 문자언어학적 각도에서 살펴본『老子』판본의 선후 관계,『中語中文學』, 第60輯, 서울, 韓國中語中文學會, 2015年 4月

조은정 고대중국어 어순 연구 현황,『中國文學研究』, 第59輯, 서울, 韓國中文學會, 2015年 5月

조은정 홍콩의 지하철역과 주요 거리 이름으로 살펴본 香港政府粤語拼音의 표기방법과 문제점,『中國語文論叢』, 第69輯, 서울, 中國語文研究會, 2015年 6月

조은정 한어방언 어휘에 나타난 "番", "紅毛", "荷蘭"에 관한 소고,『中國言語研究』, 第60輯, 서울, 韓國中國言語學會, 2015年 10月

조은정 선진시기 여성의 호칭법 고찰-『左傳』과 西周 金文 비교를 중심으로,『中國語文論叢』, 第71輯, 서울, 中國語文研究會, 2015年 10月

조정래 中國『二十四孝』와 『三綱行實圖』에 나타난 孝 관련 도상서사 연구,『中國文化研究』, 第28輯, 서울, 中國文化研究學會, 2015年 5月

조치성 『임진록』·『유충렬전』과『삼국지연의』의 창작방법 비교 연구, 가천대 대학원 석사 논문, 2014

趙恒瑾 周作人의 개인주의 고찰,『中國語文學論集』, 第91號, 서울, 中國語文學研究會, 2015年 4月

조항근 저우쭤런의 자아의식의 딜레마,『中國語文論叢』, 第70輯, 서울, 中國語文研究會, 2015年 8月

趙賢淑 중국 무역기술장벽의 문제점과 개선방안『中國學論叢』,

	第45輯, 大田, 韓國中國文化學會, 2015年 3月
曺惠英	現實主義冲擊波思潮硏究, 『中國文化硏究』, 第27輯, 서울, 中國文化硏究學會, 2015年 2月
趙洪偉	샤오훙(蕭紅) 후기 작품의 정신적 고향 서사, 고려대 대학원 석사 논문, 2014
조효뢰	한·중 분류사의 대조 연구, 한양대 대학원 석사 논문, 2014
조휘만	『論語·學而』"信近于義"章 新解, 『中國語文學志』, 第53輯, 서울, 中國語文學會, 2015年 12月
曺喜武	한어유행어를 통해 본 중국 사회 변화 : 2006년에서 2010년 유행어를 중심으로, 『中國語文學論集』, 第90號, 서울, 中國語文學硏究會, 2015年 2月
鍾　昊	唐代長流補闕, 『中國學報』, 第72輯, 서울, 韓國中國學會, 2015年 5月
鐘書林·박운석	陶淵明作品中的小說元素硏究, 『韓中言語文化硏究』, 第37輯, 서울, 韓國現代中國硏究會, 2015年 2月
종서림·박운석	陶淵明作品與小說敍事之關系硏究, 『韓中言語文化硏究』, 第38輯, 서울, 韓國現代中國硏究會, 2015年 6月
鐘英華	第二語言習得內部言語技能特征系統與系統平衡, 『中國語文論譯叢刊』, 第36輯, 서울, 中國語文論譯學會, 2015年 1月
左維剛·吳淳邦	陳春生『五更鐘』的基督敎視角解讀, 『中國語文論譯叢刊』, 第37輯, 서울, 中國語文論譯學會, 2015年 7月
주　군	한국어 '오르다', '내리다'와 중국어 '升', '降'의 의미와 용법

대조 연구, 한성대 대학원 석사 논문, 2014

주 릉 '五四'啓蒙精神的承傳與對精英化寫作姿態的反叛 : 趙樹理小說比較研究探析, 『韓中言語文化硏究』, 第38輯, 서울, 韓國現代中國硏究會, 2015年 6月

朱 凌 鄕村生態的文化理想寫意 : '邊地'與'商州'的詩意書寫與現實寫意, 『韓中言語文化硏究』, 第39輯, 서울, 韓國現代中國硏究會, 2015年 10月

주 욱 중국 경극 검보를 활용한 패션문화상품 디자인개발-중국의 사대기서를 중심으로, 충북대 대학원, 석사논문, 2014

朱剛焄·朴應晳 비판적 담화분석의 새 지평 : 비판적 은유 분석-환구시보의 북핵 관련 사설을 중심으로, 『中國學論叢』, 第45輯, 大田, 韓國中國文化學會, 2015年 3月

주기평 杜甫 示兒詩 硏究-두보 자식교육의 내용과 방법을 중심으로, 『中國文學』, 第82輯, 서울, 韓國中國語文學會, 2015年 2月

주기평 陸游詩詞比較硏究, 『中國文學』, 第84輯, 서울, 韓國中國語文學會, 2015年 8月

주기평 당송 시아시(示兒詩)에 나타난 중국시인들의 자식교육, 『中國語文學』, 第70輯, 대구, 嶺南中國語文學會, 2015年 12月

주기하 "V+得/不+開"中補語"開"的語義功能硏究, 『中國語文論譯叢刊』, 第37輯, 서울, 中國語文論譯學會, 2015年 7月

주기하 副詞'反正'的詞彙化及語義功能硏究, 『中國學報』, 第74輯, 서울, 韓國中國學會, 2015年 11月

주민욱 한중(韓中)간 체면에 대한 인식이 개인의 의견표명 행위

	에 미치는 영향, 『中國學』, 第53輯, 부산, 大韓中國學會, 2015年 12月
朱淑霞	亡國的想象, 『中國語文論譯叢刊』, 第37輯, 서울, 中國語文論譯學會, 2015年 7月
주업홍	新 HSK 사자성어 연구, 원광대 교육대학원 석사 논문, 2014
주운남	루쉰과 채만식의 단편소설에 나타난 풍자성 비교 연구, 전남대 대학원 석사 논문, 2014
주유강	한중일 피동문의 대조연구, 한남대 대학원 석사 논문, 2014
주일만	한·중 세시풍속 관련 언어 표현 비교 연구 : 명절 관련 언어 표현을 중심으로, 조선대 대학원 석사 논문, 2014
지성녀	初刊本『分類杜工部詩諺解』에 쓰인 漢字語의 意味 研究, 호서대 대학원 박사 논문, 2014
지세화	元好問의 杜甫 詩 借用 현상 고찰, 『中國學研究』, 第74輯, 서울, 中國學研究會, 2015年 11月
진 성	한국어 분류사와 중국어 양사의 대조 연구, 영남대 대학원 석사 논문, 2014
진 신	강경애와 소홍의 소설 비교 연구-주제의식을 중심으로, 강릉원주대 대학원 석사 논문, 2014
진 정	한국어와 태주방언(台州方言)의 대조 연구, 동국대 대학원 석사 논문, 2014
秦光豪	從"昏"聲과 同源字 探索, 『中國學』, 第52輯, 부산, 大韓中國學會, 2015年 9月

陳國球 · 고혜림 역	『홍콩문학대계 1919-1949』 서문, 『中國現代文學』, 第72號, 서울, 韓國中國現代文學學會, 2015年 3月
진려하	한국어 보조용언 구성 '-고 있다', '-어 있다'와 중국어 대응 양상 연구, 경희대 대학원 석사 논문, 2014
진명호	戴震의 고증학 사상과 문학해석의 관계 연구, 『中語中文學』, 第61輯, 서울, 韓國中語中文學會, 2015年 8月
진미령	한 · 중 복수 표지 '들'과 '們'에 대한 대조 연구, 경희대 대학원 석사 논문, 2014
진성국	『春香傳』과 「杜十娘怒沈百寶箱」 비교연구, 강남대 대학원 석사 논문, 2014
陳性希	중국문학의 자국화 방식에 대한 일고찰 : 소설 『허삼관 매혈기』와 영화 『허삼관』을 중심으로, 『中國小說論叢』, 第45輯, 서울, 韓國中國小說學會, 2015年 4月
진성희	타자화 된 중국에 관한 일고찰 : 영화 『M. Butterfly』와 연극 『M. Butterfly』를 중심으로, 『中國小說論叢』, 第46輯, 서울, 韓國中國小說學會, 2015年 8月
진언여	중국어의 일본어차용어에 대한 연구 : 20세기 후기의 일본어차용어를 중심으로, 중앙대 대학원 석사 논문, 2014
진역령	『尙書』東傳與韓中史料中的硏究課題, 『韓中言語文化硏究』, 第37輯, 서울, 韓國現代中國硏究會, 2015年 2月
진우파	韓國 프로戱曲과 中國 左翼戱劇의 比較硏究, 한양대 대학원 박사 논문, 2014
진윤영 · 박홍수	신생 준접사의 생성원인 및 조어 특징, 『中國學報』, 第73輯, 서울, 韓國中國學會, 2015年 8月

차미경	청대 관우 숭배 현상과 경극 관우극의 발전,『中國文化研究』, 第27輯, 서울, 中國文化研究學會, 2015年 2月
차미경	장사전(蔣士銓)의 희곡 평가에 대한 고찰 :『사현추(四絃秋)』를 중심으로,『中國文化研究』, 第29輯, 서울, 中國文化研究學會, 2015年 8月
차익종	東國正韻式 漢字音 研究, 서울대 대학원 박사 논문, 2014
차태근	신문학 운동과 현대문학의 역설,『中國語文論叢』, 第68輯, 서울, 中國語文研究會, 2015年 4月
차현영	고등학교 중국어 학습주제별 워크북 개발 및 효과적인 활용방안, 공주대 교육대학원 석사 논문, 2014
창 나	特殊結構"V上＋數量"研究,『中國語文學』, 第69輯, 대구, 嶺南中國語文學會, 2015年 8月
채심연	賈島와 張籍의 交游詩 연구,『中國學研究』, 第74輯, 서울, 中國學研究會, 2015年 11月
채심연	재중한국학교의 중국어교육 현황에 대한 고찰,『中國語教育과 研究』, 第22號, 서울, 韓國中國語教育學會, 2015年 12月
채춘옥	한중 대조를 통한 완곡 표현 연구, 서울대 대학원 박사 논문, 2014
蔡春玉	언어의 금기와 언어 변이에 관하여-중국어와 한국어를 중심으로,『中國學論叢』, 第46輯, 大田, 韓國中國文化學會, 2015年 6月
채춘옥	한·중 언어에서 요청 화행과 거절 화행의 대조연구,『中語中文學』, 第62輯, 서울, 韓國中語中文學會, 2015年 12月

처우메이린	한국어와 중국어의 음운대조와 발음교육 방안, 동신대 대학원 석사 논문, 2014
천대진 · 정헌철	'三言'에 나타난 王安石의 形象,『中國學』, 第50輯, 부산, 大韓中國學會, 2015年 3月
천춘화	한국 근대소설에 나타난 만주 공간 연구, 서울대 대학원 박사 논문, 2014
천포웨이	한 · 중 신체 어휘 관용어 비교 연구 : 머리 部分을 중심으로, 전남대 대학원 석사 논문, 2014
천현경	루오웨이짱(羅偉章)의 소설을 통해본 農民工의 자아정체성",『中國文學研究』, 第60輯, 서울, 韓國中文學會, 2015年 8月
초대평	論孫悟空外在形象的形成歟發展-以"銅頭鐵額"與"火眼金睛"爲例,『中國語文學』, 第68輯, 대구, 嶺南中國語文學會, 2015年 4月
초대평	『金鰲新話』引『詩經』研究,『中國語文論叢』, 第68輯, 서울, 中國語文研究會, 2015年 4月
肖大平	論孫悟空性格的來源,『中語中文學』, 第61輯, 서울, 韓國中語中文學會, 2015年 8月
초대평	孫悟空"大鬧天宮"故事素材來源新說,『中國語文論叢』, 第72輯, 서울, 中國語文研究會, 2015年 12月
초육매	南北朝時期"顏色"語義場詞彙考察,『中國文學研究』, 第58輯, 서울, 韓國中文學會, 2015年 2月
초육매	泛指性量詞"枚"的歷時演變研究,『中國語文學志』, 第51輯, 서울, 中國語文學會, 2015年 6月

焦毓梅 上古至中古時期“與”和“給”的歷時競爭與共時分佈, 『中國文學研究』, 第60輯, 서울, 韓國中文學會, 2015年 8月

초팽염 “1”에 대한 범언어적 분석, 『中國言語研究』, 第58輯, 서울, 韓國中國言語學會, 2015年 6月

焦彭琰 “只好”的語義、語用特征分析, 『中語中文學』, 第62輯, 서울, 韓國中語中文學會, 2015年 12月

최경일 연변 지역의 한자어 접사 연구, 충북대 대학원 박사 논문, 2014

최규발 · 신경미 현대중국어 “這”와 “這個”에 대한 小考, 『中國語文論叢』, 第69輯, 서울, 中國語文研究會, 2015年 6月

최규발 · 홍소영 현대중국어 “全”과 “都”의 의미기능 비교, 『中國語文論叢』, 第70輯, 서울, 中國語文研究會, 2015年 8月

崔南圭 『禮記 · 緇衣』 중 인용된 “尹誥” 구절에 대한 고찰, 『中國人文科學』, 第59輯, 광주, 中國人文學會, 2015年 4月

崔南圭 『甲骨文虛詞詞典』 중 ‘用’과 ‘以’자의 虛詞 용법 분석에 대한 고찰, 『中國人文科學』, 第60輯, 광주, 中國人文學會, 2015年 8月

최도형 朱子의 教育思想에 관한 考察, 공주대 교육대학원 석사 논문, 2014

崔東杓 ‘簡易俗成化’ 조자방식의 合體 簡化字에 대한 성운학적 고찰, 『中國語文學論集』, 第95號, 서울, 中國語文學研究會, 2015年 12月

崔明淑 中國 少數民族 音樂의 流行化 문화현상 연구 : 90년대 이후 티베트 전통음악과 현대음악의 結合을 중심으로, 『中

語中文學』, 第60輯, 서울, 韓國中語中文學會, 2015年 4月

최명숙 · 류 연　中國現代女性成長中的創傷與救贖-論王安憶『桃之夭夭』中的女性形象, 『中國語文論叢』, 第68輯, 서울, 中國語文研究會, 2015年 4月

최미라　『詩經』의 人間性 回復 論理 研究, 성균관대 대학원 박사 논문, 2014

최미화　개편 한국어능력시험과 신 한어수평고시의 비교 분석, 상명대 교육대학원 석사 논문, 2014

최민석　만주문자 인식을 위한 특징추출에 관한 연구, 한밭대 정보통신전문대학원 석사 논문, 2014

崔炳圭　『浮生六記』 속의 情에 관한 고찰, 『中國語文論譯叢刊』, 第36輯, 서울, 中國語文論譯學會, 2015年 1月

최병규　『赫大卿이 원앙 띠를 남기고 죽다(赫大卿遺恨鴛鴦條)』를 통해서 본 三言 愛慾小說의 欲情觀, 『中國小說論叢』, 第47輯, 서울, 韓國中國小說學會, 2015年 12月

최병학　중국어 집중교육 프로그램 설계방안 연구, 『中國語文論叢』, 第67輯, 서울, 中國語文研究會, 2015年 2月

최석규 · 최정석　중국에 진출한 한국기업의 기업문화가 조직몰입, 직무만족에 미치는 영향, 『中國學論叢』, 第47輯, 大田, 韓國中國文化學會, 2015年 9月

최석원　杜詩 해석 그 날조의 역사-僞蘇注를 중심으로, 『中國文學』, 第82輯, 서울, 韓國中國語文學會, 2015年 2月

최석원 · 김보경　北宋 蘇軾의 삼국 역사관 고찰, 『中語中文學』, 第62輯, 서울, 韓國中語中文學會, 2015年 12月

최선희　　현대중국어 A里AB식의 기원에 대한 연구, 한국방송통신대 대학원 석사 논문, 2014

최성은　　“動詞/形容詞+(了/得)+程度副詞+形容詞” 형식 연구-정도부사 “很”, “太”를 중심으로, 『中國學報』, 第72輯, 서울, 韓國中國學會, 2015年 5月

崔世崙　　『聖賢高士傳贊』에 나타난 嵇康의 人物論과 가치 고찰, 『中國語文學論集』, 第95號, 서울, 中國語文學研究會, 2015年 12月

崔琇景　　明代 後期 상업출판물 속의 ‘物’ : ‘爭奇’ 시리즈를 중심으로, 『中語中文學』, 第60輯, 서울, 韓國中語中文學會, 2015年 4月

최수경　　明代 後期 출판을 통한 지리학적 지식의 전파와 그 의미-福建版 日用類書의 『地輿門』을 중심으로, 『中國語文論叢』, 第69輯, 서울, 中國語文研究會, 2015年 6月

최수경　　明代 지식인들의 글쓰기에 나타난 蠻夷담론 : 『君子堂日詢手鏡』과 『炎徼紀聞』을 중심으로, 『中語中文學』, 第62輯, 서울, 韓國中語中文學會, 2015年 12月

최승현 · 김홍화　　한국의 明遺民과 중국의 朴家村 : 明末淸初 한중 교차 이민에 관한 연구, 『中國人文科學』, 第60輯, 광주, 中國人文學會, 2015年 8月

최우석　　李白 ＜古風＞ 59首의 창작상의 “繼承”과 “創新”, 『中國語文論叢』, 第71輯, 서울, 中國語文研究會, 2015年 10月

최원혁 · 조득창 · 김덕삼　　캠벨의 신화 이론으로 분석한 중국의 경극 : 경극 「패왕별희」를 중심으로, 『中國文化研究』, 第30輯, 서

울, 中國文化硏究學會, 2015年 11月

최유섭 · 김창경　중국 도시체계의 종주성과 지향성 연구, 『中國學』, 第50輯, 부산, 大韓中國學會, 2015年 3月

崔允禎　한 · 일 · 중 세 언어의 대체표현에 대한 연구, 한국외대 대학원 박사 논문, 2014

최은경　중국의 2000년대 이래 조세개혁에 관한 정치학적 연구, 『中國學硏究』, 第74輯, 서울, 中國學硏究會, 2015年 11月

최은정　1990년대 중국여성서사에 나타난 "어머니" 담론의 일면-陳染의 〈一只耳朶的敲擊聲〉, 徐小斌 〈天籟〉를 중심으로, 『中國語文學』, 第68輯, 대구, 嶺南中國語文學會, 2015年 4月

최은진　언론매체를 통해 형성된 공자학원Confucius Institutes 이미지와 중국의 소프트 파워 확산, 『中國學硏究』, 第72輯, 서울, 中國學硏究會, 2015年 6月

최의현 · 팽　주 · 박수열　중국 그림자은행의 중소기업 대출에 관한 연구, 『中國學硏究』, 第74輯, 서울, 中國學硏究會, 2015年 11月

최재영　중고 중국어 시기 의무양상 조동사의 부정형식 고찰, 『中國學硏究』, 第71輯, 서울, 中國學硏究會, 2015年 3月

최재영 · 안연진　元明 시기 "강의무" 양상 조동사의 부정형식 고찰, 『中國言語硏究』, 第59輯, 서울, 韓國中國言語學會, 2015年 8月

최재영 · 장　빈　朝鮮時代漢語教科書中的否定詞考察-以已然性否定詞"無/無有, 沒/沒有, 不曾, 未/未曾/未有"爲例, 『中國言語硏究』, 第60輯, 서울, 韓國中國言語學會, 2015年 10月

최재용　중국의 청소년소설들 : 『삼중문』과 『모텔의 도시』 비교연구, 『中國現代文學』, 第74號, 서울, 韓國中國現代文學

	學會, 2015年 9月
최재준	甲骨卜辭를 통한 商代 醫療文化 硏究, 연세대 대학원 박사 논문, 2014
崔在濬	商代 氣候에 관한 小考, 『中國語文學論集』, 第91號, 서울, 中國語文學硏究會, 2015年 4月
최정석 · 최석규	중국에 진출한 한국기업의 기업문화가 조직몰입, 직무만족에 미치는 영향, 『中國學論叢』, 第47輯, 大田, 韓國中國文化學會, 2015年 9月
崔正燮	페놀로사, 『詩의 매체로서의 漢字』 譯註, 『中國語文學論集』, 第92號, 서울, 中國語文學硏究會, 2015年 6月
崔正燮	「중국어: 그 고대성, 광범한 사용, 그리고 방언들. 그 성격과 가치. 유럽인들이 중국어에 보낸 주목. 그리고 현재 중국어 연구시(時)의 참고서와 유인(誘因)」 역주(譯註), 『中國語文論譯叢刊』, 第37輯, 서울, 中國語文論譯學會, 2015年 7月
최지영	장르 분석적 방법을 이용한 중국어 자기소개서 표현 양상 연구, 『中國學報』, 第72輯, 서울, 韓國中國學會, 2015年 5月
崔鎭淑	宋代 姜夔 詞의 음악적 특성 분석 : 自度曲을 중심으로, 『中國語文學論集』, 第90號, 서울, 中國語文學硏究會, 2015年 2月
崔眞娥	오늘의 중국과 大唐帝國의 소환 : 현대 영상물, 서사, 지역학에서의 大唐帝國과 그 의미지향, 『中國小說論叢』, 第45輯, 서울, 韓國中國小說學會, 2015年 4月
최진아	당악정재(唐樂呈才)에 투영된 중국고전서사의 문화적 변

용,『中國語文學志』, 第53輯, 서울, 中國語文學會, 2015年 12月

최진이 현대 중국어 이음절 "떠나다"류 동사와 기점 논항의 결합 양상 고찰,『中國言語研究』, 第60輯, 서울, 韓國中國言語學會, 2015年 10月

崔昌源 · 付希亮 簡論中國五帝時代研究的史料選擇,『中國學研究』, 第71輯, 서울, 中國學研究會, 2015年 3月

최창원 · Fu Xiliang (A)Comprehensive Analysis of the Research of Chinese Five Emperors Era from the Perspective of Its Systematic Historical Literature,『韓中言語文化研究』, 第38輯, 서울, 韓國現代中國研究會, 2015年 6月

최청화 한국어 관형사와 중국어 區別詞 대조 연구, 서울시립대 대학원 석사 논문, 2014

최태화 19세기 일본 근세소설 속에 등장하는 실존 상인들의 묘사 : KBS드라마 "프로듀사"와의 비교를 중심으로,『中國小說論叢』, 第46輯, 서울, 韓國中國小說學會, 2015年 8月

최태훈 한중 자기소개서 쓰기 활동에 관한 실행 연구,『中國言語研究』, 第60輯, 서울, 韓國中國言語學會, 2015年 10月

최현미 인지문법의 관점으로 살펴본 한국학생 양태동사 누락 오류 양상과 교육적 제언,『中國言語研究』, 第60輯, 서울, 韓國中國言語學會, 2015年 10月

최형권 장뤼(張律) 영화 속에 재현된 디아스포라(Diaspora) 연구, 한국외대 대학원 석사 논문, 2014

최형섭 먀오족의 국가급 무형문화유산과 활용 실태,『中國小說論

	叢』, 第46輯, 서울, 韓國中國小說學會, 2015年 8月
최형욱	량치차오의 「日本併呑朝鮮記」 연구, 『中國文化研究』, 第28輯, 서울, 中國文化研究學會, 2015年 5月
최화영	清 中期 廣東商人의 對外交易活動과 總商制度, 부산대 교육대학원 석사 논문, 2014
추성은	현대 화류문화(華流文化)의 발전현황 연구, 동국대 대학원 석사 논문, 2014
추천천	소설 『1Q84』에 나타난 한 · 중 · 일 1 · 2인칭 비교 연구 : 「4월에서 6월까지」를 중심으로, 부산외대 대학원 석사 논문, 2014
出野文莉	"文"字的民俗學方面字源考-白川靜釋文的再探討, 『中國學』, 第52輯, 부산, 大韓中國學會, 2015年 9月
친쉬야오 · 박상수	중국 예비 "창커(創客)"의 개인적 특성과 창업환경 특성이 창업의지에 미치는 영향에 관한 연구, 『中國學研究』, 第73輯, 서울, 中國學研究會, 2015年 8月
쿤 돤	6세대 지아장커 영화의 중국영화사적 의의 : 고향 삼부작을 중심으로, 부산대 대학원 석사 논문, 2014
湯 洪 · 吳恩叔	『論語』에 나타난 '學'과 '習'의 의미에 관한 고찰, 『中國語文學論集』, 第92號, 서울, 中國語文學研究會, 2015年 6月
판린옌	韓 · 中 否定文의 對照 研究, 중앙대 대학원 석사 논문, 2014
팽 정	『正音新纂』韻母系統考, 『中國語文學志』, 第50輯, 서울, 中國語文學會, 2015年 4月
팽 정	阮大鋮戲曲用韻考, 『中國文學研究』, 第59輯, 서울, 韓國

中文學會, 2015年 5月

彭 靜 · 金原希 漢語高級水平韓國學生使用"能"與"會"的偏誤分析 : 基于HSK動態作文語料庫,『中國文學研究』, 第60輯, 서울, 韓國中文學會, 2015年 8月

팽 주 · 최의현 · 박수열 중국 그림자은행의 중소기업 대출에 관한 연구,『中國學硏究』, 第74輯, 서울, 中國學硏究會, 2015年 11月

팽한예 莫言 소설『蛙』의 한국어본 어휘 번역 양상 연구, 영남대 대학원 석사 논문, 2014

펑 시 한국어 · 중국어 감탄 표현의 대비 연구, 단국대 대학원 석사 논문, 2014

펑 일 한국어 신체어휘 관용표현에 대한 중국어 대응표현 대조연구, 호남대 대학원 석사 논문, 2014

풍몽림 한 · 중 문장성분의 대조연구, 경희대 대학원 석사 논문, 2014

풍아려 한국어와 중국어 상에 대한 대조연구 : 시간부사를 중심으로, 서울시립대 대학원 석사 논문, 2014

피경훈 '문화대혁명'의 '종결'을 어떻게 재사유할 것인가?,『中國現代文學』, 第73號, 서울, 韓國中國現代文學學會, 2015年 6月

피경훈 '다른 삶은 가능한가?' : 2015 맑스 코뮤날레 참관기,『中國現代文學』, 第74號, 서울, 韓國中國現代文學學會, 2015年 9月

河炅心 문혁기 여성을 읽는 다양한 시선 : 5편의 중국영화를 중심으로,『中國語文學論集』, 第91號, 서울, 中國語文學硏究

	會, 2015年 4月
하세봉	전시와 담론 사이의 로컬리티: 홍콩역사박물관 상설전의 경우, 『中國學報』, 第71輯, 서울, 韓國中國學會, 2015年 2月
하주연 · 김준연	宋詞에 보이는 "물" 이미지 연구-"비", "강물", "눈물" 이미지를 중심으로, 『中國學報』, 第71輯, 서울, 韓國中國學會, 2015年 2月
하지영	18세기 秦漢古文論의 전개와 실현 양상, 이화여대 대학원 박사 논문, 2014
하천륜	중국인 초급 학습자를 위한 한 · 중 부정 표현 대비연구 : '안' '못' '不' '沒(有)' 중심으로, 경희대 대학원 석사 논문, 2014
夏曉雨 · 韓容洙	韓國語程度副詞'너무'和漢語'太'的比較, 『中國人文科學』, 第59輯, 광주, 中國人文學會, 2015年 4月
한 담	육문부의 소설 창작세계와 특징연구, 전남대 대학원 석사 논문, 2014
한 령	글로컬 시대 중국 문화코드와 국가브랜딩의 상관성에 관한 연구, 한국외대 대학원 박사 논문, 2014
韓 丞	對"掏出"類動詞曆時演變情況的探討-"掏"對"取"的替換過程、"取"曆時上地位、雙音模式爲主考察, 『中國學報』, 第71輯, 서울, 韓國中國學會, 2015年 2月
한 승	"除去"類 손동작 동사 音節의 歷史的 變化 : "털다"와 "닦다"類 동사 위주로, 『中國文學硏究』, 第58輯, 서울, 韓國中文學會, 2015年 2月
한 승	"擦抹"義動詞的歷時演變, 『中國語文學』, 第68輯, 대구,

嶺南中國語文學會, 2015年 4月

한 승　　중국어 "놓다" 류(類) 동사의 역사적 변천과정-어휘, 어법의 변천과정 및 쌍음화 과정을 중심으로, 『中國言語研究』, 第60輯, 서울, 韓國中國言語學會, 2015年 10月

한경숙　　현대중국어 虛詞 '的' 상(aspect) 자질 중한 대조 분석, 『中國學』, 第51輯, 부산, 大韓中國學會, 2015年 6月

한경호　　중국어 使動의 兼語動詞 '教(叫)'字句와 吏讀의 '教(-是)'의 비교연구, 『中國文學研究』, 第58輯, 서울, 韓國中文學會, 2015年 2月

한경호　　上古音 *s[+nasal]-式 音節初 子音群(Initial Cluster): 戰國~西漢時代의 楚地 출토문헌 위주로, 『中語中文學』, 第60輯, 서울, 韓國中語中文學會, 2015年 4月

한경호　　『迎日冷水里碑』의 중국어 역사문법적인 검토, 『中國文學研究』, 第61輯, 서울, 韓國中文學會, 2015年 11月

韓炅潞　　중세한국한사음 내의 '更 · 暴'의 복수한자음과 그 의미상 관계에 대하여, 『中語中文學』, 第62輯, 서울, 韓國中語中文學會, 2015年 12月

한가준　　婁底方言聲母系統研究, 영남대 대학원 석사 논문, 2014

한서영　　중국어 차용어 분류에 대한 운율형태론적 접근, 『中國文學』, 第83輯, 서울, 韓國中國語文學會, 2015年 5月

韓松濤 · 石 堅　　論漢韓身体詞的詞義擴展, 『中語中文學』, 第60輯, 서울, 韓國中語中文學會, 2015年 4月

韓松濤 · 성윤숙　　論漢韓身体詞的跨域認知, 『中國語文論譯叢刊』, 第37輯, 서울, 中國語文論譯學會, 2015年 7月

한수연	成語 童話를 활용한 초등학생 중국어 교육방안 : 역할극을 중심으로, 숙명여대 교육대학원 석사 논문, 2014
한승아	漢字部首 214자 辨析의 차이점에 관하여, 고려대 교육대학원 석사 논문, 2014
한아영	중학교 중국어 게임 영역 분석 및 모형 개발, 경기대 교육대학원 석사 논문, 2014
韓容洙・夏曉雨	韓國語程度副詞'너무'和漢語'太'的比較,『中國人文科學』, 第59輯, 광주, 中國人文學會, 2015年 4月
한용수・김연지	현대 중국어 이음절 반의복합어 연구,『中國學硏究』, 第73輯, 서울, 中國學硏究會, 2015年 8月
韓容洙・朴花艶	淺析漢韓'給予'類'動詞价質的相似性,『中國文化硏究』, 第30輯, 서울, 中國文化硏究學會, 2015年 11月
韓容洙・劉俊芳	中韓標點符號對比,『中國學硏究』, 第74輯, 서울, 中國學硏究會, 2015年 11月
한용수・이명아	한국 대학생의 중국, 일본 국가 이미지에 대한 자유연상 어휘 연구-수도권 대학생의 설문조사를 중심으로,『中國人文科學』, 第61輯, 광주, 中國人文學會, 2015年 12月
韓在均	淺談韓中兩國人在交際文化中的表現差異, 『中國語文論譯叢刊』, 第37輯, 서울, 中國語文論譯學會, 2015年 7月
韓在均	針對韓國學生的幾種漢語普通話語音教學策略, 『中國人文科學』, 第60輯, 광주, 中國人文學會, 2015年 8月
韓在均・鄭彦野	大學漢語中高級口語課的任務型測試,『中國語 教育과 硏究』, 第22號, 서울, 韓國中國語教育學會, 2015年 12月
한정우	한국어와 중국어의 두루 높임 호칭어 비교 연구, 대구대

대학원 석사 논문, 2014

한지연　以"文學"爲職志, 爲"文學"爭辯-以胡適『中國新文學大系·建設理論集』導言爲切入點, 『中國學報』, 第74輯, 서울, 韓國中國學會, 2015年 11月

韓憲鎭·李黔萍　熟語在對韓漢語教學中的偏誤分析研究, 『中國語文學論集』, 第90號, 서울, 中國語文學研究會, 2015年 2月

한홍화　일제말기 소설에 나타난 만주 인식 연구-만주 여행 작가들의 소설을 중심으로, 아주대 대학원 박사 논문, 2014

한희정·정유선　QR코드를 활용한 중국어교육 방안 연구 : 말하기 수업 지도 방안을 중심으로, 『中國文學研究』, 第61輯, 서울, 韓國中文學會, 2015年 11月

한희창　공학계열과 인문사회계열 학습자의 초급중국어 학습 실태 비교, 『中國言語研究』, 第57輯, 서울, 韓國中國言語學會, 2015年 4月

咸恩仙　話本小說展現的宋代東京城市形象研究, 『中國學報』, 第71輯, 서울, 韓國中國學會, 2015年 2月

함은선　"三言二拍"中刻畫的敎書先生形象, 『中國學報』, 第74輯, 서울, 韓國中國學會, 2015年 11月

허　옌　중국영화 『붉은 수수밭』의 번역양상에 관한 연구, 동양대 대학원 석사 논문, 2014

허윤정　財神寶卷의 양상과 그 사회적 의미 : 清末民初 江南의 寶卷을 중심으로, 『中語中文學』, 第61輯, 서울, 韓國中語中文學會, 2015年 8月

현성준　한 · 중 부정형식 사자성어 비교 연구, 『中國文化研究』,

	第28輯, 서울, 中國文化硏究學會, 2015年 5月
호 설	글로벌 시각하의 중국대외한어교육의 의의 탐색과 건의, 계명대 대학원 박사 논문, 2014
호 천	판소리 『적벽가』와 경극 『적벽오병』의 인물연구, 경상대 대학원 박사 논문, 2014
胡文嘉・鄭林嘯	從知庄章的演變看馬禮遜『五車韻府』的音系性質, 『中語中文學』, 第61輯, 서울, 韓國中語中文學會, 2015年 8月
胡瑞美	互聯網時代的誦讀模式探究, 『中國人文科學』, 第59輯, 광주, 中國人文學會, 2015年 4月
胡再影・金昌慶	中國人名的文化內涵及命名趨勢, 『中國學』, 第51輯, 부산, 大韓中國學會, 2015年 6月
홍 굉	從探索到轉型: 論中國第五代導演的電影觀念, 『中國語文學』, 第68輯, 대구, 嶺南中國語文學會, 2015年 4月
洪 宏	『上海屋檐下』之創作新論, 『中語中文學』, 第60輯, 서울, 韓國中語中文學會, 2015年 4月
洪京我	중국어 동시성 전자담화 텍스트의 특징 고찰, 『中國語文學論集』, 第92號, 서울, 中國語文學硏究會, 2015年 6月
홍서연	『人間詞話』 내 이론비평과 실제비평의 상관성 검토-비평대상, 비평기준, 비평기준 적용양상의 일관성을 중심으로, 『中國語文論叢』, 第67輯, 서울, 中國語文硏究會, 2015年 2月
홍석표	예로센코, 魯迅, 周作人의 세계주의적 경향과 동아시아 지식인의 사상적 공명, 『中國語文學志』, 第53輯, 서울, 中國語文學會, 2015年 12月
홍석표	'譯述'의 번역관습과 근대적 번역관습의 충돌 : 1930년대

초 梁白華의「阿Q正傳」번역과 그에 대한 반응,『中國現代文學』, 第75號, 서울, 韓國中國現代文學學會, 2015年 12月

홍소영　현대중국어 전칭양화사 都의 의미기능 연구, 고려대 대학원 석사 논문, 2014

홍소영 · 최규발　현대중국어 "全"과 "都"의 의미기능 비교,『中國語文論叢』, 第70輯, 서울, 中國語文硏究會, 2015年 8月

홍승직　육지(陸贄)가 작성한 사면 관련 문서 :『봉천 개원 대사면령(奉天改元大赦制)』을 중심으로,『中國文學硏究』, 第60輯, 서울, 韓國中文學會, 2015年 8月

홍연옥　현대 중국어 유의어 '愿意'와 '希望'의 비교분석,『中國文學』, 第83輯, 서울, 韓國中國語文學會, 2015年 5月

홍윤기　『三國演義』에 나오는 弓弩 戰術에 관하여,『中國語文論叢』, 第67輯, 서울, 中國語文硏究會, 2015年 2月

홍윤기　『南史 · 東昏侯本紀』에 대한 주석과 번역 1-劉勰『文心雕龍』저작 시기 통치자의 전기,『中國語文論叢』, 第69輯, 서울, 中國語文硏究會, 2015年 6月

홍윤기　『南史 · 東昏侯本紀』에 대한 주석과 번역(2)-劉勰『文心雕龍』저작 시기 통치자의 전기,『中國語文論叢』, 第70輯, 서울, 中國語文硏究會, 2015年 8月

홍윤기　『삼국연의』에 나오는 망치류 병기에 관하여,『中國語文論叢』, 第72輯, 서울, 中國語文硏究會, 2015年 12月

洪允姬　중국 기층문화의 주체는 누구인가-중징원(鍾敬文)의 민속학을 중심으로,『中國語文學論集』, 第90號, 서울, 中國語

文學硏究會, 2015年 2月

洪允姬　제이드로드에 소환된 西王母와 중화문명탐원에 바쳐진 신화연구,『中國語文學論集』, 第91號, 서울, 中國語文學硏究會, 2015年 4月

洪允姬 · 金主希　중국 문헌의 인어 이야기를 통해 본 경계의 다중성,『中國語文學論集』, 第93號, 서울, 中國語文學硏究會, 2015年 8月

홍은표　스토리텔링을 활용한 고등학교 중국어 문화 교재 연구, 한국외대 교육대학원 석사 논문, 2014

홍혜진　詩學 전문서『隨園詩話』의 기능,『中國文學』, 第83輯, 서울, 韓國中國語文學會, 2015年 5月

和　偉　'V+到+X'句型歷史演變硏究, 경북대 대학원 석사 논문, 2014

황갑연　詩情을 통해서 본 왕수인의 철학 사유세계,『中國學報』, 第72輯, 서울, 韓國中國學會, 2015年 5月

황길자　高麗 漢詩와 蘇軾詩 비교고찰, 군산대 대학원 석사 논문, 2014

황란아　한 · 중 심리용언 구문 유형 대조연구, 계명대 대학원 석사 논문, 2014

황선미　중국에서의 일본 '新村主義' 수용과 영향 : 근대 문학가 저우쭤런(周作人)을 중심으로,『中國小說論叢』, 第46輯, 서울, 韓國中國小說學會, 2015年 8月

황선미　근대 중국 지식계의 요사노 아키코(與謝野晶子) 수용 연구,『中國學硏究』, 第74輯, 서울, 中國學硏究會, 2015年 11月

黃瑄周　한국본『須溪校本陶淵明詩集』의 원문 교정,『中國語文

學論集』, 第91號, 서울, 中國語文學硏究會, 2015年 4月

黃瑄周 『杜工部詩范德機批選』의 한중 판본과 그 계통, 『中國語文學論集』, 第92號, 서울, 中國語文學硏究會, 2015年 6月

黃瑄周 韓構字本 『李謫仙七言古詩』의 간행 경위, 『中國語文學論集』, 第94號, 서울, 中國語文學硏究會, 2015年 10月

황선희 한국어 관형사형과 중국어 '的'의 대비를 통한 관형사형 교육 연구, 충남대 대학원 석사 논문, 2014

黃信愛 『一切經音義』 속 어휘의 변화 양상 연구-語素 변화에 따른 어휘의 형태 변화를 중심으로, 『中國學論叢』, 第46輯, 大田, 韓國中國文化學會, 2015年 6月

黃永姬 雲間三子와 『幽蘭草』에 수록된 詞 연구, 『中國語文論譯叢刊』, 第36輯, 서울, 中國語文論譯學會, 2015年 1月

黃永姬·李奉相·權鎬鐘·申旻也·朴貞淑·李紀勳 『青樓韻語』의 經文과 原註에 대한 譯解(1), 『中國語文論譯叢刊』, 第37輯, 서울, 中國語文論譯學會, 2015年 7月

황유여 한국 한자어와 대만어 대조 연구, 연세대 대학원 석사 논문, 2014

황정대 『唐詩300首』에 나타난 中國의 山水 考察, 한국교통대 인문대학원 석사 논문, 2014

황정일 위화(余華) 『제7일』의 평등론, 『中國現代文學』, 第72號, 서울, 韓國中國現代文學學會, 2015年 3月

黃靖惠 나르시스적 영웅상象의 해체 : 루쉰魯迅 소설을 중심으로, 『中國語文學論集』, 第93號, 서울, 中國語文學硏究會, 2015年 8月

황정희　韓愈「馬說」의 상호텍스트성-『戰國策』을 중심으로, 『中國學報』, 第73輯, 서울, 韓國中國學會, 2015年 8月

황종원　문명에 대한 성찰에서 자연에 대한 배려로-공자의 문명관과 맹자의 생명관, 『中國學論叢』, 第47輯, 大田, 韓國中國文化學會, 2015年 9月

黃志君　金庸『神雕俠侶』兩版韓譯本對比分析, 숭실대 대학원 석사 논문, 2014

黃珍璟　中國 淸代의 부채와 朝鮮時代 부채의 扇錘에 나타난 造形的 特性과 裝身具文化에 관한 小考, 『中國文化硏究』, 第27輯, 서울, 中國文化硏究學會, 2015年 2月

황해빈　『詩經』 表現形式 硏究, 부산대 대학원 석사 논문, 2014

황혜영　『語言自邇集』과 『滿洲語自通』에 나타난 언어학적 특징 고찰, 숙명여대 교육대학원 석사 논문, 2014

黃后男　有定性影響主語、賓語的現象考察, 『中國語文論譯叢刊』, 第36輯, 서울, 中國語文論譯學會, 2015年 1月

黃后男 · 金琮鎬　現代漢語“可程度動詞”特徵分析, 『中國語文論譯叢刊』, 第37輯, 서울, 中國語文論譯學會, 2015年 7月

후 림　中國 知靑文學 硏究, 제주대 대학원 박사 논문, 2014

侯文玉 · 金鉉哲　중 · 한 의문사 ‘誰’와 ‘누구’의 비의문 지칭기능 대조 연구, 『中國語文學論集』, 第92號, 서울, 中國語文學硏究會, 2015年 6月

侯文玉 · 金鉉哲　현대중국어 정도부사 ‘好’의 의미변화와 주관화 분석, 『中國語文學論集』, 第93號, 서울, 中國語文學硏究會, 2015年 8月

학술지명 순 논문 목록 2

1-1 中國文學 第82輯 2015年 2月 (韓國中國語文學會)

박 석 선진유가에서의 감정 수양의 중요성-『大學』과 『中庸』을 중심으로, 『中國文學』, 第82輯, 서울, 韓國中國語文學會, 2015年 2月

이욱진 『詩經』 풀 캐기 경물이 있는 작품의 짝 찾기 주제 제시 방법, 『中國文學』, 第82輯, 서울, 韓國中國語文學會, 2015年 2月

김성곤 杜甫草堂時期閑適詩 硏究, 『中國文學』, 第82輯, 서울, 韓國中國語文學會, 2015年 2月

주기평 杜甫 示兒詩 硏究-두보 자식교육의 내용과 방법을 중심으로, 『中國文學』, 第82輯, 서울, 韓國中國語文學會, 2015年 2月

최석원 杜詩 해석 그 날조의 역사-僞蘇注를 중심으로, 『中國文學』, 第82輯, 서울, 韓國中國語文學會, 2015年 2月

이주현 쓰러진 군자(君子)-서위(徐渭) 그림과 시에 나타난 매화와 대나무, 『中國文學』, 第82輯, 서울, 韓國中國語文學會, 2015年 2月

朴昭賢 烈婦와 淫婦 사이-明末小說 『杜騙新書』의 팜므 파탈을 중심으로, 『中國文學』, 第82輯, 서울, 韓國中國語文學會, 2015年 2月

李泫政 淸代宮廷戲「天香慶節」的演出技法和意義, 『中國文學』, 第82輯, 서울, 韓國中國語文學會, 2015年 2月

백광준 표상의 정치학-혜성을 둘러싼 근대 중국의 시선들을 중심

	으로, 『中國文學』, 第82輯, 서울, 韓國中國語文學會, 2015年 2月
이주노	魯迅과 周作人 형제의 失和에 관한 小考, 『中國文學』, 第82輯, 서울, 韓國中國語文學會, 2015年 2月
이운재	유형학적 관점에서 본 중국어 명사구의 지시적 특징, 『中國文學』, 第82輯, 서울, 韓國中國語文學會, 2015年 2月

1-2 中國文學 第83輯 2015年 5月 (韓國中國語文學會)

양중석	『史記·貨殖列傳』의 창작목적, 『中國文學』, 第83輯, 서울, 韓國中國語文學會, 2015年 5月
류창교	독일의 중문학자 쿠빈의 중국문학연구, 『中國文學』, 第83輯, 서울, 韓國中國語文學會, 2015年 5月
김하늬	朱彛尊 애정시 『風懷二百韻』 고찰, 『中國文學』, 第83輯, 서울, 韓國中國語文學會, 2015年 5月
홍혜진	詩學 전문서 『隨園詩話』의 기능, 『中國文學』, 第83輯, 서울, 韓國中國語文學會, 2015年 5月
김월회	先秦시기 복수의 인문화 양상, 『中國文學』, 第83輯, 서울, 韓國中國語文學會, 2015年 5月
나선희	서사의 변주-게사르전 영문 번역본, 『中國文學』, 第83輯, 서울, 韓國中國語文學會, 2015年 5月
장희재	1980년대 중국 선봉연극의 사회적 의의 : 선봉 좌표의 콘텍스트 해독을 중심으로, 『中國文學』, 第83輯, 서울, 韓國中國語文學會, 2015年 5月

민정기 1918년, 모두에게 열린 금성(禁城) : 마르코 폴로에서 피에르 로티에 이르기까지 서양인의 눈에 비친 중국의 궁성(宮城), 『中國文學』, 第83輯, 서울, 韓國中國語文學會, 2015年 5月

쉬 리 현대중국어 '往A里V' 구문의 의미와 문법화 연구 : 코퍼스 분석을 중심으로, 『中國文學』, 第83輯, 서울, 韓國中國語文學會, 2015年 5月

한서영 중국어 차용어 분류에 대한 운율형태론적 접근, 『中國文學』, 第83輯, 서울, 韓國中國語文學會, 2015年 5月

홍연옥 현대 중국어 유의어 '愿意'와 '希望'의 비교분석, 『中國文學』, 第83輯, 서울, 韓國中國語文學會, 2015年 5月

오수경 글을 통해 만나는 해외 원로학자 : 蔣星煜(上海藝術研究所연구원) 선생, 『中國文學』, 第83輯, 서울, 韓國中國語文學會, 2015年 5月

蔣星煜 吳曉鈴與『西廂記』, 『中國文學』, 第83輯, 서울, 韓國中國語文學會, 2015年 5月

1-3 中國文學 第84輯 2015年 8月 (韓國中國語文學會)

노우정 도연명 시, 치유와 체험의 미학, 『中國文學』, 第84輯, 서울, 韓國中國語文學會, 2015年 8月

주기평 陸游詩詞比較硏究, 『中國文學』, 第84輯, 서울, 韓國中國語文學會, 2015年 8月

李淑娟 性別・自我・族裔-臺灣原住民女性作家的敍述策略與書

寫主題,『中國文學』, 第84輯, 서울, 韓國中國語文學會, 2015 8月

김은희　王安憶의『富萍』과 上海 移民者의 서사,『中國文學』, 第84輯, 서울, 韓國中國語文學會, 2015年 8月

박철현　개혁기 상하이 도시재생의 문화정치 : "석고문(石庫門) vs 공인신촌(工人新村)" 논쟁을 중심으로,『中國文學』, 第84輯, 서울, 韓國中國語文學會, 2015年 8月

유해맹　東方英雄 : 論中韓古代文學的儒將形象-以『三國演義』和『壬辰錄』爲例,『中國文學』, 第84輯, 서울, 韓國中國語文學會, 2015年 8月

노상균　중국문화에서 節制美의 형성요인 탐색,『中國文學』, 第84輯, 서울, 韓國中國語文學會, 2015年 8月

정진걸　隱居의 政治學-『史記』에 보이는 隱居를 대상으로,『中國文學』, 第84輯, 서울, 中國語文學會, 2015年 8月

이주현　명화 위의 무법자, 건륭제(乾隆帝)의 그림 감상법 — 서위(徐渭) 그림의 어제(御製)를 중심으로,『中國文學』, 第84輯, 서울, 韓國中國語文學會, 2015年 8月

신원철　『說文解字』'雙聲' 聲符 硏究-'茸'字를 위주로,『中國文學』, 第84輯, 서울, 韓國中國語文學會, 2015年 8月

강미훈　중세기 한국한자음 山攝에 관한 고찰-『華東正音通釋韻考』를 中心으로,『中國文學』, 第84輯, 서울, 韓國中國語文學會, 2015年 8月

김혜영　『신청년(新青年)』에 나타난 언어 관련 논의 분석,『中國文學』, 第84輯, 서울, 韓國中國語文學會, 2015年 8月

손정애 한국인 학습자의 중간언어 분석을 통한 중국어 조사 '了'의 교육 순서 연구, 『中國文學』, 第84輯, 서울, 韓國中國語文學會, 2015年 8月

1-4 中國文學 第85輯 2015年 11月 (韓國中國語文學會)

김준연 唐詩 名篇의 正典化 과정에 대한 비판적 고찰, 『中國文學』, 第85輯, 서울, 韓國中國語文學會, 2015年 11月

강민호 杜甫 類似連作詩 고찰, 『中國文學』, 第85輯, 서울, 韓國中國語文學會, 2015年 11月

김수희 蘇軾 詞의 여행공간과 공간인식, 『中國文學』, 第85輯, 서울, 韓國中國語文學會, 2015年 11月

김지현 송대사론서 차용 관련기록 분석과 고찰, 『中國文學』, 第85輯, 서울, 韓國中國語文學會, 2015年 11月

元鍾禮 明代 前七子의 정치 비판적 擬古詩에 내재된 社會的 政治的 意思表現, 『中國文學』, 第85輯, 서울, 韓國中國語文學會, 2015年 11月

백광준 士大夫와 山人의 사이에서 - 張岱와 陳繼儒를 통해 본 명말 문인의 삶, 『中國文學』, 第85輯, 서울, 韓國中國語文學會, 2015年 11月

李寶暻 루쉰(魯迅)의 『쿵이지(孔乙己)』 재독-'문지방'을 기어나간 '이후'에 대한 상상, 『中國文學』, 第85輯, 서울, 韓國中國語文學會, 2015年 11月

愼鏞權 알타이 언어의 영향에 의한 중국어 어순 유형의 변화-『老

乞大』에 나타난 어순과 후치사를 중심으로, 『中國文學』, 第85輯, 서울, 韓國中國語文學會, 2015年 11月

김영옥 중국어 관계표지 '又A又B'의 'A'와 'B'에 대한 연구 - 'A'와 'B'가 형용사 일 때, 『中國文學』, 第85輯, 서울, 韓國中國語文學會, 2015年 11月

2-1 中國文學研究 第58輯 2015年 2月 (韓國中文學會)

김상원 '國語羅馬字'와 '拉丁化新文字'의 문자 체계 비교, 『中國文學研究』, 第58輯, 서울, 韓國中文學會, 2015年 2月

전생방 關於『漢語拼音正詞法基本規則』的幾個問題 : 以2012年版爲中心, 『中國文學研究』, 第58輯, 서울, 韓國中文學會, 2015年 2月

박영록 韓國 史書에 收錄된 明初 白話聖旨의 言語性格, 『中國文學研究』, 第58輯, 서울, 韓國中文學會, 2015年 2月

김 호 朝鮮刊本『新編算學啓蒙』의 中國 傳播와 影響, 『中國文學研究』, 第58輯, 서울, 韓國中文學會, 2015年 2月

이지희 만 · 몽 시조신화의 천녀 시조모 기원과 전승, 『中國文學研究』, 第58輯, 서울, 韓國中文學會, 2015年 2月

김양수 '상하이의 조선인 영화황제' 신화에 대한 비판적 성찰 : 김염(金焰)과 내셔널리즘, 『中國文學研究』, 第58輯, 서울, 韓國中文學會, 2015年 2月

초육매 南北朝時期"顏色"語義場詞彙考察, 『中國文學研究』, 第58輯, 서울, 韓國中文學會, 2015年 2月

한 승　　"除去"類 손동작 동사 音節의 歷史的 變化 : "털다"와 "닦다"類 동사 위주로,『中國文學硏究』, 第58輯, 서울, 韓國中文學會, 2015年 2月

한경호　　중국어 使動의 兼語動詞 '敎(叫)'字句와 吏讀의 '敎(-是)'의 비교연구,『中國文學硏究』, 第58輯, 서울, 韓國中文學會, 2015年 2月

2-2 中國文學硏究 第59輯 2015年 5月 (韓國中文學會)

이시찬　　『左傳』에 보이는 天人 관계에 대한 고찰 : '災' 예언을 중심으로,『中國文學硏究』, 第59輯, 서울, 韓國中文學會, 2015年 5月

안재철　　'以'의 몇 가지 用法 考察,『中國文學硏究』, 第59輯, 서울, 韓國中文學會, 2015年 5月

여승환　　孫寶瑄의『忘山廬日記』에 표현된 京劇 배우에 대한 평가와 교류,『中國文學硏究』, 第59輯, 서울, 韓國中文學會, 2015年 5月

김상규　　『太平通載』에 수록된 中國 引用文獻의 價値 硏究,『中國文學硏究』, 第59輯, 서울, 韓國中文學會, 2015年 5月

김양수　　1920년대 상하이의 '혁명문학' 논쟁과 한국 출신 논객 유서(柳絮),『中國文學硏究』, 第59輯, 서울, 韓國中文學會, 2015年 5月

조은정　　고대중국어 어순 연구 현황,『中國文學硏究』, 第59輯, 서울, 韓國中文學會, 2015年 5月

팽 정 阮大鋮戲曲用韻考,『中國文學研究』, 第59輯, 서울, 韓國中文學會, 2015年 5月

박석홍 意味資質 기반 象形字 形體素 分析 小考,『中國文學研究』, 第59輯, 서울, 韓國中文學會, 2015年 5月

신상현 王童감독의 영화를 통해 본 대만인의 정체성 :『無言的山丘』와『香蕉天堂』을 중심으로,『中國文學研究』, 第59輯, 서울, 韓國中文學會, 2015年 5月

2-3 中國文學研究 第60輯 2015年 8月 (韓國中文學會)

김희진 廬隱 소설과 죽음 : 인물의 죽음을 중심으로,『中國文學研究』, 第60輯, 서울, 韓國中文學會, 2015年 8月

윤현숙 馮夢龍『油郎獨占花魁』와의 비교를 통해 본 李玉『占花魁』,『中國文學研究』, 第60輯, 서울, 韓國中文學會, 2015年 8月

김금남 敦煌寫本『下女夫詞』譯註와 그 문화 함의,『中國文學研究』, 第60輯, 서울, 韓國中文學會, 2015年 8月

김선희 타동성 관점으로 본 근대중국어 과거의미 是……的형식의 '的':『수호전』,『서유기』,『홍루몽』을 중심으로,『中國文學研究』, 第60輯, 서울, 韓國中文學會, 2015年 8月

권아린 唐 이전 寓言에 나타난 馬 형상 변천 양상 고찰,『中國文學研究』, 第60輯, 서울, 韓國中文學會, 2015年 8月

焦毓梅 上古至中古時期"與"和"給"的歷時競爭與共時分佈,『中國文學研究』, 第60輯, 서울, 韓國中文學會, 2015年 8月

김신주	西周 '約劑' 銘文 硏究 : 분쟁 방지 목적의 법적 장치를 중심으로, 『中國文學研究』, 第60輯, 서울, 韓國中文學會, 2015年 8月
곽수경	"메이드 인 할리우드"와 "메이드 인 차이나", 『中國文學研究』, 第60輯, 서울, 韓國中文學會, 2015年 8月
박석홍	甲骨文 簡化字素 '$(mǐn)' 小考, 『中國文學研究』, 第60輯, 서울, 韓國中文學會, 2015年 8月
金 瑛	韓國學生習得介詞"對"的教學策略研究, 『中國文學研究』, 第60輯, 서울, 韓國中文學會, 2015年 8月
金原希 · 彭 靜	漢語高級水平韓國學生使用"能"與"會"的偏誤分析 : 基于HSK動態作文語料庫, 『中國文學研究』, 第60輯, 서울, 韓國中文學會, 2015年 8月
홍승직	육지(陸贄)가 작성한 사면 관련 문서 : 『봉천 개원 대사면령(奉天改元大赦制)』을 중심으로, 『中國文學研究』, 第60輯, 서울, 韓國中文學會, 2015年 8月
조영현	『許三觀賣血記』와 『許三觀』의 文化飜譯, 『中國文學研究』, 第60輯, 서울, 韓國中文學會, 2015年 8月
천현경	루오웨이짱(羅偉章)의 소설을 통해본 農民工의 자아정체성", 『中國文學研究』, 第60輯, 서울, 韓國中文學會, 2015年 8月

2-4 中國文學研究 第61輯 2015年 11月 (韓國中文學會)

劉 潔	表示"撈取"義詞匯的歷史演變 : 以『齊民要術』中表"撈取"

	義的詞匯爲線索,『中國文學研究』, 第61輯, 서울, 韓國中文學會, 2015年 11月
장효민	“很+名詞” 構文에 관한 小考,『中國文學研究』, 第61輯, 서울, 韓國中文學會, 2015年 11月
김 호	2009-2015년도 중국어중등학교교사임용후보자선정경쟁시험 1차시험 문학영역 문항분석,『中國文學研究』, 第61輯, 서울, 韓國中文學會, 2015年 11月
이지원	대화분석 방법을 활용한 상호작용적인 말하기 연습활동 : 고급 단계 중국어 워크북을 중심으로,『中國文學研究』, 第61輯, 서울, 韓國中文學會, 2015年 11月
나도원	갑골문에 나타난 “눈(目)”을 字素로 하는 글자의 상징성 연구,『中國文學研究』, 第61輯, 서울, 韓國中文學會, 2015年 11月
정유선 · 한희정	QR코드를 활용한 중국어교육 방안 연구 : 말하기 수업 지도 방안을 중심으로,『中國文學研究』, 第61輯, 서울, 韓國中文學會, 2015年 11月
이희현	『晨報副鐫』에 나타난 지식인의 농민과 군벌에 대한 인식태도 고찰 : 河植三과 徐玉諾을 중심으로,『中國文學研究』, 第61輯, 서울, 韓國中文學會, 2015年 11月
한경호	『迎日冷水里碑』의 중국어 역사문법적인 검토,『中國文學研究』, 第61輯, 서울, 韓國中文學會, 2015年 11月

3-1 中國文化研究 第27輯 2015年 2月 (中國文化研究學會)

송원찬 『서유기』를 통해 본 문화원형의 계승과 변용, 『中國文化研究』, 第27輯, 서울, 中國文化研究學會, 2015年 2月

黃珍璟 中國 淸代의 부채와 朝鮮時代 부채의 扇錘에 나타난 造形的 特性과 裝身具文化에 관한 小考, 『中國文化研究』, 第27輯, 서울, 中國文化研究學會, 2015年 2月

蘇恩希 『華語萃編(初集)』 사회문화상 연구 : 교통수단의 종류와 발전을 중심으로, 『中國文化研究』, 第27輯, 서울, 中國文化研究學會, 2015年 2月

옥경영 중국 8090後세대의 글로벌소비문화연구, 『中國文化研究』, 第27輯, 서울, 中國文化研究學會, 2015年 2月

김영미 설치예술이 지니는 정치성, 네트워크와 그 언설에 있다 : 아이웨이웨이와 황용핑을 중심으로, 『中國文化研究』, 第27輯, 서울, 中國文化研究學會, 2015年 2月

강내영 페마 체덴(Pema Tseden), 혹은 완마차이단(萬瑪才旦) : 중국 티벳 청년감독의 어떤 자화상, 『中國文化研究』, 第27輯, 서울, 中國文化研究學會, 2015年 2月

오소정 · 정성아 뉴미디어의 초국가적 상호작용성에 대한 연구 : C-Radio 『우상본색(偶像本色)』를 중심으로, 『中國文化研究』, 第27輯, 서울, 中國文化研究學會, 2015年 2月

안창현 '춘지에 완후이(春節晩會)'의 의례화와 기능 연구, 『中國文化研究』, 第27輯, 서울, 中國文化研究學會, 2015年 2月

신동순 두치펑(杜琪峰) 감독의 "남녀시리즈" 영화에 나타난 '홍콩'

과 '중국', 그 의미작용의 정치, 『中國文化硏究』, 第27輯, 서울, 中國文化硏究學會, 2015年 2月

오만종 · 이경아　漢初 文人의 不遇意識에 대한 소고 : 不遇主題 賦 작품을 중심으로, 『中國文化硏究』, 第27輯, 서울, 中國文化硏究學會, 2015年 2月

金光永　원잡극 「忍字記」 度脫 : 통과의례를 중심으로, 『中國文化硏究』, 第27輯, 서울, 中國文化硏究學會, 2015年 2月

朴成勳　李漁 戲曲理論 속의 教化論 고찰 : 『閑情偶寄』를 중심으로, 『中國文化硏究』, 第27輯, 서울, 中國文化硏究學會, 2015年 2月

이영숙　讀者文化 고찰을 통한 韓 · 中 木蘭 형상 담론 : 조선후기 『鄭木蘭傳』과 淸 후기 『北魏奇史閨孝烈傳』『忠孝勇烈奇女傳』을 중심으로, 『中國文化硏究』, 第27輯, 서울, 中國文化硏究學會, 2015年 2月

차미경　청대 관우 숭배 현상과 경극 관우극의 발전, 『中國文化硏究』, 第27輯, 서울, 中國文化硏究學會, 2015年 2月

이정재　이방인의 견문록에 나타난 청대 궁정연극 : 朝鮮, 越南, 英國 사절단 기록의 재발견과 재검토, 『中國文化硏究』, 第27輯, 서울, 中國文化硏究學會, 2015年 2月

송연옥　중국의 아동문학상 연구 : 전국우수아동문학상(全國優秀兒童文學奬)을 중심으로, 『中國文化硏究』, 第27輯, 서울, 中國文化硏究學會, 2015年 2月

曺惠英　現實主義沖擊波思潮硏究, 『中國文化硏究』, 第27輯, 서울, 中國文化硏究學會, 2015年 2月

鄭雨光　　湖畔詩派 汪靜之 시의 근대성 연구,『中國文化硏究』, 第27輯, 서울, 中國文化硏究學會, 2015年 2月

오제중　　『說文解字』 重文의 內容 및 字例 硏究 : 或體와 俗體의 字例 분석을 위주로,『中國文化硏究』, 第27輯, 서울, 中國文化硏究學會, 2015年 2月

김정남　　淸華簡『金縢』을 통해 본『尙書』‘詰屈聱牙’ 현상의 유형적 고찰 : 출토문헌과 통행본의 대조를 중심으로,『中國文化硏究』, 第27輯, 서울, 中國文化硏究學會, 2015年 2月

염재웅　　漢語 中古音 異讀字 分析을 통한 中古音 層次 硏究,『中國文化硏究』, 第27輯, 서울, 中國文化硏究學會, 2015年 2月

맹주억 · 김외연　　개혁개방 이후 연변지역 언어사용의 변화,『中國文化硏究』, 第27輯, 서울, 中國文化硏究學會, 2015年 2月

3-2 中國文化硏究 第28輯 2015年 5月 (中國文化硏究學會)

尹　順　　桑樹와 古代 誕生神話의 相關的 意義,『中國文化硏究』, 第28輯, 서울, 中國文化硏究學會, 2015年 5月

박준수　　族譜를 통한 北宋 士大夫의 內面意識 探究 : 歐陽修의『歐陽氏譜圖』를 중심으로,『中國文化硏究』, 第28輯, 서울, 中國文化硏究學會, 2015年 5月

강현실 · 서　성　　명청 서사 삽화의 역사적 전개와 공간의 확장,『中國文化硏究』, 第28輯, 서울, 中國文化硏究學會, 2015年 5月

조정래　　中國『二十四孝』와 『三綱行實圖』에 나타난 孝 관련 도상서사 연구,『中國文化硏究』, 第28輯, 서울, 中國文化硏

究學會, 2015年 5月

고윤실　　상하이의 공간적 실천에 관한 소고 : '광장'을 중심으로, 『中國文化硏究』, 第28輯, 서울, 中國文化硏究學會, 2015年 5月

권기영　　중국문화 해외진출(走出去) 전략 및 유형 분석, 『中國文化硏究』, 第28輯, 서울, 中國文化硏究學會, 2015年 5月

김영미　　포스트 사회주의 중국을 읽는 방법 : 생산의 주체가 해체되는 지점과 예술, 『中國文化硏究』, 第28輯, 서울, 中國文化硏究學會, 2015年 5月

朴敬姬　　『人物志』 人物品評의 審美意識, 『中國文化硏究』, 第28輯, 서울, 中國文化硏究學會, 2015年 5月

고광민 · 박준수　　柳宗元 「乞巧文」과 韓愈 「送窮文」 優劣論 : 문장구도분석을 중심으로, 『中國文化硏究』, 第28輯, 서울, 中國文化硏究學會, 2015年 5月

김연주　　蘇軾의 예술창작론에서 '手熟'의 경계 연구, 『中國文化硏究』, 第28輯, 서울, 中國文化硏究學會, 2015年 5月

金光永　　元雜劇 「度柳翠」 度脫 : 통과의례적 관점을 중심으로, 『中國文化硏究』, 第28輯, 서울, 中國文化硏究學會, 2015年 5月

최형욱　　량치차오의 「日本倂呑朝鮮記」 연구, 『中國文化硏究』, 第28輯, 서울, 中國文化硏究學會, 2015年 5月

전병석　　『정글만리』 연구 : 중국비즈니스 소설 의의를 중심으로, 『中國文化硏究』, 第28輯, 서울, 中國文化硏究學會, 2015年 5月

현성준	한 · 중 부정형식 사자성어 비교 연구, 『中國文化硏究』, 第28輯, 서울, 中國文化硏究學會, 2015年 5月
나민구 · 배경진	주걸륜(周傑倫)의 "你可以不平凡" 강연 텍스트의 수사학적 분석, 『中國文化硏究』, 第28輯, 서울, 中國文化硏究學會, 2015年 5月
송시황	중국어 음절의 운율구조와 음장, 『中國文化硏究』, 第28輯, 서울, 中國文化硏究學會, 2015年 5月

3-3 中國文化硏究 第29輯 2015年 8月 (中國文化硏究學會)

김수연	청말 허무당 담론의 징후적 독해, 『中國文化硏究』, 第29輯, 서울, 中國文化硏究學會, 2015年 8月
이승희	사진으로 보는 냉전 전야 중국의 국제외교 : 1938~1946년 옌안영화단 활동을 중심으로, 『中國文化硏究』, 第29輯, 서울, 中國文化硏究學會, 2015年 8月
謝明勳	文學現場重建 : 六朝志怪小說「資料來源」析論, 『中國文化硏究』, 第29輯, 서울, 中國文化硏究學會, 2015年 8月
신민야	시견오 기녀 소재 시의 특징 고찰, 『中國文化硏究』, 第29輯, 서울, 中國文化硏究學會, 2015年 8月
趙成千 · 趙得昌	李白「贈」詩 譯解(3): 제11수에서 제16수까지, 『中國文化硏究』, 第29輯, 서울, 中國文化硏究學會, 2015年 8月
차미경	장사전(蔣士銓)의 희곡 평가에 대한 고찰 : 『사현추(四絃秋)』를 중심으로, 『中國文化硏究』, 第29輯, 서울, 中國文化硏究學會, 2015年 8月

이명희	西周 周公廟 유적지 출토 寧風卜辭 고찰, 『中國文化研究』, 第29輯, 서울, 中國文化研究學會, 2015年 8月
이소동	고대중국어 명사화표지 '所', '者', '之'의 통일과정 연구, 『中國文化研究』, 第29輯, 서울, 中國文化研究學會, 2015年 8月
소은희	일제강점기 언어말살정책으로 인한 중국어회화 교재와 매체에 나타난 언어 · 문화상 고찰 : 『漢語獨學』, 『華語精選』, 『自習完璧支那語集成』, 『無先生速修中國自通』, 『(北京官話)支那語大海』과 신문기사를 중심으로, 『中國文化研究』, 第29輯, 서울, 中國文化研究學會, 2015年 8月
박홍수 · 고은미	"국어"와 "보통화"의 어휘 이질화 현상 및 원인 분석 : TOCFL과 HSK를 중심으로, 『中國文化研究』, 第29輯, 서울, 中國文化研究學會, 2015年 8月

3-4 中國文化研究 第30輯 2015年 11月 (中國文化研究學會)

공상철	기억의 지리학 : 侯孝賢의 『最好的時光』 읽기, 『中國文化研究』, 第30輯, 서울, 中國文化研究學會, 2015年 11月
박종학	老子의 柔弱과 太極拳 鬆(송)의 관계 연구, 『中國文化研究』, 第30輯, 서울, 中國文化研究學會, 2015年 11月
서 성 · 조성천	『삼국연의』 속의 협상 전략, 『中國文化研究』, 第30輯, 서울, 中國文化研究學會, 2015年 11月
이기훈	중국 老鋪 '라오쯔하오(老字號)'의 문화가치 탐구 : 베이징 지역을 중심으로, 『中國文化研究』, 第30輯, 서울, 中國文

化硏究學會, 2015年 11月

조득창 · 김덕삼 · 최원혁　캠벨의 신화 이론으로 분석한 중국의 경극 : 경극 「패왕별희」를 중심으로, 『中國文化硏究』, 第30輯, 서울, 中國文化硏究學會, 2015年 11月

Jeesoon Hong　Political Implications of Transmedia Mobility in Contemporary China (2010-2015), 『中國文化硏究』, 第30輯, 서울, 中國文化硏究學會, 2015年 11月

이영숙　1920-30년대 韓國 歷史小說에서의 木蘭 형상, 『中國文化硏究』, 第30輯, 서울, 中國文化硏究學會, 2015年 11月

김진호　韓 · 中 數詞成語 奇字 · 偶字 結合方式 比較, 『中國文化硏究』, 第30輯, 서울, 中國文化硏究學會, 2015年 11月

박찬욱　중국어교육으로 언어변화와 언어기능을 도입하는 문제에 관하여 : 회화교재 속의 동사 '看'에 대한 분석을 일례로, 『中國文化硏究』, 第30輯, 서울, 中國文化硏究學會, 2015年 11月

朴花艶 · 韓容洙　淺析漢韓'給予類'動詞价質的相似性, 『中國文化硏究』, 第30輯, 서울, 中國文化硏究學會, 2015年 11月

4-1 中國小說論叢 제45輯 2015年 4月 (韓國中國小說學會)

劉承炫　『鷰子賦』의 민중적 웃음, 『中國小說論叢』, 第45輯, 서울, 韓國中國小說學會, 2015年 4月

宋貞和　神話 속 英雄은 어떻게 만들어지는가? : 英雄神話의 각도에서 본 『穆天子傳』의 특징에 대한 小考, 『中國小說論叢』,

第45輯, 서울, 韓國中國小說學會, 2015年 4月

金洛喆　당 전기에 등장하는 노비(奴婢)의 역할과 의미 고찰, 『中國小說論叢』, 第45輯, 서울, 韓國中國小說學會, 2015年 4月

閔寬東·裵玗桯　國內 關羽廟의 現況과 受容에 대한 硏究, 『中國小說論叢』, 第45輯, 서울, 韓國中國小說學會, 2015年 4月

柳正一　『情史』의 評輯者와 成書年代 考證, 『中國小說論叢』, 第45輯, 서울, 韓國中國小說學會, 2015年 4月

金美蘭　5·4 개성해방 시기의 '독신' 담론, 『中國小說論叢』, 第45輯, 서울, 韓國中國小說學會, 2015年 4月

李秀娟　京味와 京派, '同'과 '異'에 대한 고찰 : 1920-30년대 소설을 중심으로, 『中國小說論叢』, 第45輯, 서울, 韓國中國小說學會, 2015年 4月

申東順　『홍기(紅旗)』 잡지에 나타난 '문화대혁명'의 문화적 징후들 : 우한(吳晗)'과 '수호(水滸)'를 중심으로, 『中國小說論叢』, 第45輯, 서울, 韓國中國小說學會, 2015年 4月

文炫善　현환소설의 무협 장르적 성격 : 황이(黃易)의 『심진기(尋秦記)』를 중심으로, 『中國小說論叢』, 第45輯, 서울, 韓國中國小說學會, 2015年 4月

陳性希　중국문학의 자국화 방식에 대한 일고찰 : 소설 『허삼관 매혈기』와 영화 『허삼관』을 중심으로, 『中國小說論叢』, 第45輯, 서울, 韓國中國小說學會, 2015年 4月

崔眞娥　오늘의 중국과 大唐帝國의 소환 : 현대 영상물, 서사, 지역학에서의 大唐帝國과 그 의미지향, 『中國小說論叢』, 第45輯, 서울, 韓國中國小說學會, 2015年 4月

4-2 中國小說論叢 제46輯 2015年 8月 (韓國中國小說學會)

정광훈 敦煌 變文 속 商人 형상과 그 문학적 작용, 『中國小說論叢』, 第46輯, 서울, 韓國中國小說學會, 2015年 8月

김수현 『홍루몽(紅樓夢)』을 통해 본 청대(淸代) 여성의 경제활동과 금전의식, 『中國小說論叢』, 第46, 서울, 韓國中國小說學會, 2015年 8月

고영란 18세기 에도 시대 소설에 보이는 상인의 致富와 그 의식 : 치부 주체의 이동을 중심으로, 『中國小說論叢』, 第46輯, 서울, 韓國中國小說學會, 2015年 8月

김수연 18-19세기 한국 소설에 나타난 여성의 상업 활동과 여성 儒商, 『中國小說論叢』, 第46輯, 서울, 韓國中國小說學會, 2015年 8月

최태화 19세기 일본 근세소설 속에 등장하는 실존 상인들의 묘사 : KBS드라마 "프로듀사"와의 비교를 중심으로, 『中國小說論叢』, 第46輯, 서울, 韓國中國小說學會, 2015年 8月

김명구 바름과 그름 : 『三言』의 '改行遷惡' 인물 연구, 『中國小說論叢』, 第46輯, 서울, 韓國中國小說學會, 2015年 8月

송진영 '二拍'의 商賈小說 硏究 : 『轉運漢巧遇洞庭紅, 波斯胡指破鼉龍殼』을 중심으로, 『中國小說論叢』, 第46輯, 서울, 韓國中國小說學會, 2015年 8月

김경아 淸代 『女仙外史』의 재조명, 『中國小說論叢』, 第46輯, 서울, 韓國中國小說學會, 2015年 8月

조관희 方外之士와 주변부 문인 : 그들이 한중소설발달사에 끼친

영향,『中國小說論叢』, 第46輯, 서울, 韓國中國小說學會, 2015年 8月

민관동 韓·日의 中國古典小說 出版樣相 硏究,『中國小說論叢』, 第46輯, 서울, 韓國中國小說學會, 2015年 8月

정선경 『意大利建國三傑傳』 번역을 통해 본 한중 영웅서사 수용의 재맥락화,『中國小說論叢』, 第46輯, 서울, 韓國中國小說學會, 2015年 8月

황선미 중국에서의 일본 '新村主義' 수용과 영향 : 근대 문학가 저우쭤런(周作人)을 중심으로,『中國小說論叢』, 第46輯, 서울, 韓國中國小說學會, 2015年 8月

박난영 바진(巴金)과 기독교 :『田惠世』를 중심으로,『中國小說論叢』, 第46輯, 서울, 韓國中國小說學會, 2015年 8月

배연희 양장(楊絳)의 산문에 나타난 문혁 기억과 서사,『中國小說論叢』, 第46輯, 서울, 韓國中國小說學會, 2015年 8月

김정수 탈/냉전 중국의 전쟁 기억과 민족 서사의 곤경 :『만종』과『난징! 난징』을 중심으로,『中國小說論叢』, 第46輯, 서울, 韓國中國小說學會, 2015年 8月

진성희 타자화 된 중국에 관한 일고찰 : 영화『M. Butterfly』와 연극『M. Butterfly』를 중심으로,『中國小說論叢』, 第46輯, 서울, 韓國中國小說學會, 2015年 8月

최형섭 먀오족의 국가급 무형문화유산과 활용 실태,『中國小說論叢』, 第46輯, 서울, 韓國中國小說學會, 2015年 8月

4-3 中國小說論叢 제47輯 2015年 12月 (韓國中國小說學會)

연소영	中國 唐代 民間에서의 佛敎活動과 意義 : 『太平廣記』를 중심으로, 『中國小說論叢』, 第47輯, 서울, 韓國中國小說學會, 2015年 12月
우강식	『劍俠傳』에 나타난 女俠敍事의 형상과 중국 무협소설사적 의의에 관한 고찰, 『中國小說論叢』, 第47輯, 서울, 韓國中國小說學會, 2015年 12月
최병규	『赫大卿이 원앙 띠를 남기고 죽다(赫大卿遺恨鴛鴦條)』를 통해서 본 三言 愛慾小說의 欲情觀, 『中國小說論叢』, 第47輯, 서울, 韓國中國小說學會, 2015年 12月
유미경	교환과 증여의 서사 : '보은' 서사를 넘어서, 『中國小說論叢』, 第47輯, 서울, 韓國中國小說學會, 2015年 12月
신지영	청대 궁정대희 『忠義璇圖』의 소설 『水滸傳』 각색 방식, 『中國小說論叢』, 第47輯, 서울, 韓國中國小說學會, 2015年 12月
高旼喜	『紅樓夢』의 색채어 번역 : 靑色을 중심으로, 『中國小說論叢』, 第47輯, 서울, 韓國中國小說學會, 2015年 12月
江俊偉	明淸通俗小說中的小說閱讀與批評, 『中國小說論叢』, 第47輯, 서울, 韓國中國小說學會, 2015年 12月
高　飛·吳淳邦	『小孩月報』所刊載的伊索寓言敍述特點硏究, 『中國小說論叢』, 第47輯, 서울, 韓國中國小說學會, 2015年 12月
梁　楠·高慧琳	韓國華人華文文學的混種性 : 以1990年代出版『韓華』雜志爲中心, 『中國小說論叢』, 第47輯, 서울, 韓國中國小說

	學會, 2015年 12月
김수진	徐寶琦의 『二嫫』와 余華의 『許三觀賣血記』에 관한 비교 시론 : 작품에서 보여지는 매혈 서사를 중심으로, 『中國小說論叢』, 第47輯, 서울, 韓國中國小說學會, 2015年 12月
정진선	게사르신화를 통해 본 중국 지방정부의 민족문화관광자원 개발 양상 : 쓰촨성 까르제티베트족자치주를 중심으로, 『中國小說論叢』, 第47輯, 서울, 韓國中國小說學會, 2015年 12月

5-1 中國語 教育과 研究 第21號 2015年 6月 (韓國中國語教育學會)

于　鵬	對韓口語教學中漢語新詞語引入的量與度，『中國語 教育과 研究』, 第21號, 서울, 韓國中國語教育學會, 2015年 6月
郭小明	韓籍漢語學習者助動詞“能”教學排序研究, 『中國語 教育과 研究』, 第21號, 서울, 韓國中國語教育學會, 2015年 6月
박응석	인지문법을 통한 현대중국어 비원형장소빈어문 분석 : ‘寫黑板’ 구문을 중심으로, 『中國語 教育과 研究』, 第21號, 서울, 韓國中國語教育學會, 2015年 6月
서진현	한국인 학습자를 위한 현대중국어 동사 등급분류 설계, 『中國語 教育과 研究』, 第21號, 서울, 韓國中國語教育學會, 2015年 6月
양경미	함축을 기반으로 한 중국어 시트콤 담화 분석 I : 대화의 격률을 중심으로, 『中國語 教育과 研究』, 第21號, 서울, 韓國中國語教育學會, 2015年 6月
金起誾	韓·中初級漢語教材的語言要素對比分析, 『中國語 教育

	과 研究』, 第21號, 서울, 韓國中國語教育學會, 2015年 6月
김낙철	효과적인 초급중국어 통번역식 강의 試探 : 실제 한 학기 교실수업 과정을 표본으로, 『中國語 教育과 研究』, 第21號, 서울, 韓國中國語教育學會, 2015年 6月
金恩柱	第二語言教學中不可或缺的眞實語言, 『中國語 教育과 研究』, 第21號, 서울, 韓國中國語教育學會, 2015年 6月
박찬욱	중국어 초급 교재 회화문의 대화개시 연구, 『中國語 教育과 研究』, 第21號, 서울, 韓國中國語教育學會, 2015年 6月
이지연	대학 교양중국어 수업 방안 연구 : 주제중심 교수법 활용 실례를 중심으로, 『中國語 教育과 研究』, 第21號, 서울, 韓國中國語教育學會, 2015年 6月

5－2 中國語 教育과 研究 第22號 2015年 12月 (韓國中國語教育學會)

高 靜·李 娜	對外漢字教材研究, 『中國語 教育과 研究』, 第22號, 서울, 韓國中國語教育學會, 2015年 12月
金鐘讚	論"繼續"的詞性, 『中國語 教育과 研究』, 第22號, 서울, 韓國中國語教育學會, 2015年 12月
劉 潔	韓國學習者漢語詞匯學習中的幾個難點, 『中國語 教育과 研究』, 第22號, 서울, 韓國中國語教育學會, 2015年 12月
邊琯植	華語教學過程中話輪轉換的調查與分析, 『中國語 教育과 研究』, 第22號, 서울, 韓國中國語教育學會, 2015年 12月
서진현	초급학습자를 위한 현대중국어의 낮은 단계 규칙의 문법 항목 설계 : 한국인 학습자를 중심으로, 『中國語 教育과

	硏究』, 第22號, 서울, 韓國中國語敎育學會, 2015年 12月
楊艶麗	基於事件類型的現代漢語重動句敎學硏究, 『中國語 敎育과 硏究』, 第22號, 서울, 韓國中國語敎育學會, 2015年 12月
윤보라 · 변지원	얼화(儿化) 재인식을 통한 새 접근법 제안 : 한국인 교수자와 학습자를 중심으로, 『中國語 敎育과 硏究』, 第22號, 서울, 韓國中國語敎育學會, 2015年 12月
임연정	한국대학생의 중국어 읽기 불안 분석연구, 『中國語 敎育과 硏究』, 第22號, 서울, 韓國中國語敎育學會, 2015年 12月
임지영	플립러닝을 활용한 중국어 어법 수업모형 설계 연구 : "가능보어 · 정태보어 · 정도보어"를 실례로, 『中國語 敎育과 硏究』, 第22號, 서울, 韓國中國語敎育學會, 2015年 12月
張　琦	時事漢語課敎學設計, 『中國語 敎育과 硏究』, 第22號, 서울, 韓國中國語敎育學會, 2015年 12月
鄭彦野 · 韓在均	大學漢語中高級口語課的任務型測試, 『中國語 敎育과 硏究』, 第22號, 서울, 韓國中國語敎育學會, 2015年 12月
채심연	재중한국학교의 중국어교육 현황에 대한 고찰, 『中國語 敎育과 硏究』, 第22號, 서울, 韓國中國語敎育學會, 2015年 12月

6-1 中國語文論譯叢刊 제36輯 2015年 1月 (中國語文論譯學會)

◎ 學術論文

金鐘聲	論"興於詩, 立於禮, 成於樂", 『中國語文論譯叢刊』, 第36輯, 서울, 中國語文論譯學會, 2015年 1月

黃永姬 雲間三子와 『幽蘭草』에 수록된 詞 연구, 『中國語文論譯叢刊』, 第36輯, 서울, 中國語文論譯學會, 2015年 1月

閔寬東 國內 所藏 日本版 中國古典小說 硏究, 『中國語文論譯叢刊』, 第36輯, 서울, 中國語文論譯學會, 2015年 1月

崔炳圭 『浮生六記』 속의 情에 관한 고찰, 『中國語文論譯叢刊』, 第36輯, 서울, 中國語文論譯學會, 2015年 1月

李濟雨 晩明'小品'之範疇與槪念硏究的回顧和反思, 『中國語文論譯叢刊』, 第36輯, 서울, 中國語文論譯學會, 2015年 1月

李寶暻 루쉰의 번역관과 비균질적인 세계의 발견, 『中國語文論譯叢刊』, 第36輯, 서울, 中國語文論譯學會, 2015年 1月

安榮銀 풀뿌리문화의 심미적 의의를 찾아서 : 닝하오(寧浩) 영화 「크레이지 스톤(瘋狂的石頭Crazy Stone)」「크레이지 레이서(瘋狂的賽車 Silver Medalist, Crazy Racer)」를 중심으로, 『中國語文論譯叢刊』, 第36輯, 서울, 中國語文論譯學會, 2015年 1月

黃后男 有定性影響主語、賓語的現象考察, 『中國語文論譯叢刊』, 第36輯, 서울, 中國語文論譯學會, 2015年 1月

李賢珍 『論衡』 의문대사 '何' 연구 : 문법특징과 의문대사 목적어의 위치 문제를 중심으로, 『中國語文論譯叢刊』, 第36輯, 서울, 中國語文論譯學會, 2015年 1月

柳在元 『支那語集成』의 중국어 한글 표기법 연구 : 성모를 중심으로, 『中國語文論譯叢刊』, 第36輯, 서울, 中國語文論譯學會, 2015年 1月

朴炳仙 · 袁曉鵬 · 朴庸鎭 『往五天竺國傳』 校勘(1), 『中國語文論譯叢刊』,

第36輯, 서울, 中國語文論譯學會, 2015年 1月

文準彗　　『六書經緯』의 構成과 體裁, 『中國語文論譯叢刊』, 第36輯, 서울, 中國語文論譯學會, 2015年 1月

金明順　　한중 · 중한 번역 교육의 일부 난제에 대한 고찰, 『中國語文論譯叢刊』, 第36輯, 서울, 中國語文論譯學會, 2015年 1月

鐘英華　　第二語言習得內部言語技能特征系統與系統平衡, 『中國語文論譯叢刊』, 第36輯, 서울, 中國語文論譯學會, 2015年 1月

◎ 飜譯論文

徐　盛 · 趙得昌　　李白 〈登覽〉 詩譯解(4), 『中國語文論譯叢刊』, 第36輯, 서울, 中國語文論譯學會, 2015年 1月

金智英　　夏敬觀의 〈說韓愈〉 譯註, 『中國語文論譯叢刊』, 第36輯, 서울, 中國語文論譯學會, 2015年 1月

尹賢淑　　王國維의 『古劇脚色考』 譯註, 『中國語文論譯叢刊』, 第36輯, 서울, 中國語文論譯學會, 2015年 1月

游汝杰 저 · 朴贊旭 역　　사회언어학과 한어방언학의 새로운 전기, 『中國語文論譯叢刊』, 第36輯, 서울, 中國語文論譯學會, 2015年 1月

Ian Maddieson · Peter Ladefoged · 金永贊　　중국의 네 가지 소수 언어의 '긴장성'과 '이완성', 『中國語文論譯叢刊』, 第36輯, 서울, 中國語文論譯學會, 2015年 1月

麥耘原 · 廉載雄　　한어역사음운학의 영역으로 진입하고 있는 한장어비교연구(하), 『中國語文論譯叢刊』, 第36輯, 서울, 中國語文論譯學會, 2015年 1月

6-2 中國語文論譯叢刊 제37輯 2015年 7月 (中國語文論譯學會)

◎ 學術論文

金鍾聲	『戰國策』中引用的經傳分析, 『中國語文論譯叢刊』, 第37輯, 서울, 中國語文論譯學會, 2015年 7月
趙殷尙	李華와 그의 제자들 : 학맥형성과정과 문학적 성향 및 특징을 중심으로, 『中國語文論譯叢刊』, 第37, 서울, 中國語文論譯學會, 2015年 7月
王立洲	論南宋京都、宮室賦的衰微, 『中國語文論譯叢刊』, 第37輯, 서울, 中國語文論譯學會, 2015年 7月
張賢珠	문학 속 鐵拐李 형상과 그 신화적 의미 : 절름발이 형상을 중심으로, 『中國語文論譯叢刊』, 第37輯, 서울, 中國語文論譯學會, 2015年 7月
이은진	張岱 散文에 나타나는 人間 가치의 재발견, 『中國語文論譯叢刊』, 第37輯, 서울, 中國語文論譯學會, 2015年 7月
金智英	조선 李瀷의 『星湖僿說』에 나타난 唐詩 평가 연구, 『中國語文論譯叢刊』, 第37輯, 서울, 中國語文論譯學會, 2015年 7月
左維剛 · 吳淳邦	陳春生『五更鐘』的基督教視角解讀, 『中國語文論譯叢刊』, 第37輯, 서울, 中國語文論譯學會, 2015年 7月
朱淑霞	亡國的想象, 『中國語文論譯叢刊』, 第37輯, 서울, 中國語文論譯學會, 2015年 7月
江志全	王小波的寫作'困境', 『中國語文論譯叢刊』, 第37輯, 서울, 中國語文論譯學會, 2015年 7月

尹泳裪　뉴미디어시대 루저문화 시탐(試探) : 한국의 '루저'와 중국의 '띠아오스(屌絲)' 현상을 중심으로, 『中國語文論譯叢刊』, 第37輯, 서울, 中國語文論譯學會, 2015年 7月

朴錫弘　象形字 核心形體素 考察, 『中國語文論譯叢刊』, 第37輯, 서울, 中國語文論譯學會, 2015年 7月

朴庸鎭·朴智淑·趙仙花　『往五天竺國傳』 校勘(2), 『中國語文論譯叢刊』, 第37輯, 서울, 中國語文論譯學會, 2015年 7月

金琮鎬·黃后男　現代漢語"可程度動詞"特徵分析, 『中國語文論譯叢刊』, 第37輯, 서울, 中國語文論譯學會, 2015年 7月

韓松濤·성윤숙　論漢韓身体詞的跨域認知, 『中國語文論譯叢刊』, 第37輯, 서울, 中國語文論譯學會, 2015年 7月

鄭鎭椌·朴紅瑛　從韓國學生習得"看"的偏誤分析"看"的用法, 『中國語文論譯叢刊』, 第37輯, 서울, 中國語文論譯學會, 2015年 7月

주기하　"V+得/不+開"中補語"開"的語義功能研究, 『中國語文論譯叢刊』, 第37輯, 서울, 中國語文論譯學會, 2015年 7月

鄭有善·李多惠　한국어-중국어 이중언어 교육 현황 및 방안 : 국내 중국인 결혼이민자 자녀 대상을 중심으로, 『中國語文論譯叢刊』, 第37輯, 서울, 中國語文論譯學會, 2015年 7月

韓在均　淺談韓中兩國人在交際文化中的表現差異, 『中國語文論譯叢刊』, 第37輯, 서울, 中國語文論譯學會, 2015年 7月

◎ 飜譯論文

權鎬鐘·黃永姬·朴貞淑·李紀勳·申旻也·李奉相　『青樓韻語』의 經文과 原註에 대한 譯解(1), 『中國語文論譯叢刊』, 第37輯, 서

	울, 中國語文論譯學會, 2015年 7月
崔正燮	「중국어: 그 고대성, 광범한 사용, 그리고 방언들. 그 성격과 가치. 유럽인들이 중국어에 보낸 주목. 그리고 현재 중국어 연구시(時)의 참고서와 유인(誘因)」 역주(譯註), 『中國語文論譯叢刊』, 第37輯, 서울, 中國語文論譯學會, 2015年 7月
沈惠英	The Chinese Repository 1권 1호(1832), 2권 1호(1833) 서문 역주 및 해제, 『中國語文論譯叢刊』, 第37輯, 서울, 中國語文論譯學會, 2015年 7月

7-1 中國語文論叢 제67輯 2015年 2月 (中國語文研究會)

신영자	『甲骨文合集』에 나타난 婦정 관련 卜辭考察, 『中國語文論叢』, 第67輯, 서울, 中國語文研究會, 2015年 2月
이육화	『華音啓蒙諺解』 語彙考釋(二) "니니"와 語氣助詞를 중심으로, 『中國語文論叢』, 第67輯, 서울, 中國語文研究會, 2015年 2月
노혜정	한국한자음의 층위 분석 방법론 연구, 『中國語文論叢』, 第67輯, 서울, 中國語文研究會, 2015年 2月
조경환	근대 서양 선교사 중국어 문법서들의 把자문 연구, 『中國語文論叢』, 第67輯, 서울, 中國語文研究會, 2015年 2月
김도영	사동의미의 把字句 오류와 중국어 使動 용법 교수법에 대하여, 『中國語文論叢』, 第67輯, 서울, 中國語文研究會, 2015年 2月

최병학　중국어 집중교육 프로그램 설계방안 연구,『中國語文論叢』, 第67輯, 서울, 中國語文硏究會, 2015年 2月

박성진　＜제세가(齊世家)＞에 수용된 안자(晏子) 형상 연구 -사마천(司馬遷)의 수용 태도를 중심으로,『中國語文論叢』, 第67輯, 서울, 中國語文硏究會, 2015年 2月

나해연 · 임승배　宋元時期的學術承傳與詩文流派的生成,『中國語文論叢』, 第67輯, 서울, 中國語文硏究會, 2015年 2月

홍윤기　『三國演義』에 나오는 弓弩 戰術에 관하여,『中國語文論叢』, 第67輯, 서울, 中國語文硏究會, 2015年 2月

박지숙　王夫之의 人性論과 융합된 詩學觀 小考-性情을 중심으로,『中國語文論叢』, 第67輯, 서울, 中國語文硏究會, 2015年 2月

홍서연　『人間詞話』 내 이론비평과 실제비평의 상관성 검토-비평대상, 비평기준, 비평기준 적용양상의 일관성을 중심으로,『中國語文論叢』, 第67輯, 서울, 中國語文硏究會, 2015年 2月

문정진　『海上花列傳』의 敍事와 圖像의 場面化-매체, 교육, 기억의 現在化를 중심으로,『中國語文論叢』, 第67輯, 서울, 中國語文硏究會, 2015年 2月

강지전　中國的"官場"與"官場小說",『中國語文論叢』, 第67輯, 서울, 中國語文硏究會, 2015年 2月

조영경　重慶 시기 氷心의 여성관-『關於女人』과 문예항전활동을 중심으로,『中國語文論叢』, 第67輯, 서울, 中國語文硏究會, 2015年 2月

박창욱　鐵凝 소설『분화(花)』에 대한 신역사주의적 접근,『中國語文論叢』, 第67輯, 서울, 中國語文硏究會, 2015年 2月

7-2 中國語文論叢 제68輯 2015年 4月 (中國語文研究會)

이은수　“就是”의 의미 분석, 『中國語文論叢』, 第68輯, 서울, 中國語文研究會, 2015年 4月

원춘옥　현대중국어 “……的” 구문과 “是……的”(一), 『中國語文論叢』, 第68輯, 서울, 中國語文研究會, 2015年 4月

전기정　현대중국어 “和”의 통사적 특징과 오류 분석, 『中國語文論叢』, 第68輯, 서울, 中國語文研究會, 2015年 4月

윤해량 · 민영난 · 류수평　漢語人體部位“手”語匯認知分析兼及漢韓對比, 『中國語文論叢』, 第68輯, 서울, 中國語文研究會, 2015年 4月

이주현　칭송과 동경, 그리고 새 방향의 모색-袁宏道의 徐渭 시 수용에 관한 고찰, 『中國語文論叢』, 第68輯, 서울, 中國語文研究會, 2015年 4月

초대평　『金鰲新話』引『詩經』研究, 『中國語文論叢』, 第68輯, 서울, 中國語文研究會, 2015年 4月

고명주　『鏡花緣』에서 나타나는 중첩 공간과 그 의미 고찰-唐敖와 唐小山을 중심으로, 『中國語文論叢』, 第68輯, 서울, 中國語文研究會, 2015年 4月

차태근　신문학 운동과 현대문학의 역설, 『中國語文論叢』, 第68輯, 서울, 中國語文研究會, 2015年 4月

성옥례　상하이 시기 루쉰의 글쓰기에 나타난 일상성에 관하여, 『中國語文論叢』, 第68輯, 서울, 中國語文研究會, 2015年 4月

최명숙 · 류　연　中國現代女性成長中的創傷與救贖-論王安憶『桃之夭夭』中的女性形象, 『中國語文論叢』, 第68輯, 서울, 中國語文

研究會, 2015年 4月

오명선　　욕망의 확장공간으로서의 극장과 연극『추하이탕(秋海棠)』, 『中國語文論叢』, 第68輯, 서울, 中國語文研究會, 2015年 4月

7-3 中國語文論叢 제69輯 2015年 6月 (中國語文研究會)

서한용　　『篆訣歌』의 轉寫 과정에 따른 誤謬, 『中國語文論叢』, 第69輯, 서울, 中國語文研究會, 2015年 6月

박원기　　『百喩經』 부사 연구, 『中國語文論叢』, 第69輯, 서울, 中國語文研究會, 2015年 6月

신경미 · 최규발　　현대중국어 "這"와 "這個"에 대한 小考, 『中國語文論叢』, 第69輯, 서울, 中國語文研究會, 2015年 6月

조경환　　Gutzlaff의 Notice On Chinese Grammar에 관한 소고, 『中國語文論叢』, 第69輯, 서울, 中國語文研究會, 2015年 6月

이창호 · 이지현 · 정지수　　상 자질에 관한 몇 가지 생각, 『中國語文論叢』, 第69輯, 서울, 中國語文研究會, 2015年 6月

김인순　　피동문과 사역문의 교차 현상에 대하여, 『中國語文論叢』, 第69輯, 서울, 中國語文研究會, 2015年 6月

조은정　　홍콩의 지하철역과 주요 거리 이름으로 살펴본 香港政府粵語拼音의 표기방법과 문제점, 『中國語文論叢』, 第69輯, 서울, 中國語文研究會, 2015年 6月

제해성　　小說 觀點에서 본 『左傳』 敍事의 文體 屬性, 『中國語文論叢』, 第69輯, 서울, 中國語文研究會, 2015年 6月

안예선　　『漢書』 중 漢 武帝 이전 시기 敍事 고찰-『史記』와의 비교

를 중심으로, 『中國語文論叢』, 第69輯, 서울, 中國語文研究會, 2015年 6月

김명구 惡性과 善性 사이-『三言』 속에 나타난 "善惡竝存" 인물 연구, 『中國語文論叢』, 第69輯, 서울, 中國語文研究會, 2015年 6月

최수경 明代 後期 출판을 통한 지리학적 지식의 전파와 그 의미-福建版 日用類書의 『地輿門』을 중심으로, 『中國語文論叢』, 第69輯, 서울, 中國語文研究會, 2015年 6月

김수경 경전해석방식으로서의 賦比興論-王夫之의 『詩經』 해석 방식 분석을 중심으로, 『中國語文論叢』, 第69輯, 서울, 中國語文研究會, 2015年 6月

손애하 · 임승배 梁鼎芬詩歌研究, 『中國語文論叢』, 第69輯, 서울, 中國語文研究會, 2015年 6月

강에스더 항전기 딩링 소설의 낭만주의적 특징 연구-＜新的信念＞, ＜我在霞村的時候＞, ＜在醫院中＞을 중심으로, 『中國語文論叢』, 第69輯, 서울, 中國語文研究會, 2015年 6月

고점복 張賢亮의 『男人的一半是女人』의 서사전략-이데올로그 비판과 구축의 전략, 『中國語文論叢』, 第69輯, 서울, 中國語文研究會, 2015年 6月

김종석 李銳 장편소설 『張馬丁的第八天』 初探-시공간 배경 "의화단 운동"과 작중 인물 형상 분석을 중심으로, 『中國語文論叢』, 第69輯, 서울, 中國語文研究會, 2015年 6月

박창욱 遲子建 소설 『僞滿洲國』 속 "滿洲敍事"의 意義, 『中國語文論叢』, 第69輯, 서울, 中國語文研究會, 2015年 6月

홍윤기 『南史 · 東昏侯本紀』에 대한 주석과 번역 1-劉勰『文心雕龍』 저작 시기 통치자의 전기, 『中國語文論叢』, 第69輯, 서울, 中國語文研究會, 2015年 6月

조득창 · 조성천 李白 ＜贈＞詩 譯解(2)-제6수에서 제10수까지, 『中國語文論叢』, 第69輯, 서울, 中國語文研究會, 2015年 6月

7-4 中國語文論叢 제70輯 2015年 8月 (中國語文研究會)

권혁준 『說文解字』 讀若에 반영된 복자음 聲母, 『中國語文論叢』, 第70輯, 서울, 中國語文研究會, 2015年 8月

조영란 石刻 文獻에 대한 論考-乾嘉 시기를 중심으로, 『中國語文論叢』, 第70輯, 서울, 中國語文研究會, 2015年 8月

홍소영 · 최규발 현대중국어 “全”과 “都”의 의미기능 비교, 『中國語文論叢』, 第70輯, 서울, 中國語文研究會, 2015年 8月

조경환 중국어의 완수 동사, 『中國語文論叢』, 第70輯, 서울, 中國語文研究會, 2015年 8月

김주희 현대중국어 직시동사의 의미기능 연구-“來+VP”와 “去+VP” 구문을 중심으로, 『中國語文論叢』, 第70輯, 서울, 中國語文研究會, 2015年 8月

이재훈 朱熹 『詩集傳』 ＜鄭風＞ 鄭, ＜緇衣＞, ＜將仲子＞, ＜大叔于田＞ 新舊傳 비교 연구, 『中國語文論叢』, 第70輯, 서울, 中國語文研究會, 2015年 8月

신정수 19세기 전반기 유럽 선교사들의 『三國志演義』 소개 방식과 서술 태도 연구-모리슨과 구츨라프를 중심으로, 『中國

	語文論叢』, 第70輯, 서울, 中國語文研究會, 2015年 8月
조항근	저우쭤런의 자아의식의 딜레마,『中國語文論叢』, 第70輯, 서울, 中國語文研究會, 2015年 8月
강지전	一位自由主義浪漫騎士的誕生-性學家李銀河對作家王小波的塑造,『中國語文論叢』, 第70輯, 서울, 中國語文研究會, 2015年 8月
김혜준	홍콩작가 류이창(劉以鬯)의 소설『술꾼(酒徒)』의 가치와 의의-"의식의 흐름" 문제를 중심으로,『中國語文論叢』, 第70輯, 서울, 中國語文研究會, 2015年 8月
홍윤기	『南史・東昏侯本紀』에 대한 주석과 번역(2)-劉勰『文心雕龍』저작 시기 통치자의 전기,『中國語文論叢』, 第70輯, 서울, 中國語文研究會, 2015年 8月

7－5 中國語文論叢 제71輯 2015年 10月 (中國語文研究會)

조은정	선진시기 여성의 호칭법 고찰-『左傳』과 西周 金文 비교를 중심으로,『中國語文論叢』, 第71輯, 서울, 中國語文研究會, 2015年 10月
김명구	原用과 變用-『聊齋誌異』＜姉妹易嫁＞의 改編 연구,『中國語文論叢』, 第71輯, 서울, 中國語文研究會, 2015年 10月
박미자	『三國演義』에 나오는 별점의 의미에 관한 고찰-죽음에 관한 별점을 중심으로,『中國語文論叢』, 第71輯, 서울, 中國語文研究會, 2015年 10月
조성천・서 성	李白 전집의 판본 소개,『中國語文論叢』, 第71輯, 서울,

中國語文研究會, 2015年 10月

최우석　李白 <古風> 59首의 창작상의 "繼承"과 "創新", 『中國語文論叢』, 第71輯, 서울, 中國語文研究會, 2015年 10月

당윤희　朝鮮에서 간행한 『名公妙選陸放翁詩集』에 대한 고찰, 『中國語文論叢』, 第71輯, 서울, 中國語文研究會, 2015年 10月

남희정　첸중수(錢鍾書)의 탈경계적 글쓰기-장편소설 『포위된 성(圍城)』을 중심으로, 『中國語文論叢』, 第71輯, 서울, 中國語文研究會, 2015年 10月

고점복　문명의 편향과 예술적 근대(성)의 복원-초기 루쉰(魯迅)의 문명론과 근대 인식, 『中國語文論叢』, 第71輯, 서울, 中國語文研究會, 2015年 10月

7-6 中國語文論叢 제72輯 2015年 12月 (中國語文研究會)

장정임　The lexicalization path of "不至于+VP", 『中國語文論叢』, 第72輯, 서울, 中國語文研究會, 2015年 12月

Xing-yan Guo　"NP+好-V"與"NP+容易-V"的對比分析, 『中國語文論叢』, 第72輯, 서울, 中國語文研究會, 2015年 12月

권영애　『列仙傳』의 조력자 모티프 고찰, 『中國語文論叢』, 第72輯, 서울, 中國語文研究會, 2015年 12月

정명기 · 김준연　바흐친의 카니발 이론으로 분석한 柳永 詞의 특징, 『中國語文論叢』, 第72輯, 서울, 中國語文研究會, 2015年 12月

권석환　중국 전통 <雅集圖記>의 문체적 특징 연구, 『中國語文論叢』, 第72輯, 서울, 中國語文研究會, 2015年 12月

서 성	『삼국연의』의 용 이미지와 『주역』 건괘(乾卦)의 형상화, 『中國語文論叢』, 第72輯, 서울, 中國語文硏究會, 2015年 12月
홍윤기	『삼국연의』에 나오는 망치류 병기에 관하여, 『中國語文論叢』, 第72輯, 서울, 中國語文硏究會, 2015年 12月
초대평	孫悟空"大鬧天宮"故事素材來源新說, 『中國語文論叢』, 第72輯, 서울, 中國語文硏究會, 2015年 12月
문정진 · 오경희	『水滸葉子』의 인물 敍事 試探, 『中國語文論叢』, 第72輯, 서울, 中國語文硏究會, 2015年 12月
왕비연	李漁『十二樓』中的女性群像以及由此表現出的李漁的女性觀, 『中國語文論叢』, 第72輯, 서울, 中國語文硏究會, 2015年 12月
김수연	20세기 초 중국의 대학교육과 문학, 『中國語文論叢』, 第72輯, 서울, 中國語文硏究會, 2015年 12月
김혜준	홍콩작가 류이창(劉以鬯)의 소설 『술꾼(酒徒)』의 가치와 의의, 『中國語文論叢』, 第72輯, 서울, 中國語文硏究會, 2015年 12月
정동매 · 김학철	殺戮與救贖的兩難抉擇-余華和金英夏的父權意識比較分析, 『中國語文論叢』, 第72輯, 서울, 中國語文硏究會, 2015年 12月

8-1 中國語文學 제68輯 2015年 4月 (嶺南中國語文學會)

이치수	魏晉南北朝 시기의 詩法論 연구, 『中國語文學』, 第68輯,

대구, 嶺南中國語文學會, 2015年 4月

김은경　蘇辛詞 題序의 창작 특징 비교, 『中國語文學』, 第68輯, 대구, 嶺南中國語文學會, 2015年 4月

강유나　『枕中記』故事原型、流變及主旨論析, 『中國語文學』, 第68輯, 대구, 嶺南中國語文學會, 2015年 4月

초대평　論孫悟空外在形象的形成歟發展-以"銅頭鐵額"與"火眼金睛"爲例, 『中國語文學』, 第68輯, 대구, 嶺南中國語文學會, 2015年 4月

강종임　세책(貰冊)과 세서(稅書): 전통시기 한국과 중국의 소설 대여와 독자, 『中國語文學』, 第68輯, 대구, 嶺南中國語文學會, 2015年 4月

강효숙　〈單位〉와 〈一地鷄毛〉의 "小林"을 중심으로 본 신사실주의 소설의 인물형상과 일상성의 긍정, 『中國語文學』, 第68輯, 대구, 嶺南中國語文學會, 2015年 4月

최은정　1990년대 중국여성서사에 나타난 "어머니" 담론의 일면-陳染의 〈一只耳朶的敲擊聲〉, 徐小斌 〈天籟〉를 중심으로, 『中國語文學』, 第68輯, 대구, 嶺南中國語文學會, 2015年 4月

이춘영　해섭(蟹攝) 1,2등(等) 글자의 현대 한국 한자음 형성 배경 탐석, 『中國語文學』, 第68輯, 대구, 嶺南中國語文學會, 2015年 4月

한　승　"擦抹"義動詞的歷時演變, 『中國語文學』, 第68輯, 대구, 嶺南中國語文學會, 2015年 4月

이선희　한중 광고에 나타난 공감감적 은유의 인지적 연구, 『中國語文學』, 第68輯, 대구, 嶺南中國語文學會, 2015年 4月

김정은 한 · 미 고등학교 중국어 교재 비교 분석,『中國語文學』, 第68輯, 대구, 嶺南中國語文學會, 2015年 4月

홍 굉 從探索到轉型: 論中國第五代導演的電影觀念,『中國語文學』, 第68輯, 대구, 嶺南中國語文學會, 2015年 4月

8-2 中國語文學 제69輯 2015年 8月 (嶺南中國語文學會)

권혁석 『玉臺新詠』에 나타난 중고시기 여성의 형상－의복 수식(首飾)과 장신구를 중심으로,『中國語文學』, 第69輯, 대구, 嶺南中國語文學會, 2015年 8月

이치수 葉夢得『石林詩話』詩論,『中國語文學』, 第69輯, 대구, 嶺南中國語文學會, 2015年 8月

우재호 黃庭堅의 書藝詩 硏究,『中國語文學』, 第69輯, 대구, 嶺南中國語文學會, 2015年 8月

김주영 『夷堅志』에서 보이는 宋代 祠廟 信仰,『中國語文學』, 第69輯, 대구, 嶺南中國語文學會, 2015年 8月

박명진 『淸風閘』에 나타난 "世情" 문화,『中國語文學』, 第69輯, 대구, 嶺南中國語文學會, 2015年 8月

강종임 蔡邕과 蔡二郎의 역사적 간극,『中國語文學』, 第69輯, 대구, 嶺南中國語文學會, 2015年 8月

소대평 論蚩尤對孫悟空形象塑造的影響,『中國語文學』, 第69輯, 대구, 嶺南中國語文學會, 2015年 8月

박운석 · 김현주 왕해령(王海鴒)의 結婚三部曲에 나타난 女性意識,『中國語文學』, 第69輯, 대구, 嶺南中國語文學會, 2015年 8月

양영매	현대중국어 "A着VP" 구조에 대한 통사 분석, 『中國語文學』, 第69輯, 대구, 嶺南中國語文學會, 2015年 8月
창 나	特殊結構"V上＋數量"研究, 『中國語文學』, 第69輯, 대구, 嶺南中國語文學會, 2015年 8月
박현규	조선 金正喜가 청 翁樹崐에게 보낸 『高麗史鄭道傳』, 『中國語文學』, 第69輯, 대구, 嶺南中國語文學會, 2015年 8月
박정희	문화텍스트를 통한 충칭 도시문화 연구－『失踪的上清寺』와 『好奇害死猫』를 중심으로, 『中國語文學』, 第69輯, 대구, 嶺南中國語文學會, 2015年 8月

8－3 中國語文學 제70輯 2015年 12月 (嶺南中國語文學會)

이치수	錢鍾書의 陸游論, 『中國語文學』, 第70輯, 대구, 嶺南中國語文學會, 2015年 12月
권응상	劉三姐 이야기의 극본화 과정 연구, 『中國語文學』, 第70輯, 대구, 嶺南中國語文學會, 2015年 12月
주기평	당송 시아시(示兒詩)에 나타난 중국시인들의 자식교육, 『中國語文學』, 第70輯, 대구, 嶺南中國語文學會, 2015年 12月
김영철	"기억" 탐색의 서사 -格非의 『追憶烏攸先生』과 『青黃』, 『中國語文學』, 第70輯, 대구, 嶺南中國語文學會, 2015年 12月
김소정	러시아 니힐리스트 영웅의 중국적 수용-1920년대를 중심으로, 『中國語文學』, 第70輯, 대구, 嶺南中國語文學會, 2015年 12月
박종연	朝鮮 초기 중국어 통역 발전 배경에 관한 연구-『朝鮮王朝

實錄』의 기록을 중심으로, 『中國語文學』, 第70輯, 대구, 嶺南中國語文學會, 2015年 12月

양 가　　四正卦淵源考, 『中國語文學』, 第70輯, 대구, 嶺南中國語文學會, 2015年 12月

김영찬　　『無罪獲勝』과 17세기 漢語 어음 체계-성모를 중심으로, 『中國語文學』, 第70輯, 대구, 嶺南中國語文學會, 2015年 12月

오현주　　중국어 조동사 활용을 통한 공손표현 고찰, 『中國語文學』, 第70輯, 대구, 嶺南中國語文學會, 2015年 12月

이철근　　主語, 賓語及介詞賓語位置上的"V過O"功能考察, 『中國語文學』, 第70輯, 대구, 嶺南中國語文學會, 2015年 12月

서 영　　同一名詞組成的偏正結構研究, 『中國語文學』, 第70輯, 대구, 嶺南中國語文學會, 2015年 12月

이혜정　　"的"자 구조 중에 있는 "的"의 공시문법화 연구, 『中國語文學』, 第70輯, 대구, 嶺南中國語文學會, 2015年 12月

임범종　　한국인 학습자의 중국어 en□에서 e[□]의 변이음[ε]에 대한 지각 양상 연구, 『中國語文學』, 第70輯, 대구, 嶺南中國語文學會, 2015年 12月

두 일　　唐五代體標記"着"的范圍及其時制特點, 『中國語文學』, 第70輯, 대구, 嶺南中國語文學會, 2015年 12月

정성임　　현대 중국어 "這"의 인지적 의미 연구, 『中國語文學』, 第70輯, 대구, 嶺南中國語文學會, 2015年 12月

김해령　　모국어 배경이 중국어 성조의범주적 지각에 미치는 영향, 『中國語文學』, 第70輯, 대구, 嶺南中國語文學會, 2015年 12月

정영지　　『現代漢語詞典』 속의 의성어 고찰, 『中國語文學』, 第70

輯, 대구, 嶺南中國語文學會, 2015年 12月

이범열 생략의 담화 기능에 관한 연구-현대중국어를 중심으로,『中國語文學』, 第70輯, 대구, 嶺南中國語文學會, 2015年 12月

9－1 中國語文學論集 第90號 2015年 2月 (中國語文學研究會)

任祉泳 갑골문에 나타난 商代 羌族의 面貌 考察,『中國語文學論集』, 第90號, 서울, 中國語文學研究會, 2015年 2月

徐美靈 20세기 전반기 중국어 발음 교육 고찰 : 한국에서 출판된 중국어 교과서를 중심으로,『中國語文學論集』, 第90號, 서울, 中國語文學研究會, 2015年 2月

柳在元 일제강점기 한어 회화서의 중국어 발음 설명에 관한 연구(2),『中國語文學論集』, 第90號, 서울, 中國語文學研究會, 2015年 2月

孫美莉 사건구조 관점에서 본 'NPL+V着+NP' 존재구문 고찰,『中國語文學論集』, 第90號, 서울, 中國語文學研究會, 2015年 2月

申景媄 중국어 자질 문법의 응용 시론,『中國語文學論集』, 第90號, 서울, 中國語文學研究會, 2015年 2月

廉竹鈞 미래시간지칭 연구 총론 : 유형학적 및 문법화 이론적 접근,『中國語文學論集』, 第90號, 서울, 中國語文學研究會, 2015年 2月

李娜賢 현대중국어 來着구문의 의미 분석,『中國語文學論集』, 第90號, 서울, 中國語文學研究會, 2015年 2月

曺喜武　　　　한어유행어를 통해 본 중국 사회 변화 : 2006년에서 2010년 유행어를 중심으로, 『中國語文學論集』, 第90號, 서울, 中國語文學硏究會, 2015年 2月

李黔萍·韓憲鎭　熟語在對韓漢語教學中的偏誤分析硏究, 『中國語文學論集』, 第90號, 서울, 中國語文學硏究會, 2015年 2月

王　楠　　　　『明朝那些事兒』的敘事及語言特徵分析, 『中國語文學論集』, 第90號, 서울, 中國語文學硏究會, 2015年 2月

金錫永·宋紅玲·李康齊·李美京·李衍淑　중국어 평가 문항 작성 기법 연구 : 신HSK, SNULT, FLEX 선택형 문항에 대한 비판적 분석을 중심으로, 『中國語文學論集』, 第90號, 서울, 中國語文學硏究會, 2015年 2月

張乃禹　　　　梁啓超宗教觀的內在矛盾和悖論, 『中國語文學論集』, 第90號, 서울, 中國語文學硏究會, 2015年 2月

朴昭賢　　　　근대계몽기 신문과 추리소설 : 『神斷公案』을 중심으로, 『中國語文學論集』, 第90號, 서울, 中國語文學硏究會, 2015年 2月

安炳國　　　　初唐 王績 園林山莊詩 硏究, 『中國語文學論集』, 第90號, 서울, 中國語文學硏究會, 2015年 2月

尹錫偶　　　　杜甫 「秋興八首」 의 테마 分析, 『中國語文學論集』, 第90號, 서울, 中國語文學硏究會, 2015年 2月

金宜貞　　　　明末 淸初 여성 시인들의 시 쓰기 전략 : 악부시를 중심으로, 『中國語文學論集』, 第90號, 서울, 中國語文學硏究會, 2015年 2月

崔鎭淑　　　　宋代 姜夔 詞의 음악적 특성 분석 : 自度曲을 중심으로, 『中國語文學論集』, 第90號, 서울, 中國語文學硏究會,

2015年 2月

李有鎭 21세기 초 주몽서사를 둘러싼 한・중 담론에 대한 비판적 검토 : 한・중 민족주의 담론으로서의 주몽서사에 대한 계보학적 고찰의 일환으로, 『中國語文學論集』, 第90號, 서울, 中國語文學硏究會, 2015年 2月

洪允姬 중국 기층문화의 주체는 누구인가-종징원(鍾敬文)의 민속학을 중심으로, 『中國語文學論集』, 第90號, 서울, 中國語文學硏究會, 2015年 2月

柳江夏 소통을 위한 인문학적 토대의 토론 교육, 『中國語文學論集』, 第90號, 서울, 中國語文學硏究會, 2015年 2月

姚大勇・朴英順 張漢喆『漂海錄』的文學特色, 『中國語文學論集』, 第90號, 서울, 中國語文學硏究會, 2015年 2月

9-2 中國語文學論集 第91號 2015年 4月 (中國語文學硏究會)

金玲敬 『新撰字鏡』 難字 考釋 七例, 『中國語文學論集』, 第91號, 서울, 中國語文學硏究會, 2015年 4月

崔在濬 商代 氣候에 관한 小考, 『中國語文學論集』, 第91號, 서울, 中國語文學硏究會, 2015年 4月

金正男 淸華簡 『皇門』 譯釋, 『中國語文學論集』, 第91號, 서울, 中國語文學硏究會, 2015年 4月

金泰慶 以母의 上古 중국어음 : 한국한자음 자료를 통한 고찰, 『中國語文學論集』, 第91號, 서울, 中國語文學硏究會, 2015年 4月

李彰浩・李知炫 被구문 동사의 의미운율 : 코퍼스 활용 방법의 일례, 『中

	國語文學論集』, 第91號, 서울, 中國語文學硏究會, 2015年 4月
金惠慶	현대중국어 'V-得'구문분석 및 동사분류체계 구축을 위한 통합적 연구, 『中國語文學論集』, 第91號, 서울, 中國語文學硏究會, 2015年 4月
曺京煥	근대 서양 선교사 중국어 문법서들의 피동문 연구, 『中國語文學論集』, 第91號, 서울, 中國語文學硏究會, 2015年 4月
鄭仁貞·袁毓林	경험상 표지 '過'와 문미 조사 '了$_2$ '의 완료 용법 대조분석, 『中國語文學論集』, 第91號, 서울, 中國語文學硏究會, 2015年 4月
金善熙	명대 是……的형식 과거의미 분석 : 『수호전』, 『서유기』를 중심으로, 『中國語文學論集』, 第91號, 서울, 中國語文學硏究會, 2015年 4月
朴應晳·金鉉哲	현대중국어 비원형 장소빈어에 대한 연구 : '吃+ L'구문을 중심으로, 『中國語文學論集』, 第91號, 서울, 中國語文學硏究會, 2015年 4月
朴胤朝	字중심 중국어교재의 교육적 효율성에 관하여-『漢語語言文字啓蒙』에 대한 분석을 중심으로, 『中國語文學論集』, 第91號, 서울, 中國語文學硏究會, 2015年 4月
文有美	한중 중국어학 연구동향 실태분석 연구 : 학회지의 소논문을 중심으로, 『中國語文學論集』, 第91號, 서울, 中國語文學硏究會, 2015年 4月
朴鍾漢·姜勇仲	중국 상하이(上海) 지역의 상호(商號)의 특성과 변화 양상에 대한 사회언어학적 고찰, 『中國語文學論集』, 第91號,

서울, 中國語文學硏究會, 2015年 4月

趙恒瑾 周作人의 개인주의 고찰, 『中國語文學論集』, 第91號, 서울, 中國語文學硏究會, 2015年 4月

朴姿映 루쉰 연구자들은 왜 잡문에 주목하는가 : 이천년대 이후 루쉰 연구 경향에 대한 일검토, 『中國語文學論集』, 第91號, 서울, 中國語文學硏究會, 2015年 4月

金智英 李睟光의 『芝峰類說』과 趙翼의 『甌北詩話』를 통해 본 唐詩 평가 비교(1) : 이백 시를 중심으로, 『中國語文學論集』, 第91號, 서울, 中國語文學硏究會, 2015年 4月

金志淵 陶淵明의 生命에 대한 미련과 초월 : 〈擬挽歌辭〉를 중심으로, 『中國語文學論集』, 第91號, 서울, 中國語文學硏究會, 2015年 4月

姜正萬 『郁離子』 架空人物類型分析, 『中國語文學論集』, 第91號, 서울, 中國語文學硏究會, 2015年 4月

金善子 중국 羌族 계통 소수민족 신화에 나타난 흰 돌[白石]의 상징성 : 빛과 불, 그리고 천신, 『中國語文學論集』, 第91號, 서울, 中國語文學硏究會, 2015年 4月

洪允姬 제이드로드에 소환된 西王母와 중화문명탐원에 바쳐진 신화연구, 『中國語文學論集』, 第91號, 서울, 中國語文學硏究會, 2015年 4月

河炅心 문혁기 여성을 읽는 다양한 시선 : 5편의 중국영화를 중심으로, 『中國語文學論集』, 第91號, 서울, 中國語文學硏究會, 2015年 4月

黃瑄周 한국본 『須溪校本陶淵明詩集』의 원문 교정, 『中國語文

學論集』, 第91號, 서울, 中國語文學硏究會, 2015年 4月

9-3 中國語文學論集 第92號 2015年 6月 (中國語文學硏究會)

金殷嬉	『설문해자』 女부에 나타난 고대 중국 여성의 미인상(美人相) 고찰, 『中國語文學論集』, 第92號, 서울, 中國語文學硏究會, 2015年 6月
朴賢珠	'不'字의 원형과 선진시기 의미 변화 고찰, 『中國語文學論集』, 第92號, 서울, 中國語文學硏究會, 2015年 6月
張在雄	早期官話에서 핵전 활음의 음운 형성 과정과 변화 원리에 관한 비단선 음운론적 연구, 『中國語文學論集』, 第92號, 서울, 中國語文學硏究會, 2015年 6月
姜　燕	『論語』致使動詞配價硏究, 『中國語文學論集』, 第92號, 서울, 中國語文學硏究會, 2015年 6月
洪京我	중국어 동시성 전자담화 텍스트의 특징 고찰, 『中國語文學論集』, 第92號, 서울, 中國語文學硏究會, 2015年 6月
李錦姬	비즈니스 중국어 평가 개발에 관한 연구: 신·구 BCT(Business Chinese Test)를 중심으로, 『中國語文學論集』, 第92號, 서울, 中國語文學硏究會, 2015年 6月
張　麗·金起誾	한국 학생의 능원동사 "會", "能"오류 분석, 『中國語文學論集』, 第92號, 서울, 中國語文學硏究會, 2015年 6月
侯文玉·金鉉哲	중 · 한 의문사 '誰'와 '누구'의 비의문 지칭기능 대조 연구, 『中國語文學論集』, 第92號, 서울, 中國語文學硏究會, 2015年 6月

申振浩　曹禺의 歷史劇『膽劍篇』 재평가,『中國語文學論集』, 第92號, 서울, 中國語文學硏究會, 2015年 6月

高仁德　명대 말기 '도상의 범람' 과 삽화에 대한 인식,『中國語文學論集』, 第92號, 서울, 中國語文學硏究會, 2015年 6月

金永哲　元代 陸行直의 詞眼論,『中國語文學論集』, 第92號, 서울, 中國語文學硏究會, 2015年 6月

李永燮　한국 해태의 形象考 : 中國으로부터의 변천과정을 중심으로,『中國語文學論集』, 第92號, 서울, 中國語文學硏究會, 2015年 6月

湯　洪・吳恩叔　『論語』에 나타난 '學' 과 '習'의 의미에 관한 고찰,『中國語文學論集』, 第92號, 서울, 中國語文學硏究會, 2015年 6月

黃瑄周　『杜工部詩范德機批選』의 한중 판본과 그 계통,『中國語文學論集』, 第92號, 서울, 中國語文學硏究會, 2015年 6月

崔正燮　페놀로사,『詩의 매체로서의 漢字』 譯註,『中國語文學論集』, 第92號, 서울, 中國語文學硏究會, 2015年 6月

Zou Yiqing　A Comparative Study of Several Issues Between the Indus Civilization and the Ancient Shu Civilization,『中國語文學論集』, 第92號, 서울, 中國語文學硏究會, 2015年 6月

9-4 中國語文學論集 第93號 2015年 8月 (中國語文學硏究會)

侯文玉・金鉉哲　현대중국어 정도부사 '好'의 의미변화와 주관화 분석,『中國語文學論集』, 第93號, 서울, 中國語文學硏究會, 2015年 8月

朴應晳	현대중국어 비원형 장소빈어의 인지적 분석 : '裝·存·送 + L'구문을 중심으로,『中國語文學論集』, 第93號, 서울, 中國語文學研究會, 2015年 8月
金紅梅	현대중국어 'NP很能VP'구조의 양태적 고찰,『中國語文學論集』, 第93號, 서울, 中國語文學研究會, 2015年 8月
王 楠	基於焦點理論的現代漢語事態句分析,『中國語文學論集』, 第93號, 서울, 中國語文學研究會, 2015年 8月
姜 燕	淺析『論語』『呂氏春秋』『世說新語』被動句的反向致使性,『中國語文學論集』, 第93號, 서울, 中國語文學研究會, 2015年 8月
金廷恩	한·중 신문광고 표제어에 나타난 언어적 특징 대조 분석,『中國語文學論集』, 第93號, 서울, 中國語文學研究會, 2015年 8月
金善娥·辛承姬	중국어 교육을 위한 신HSK 한자 일치도 유형분석,『中國語文學論集』, 第93號, 서울, 中國語文學研究會, 2015年 8月
金鉉哲·金雅瑛	열운 장지영의 중국어교육 및 열운문고 소장 중국어학습서 연구,『中國語文學論集』, 第93號, 서울, 中國語文學研究會, 2015年 8月
黃靖惠	나르시스적 영웅상象의 해체 : 루쉰魯迅 소설을 중심으로,『中國語文學論集』, 第93號, 서울, 中國語文學研究會, 2015年 8月
朴姿映	루쉰이 불러낸 귀신들: 시선과 질문들,『中國語文學論集』, 第93號, 서울, 中國語文學研究會, 2015年 8月
尹錫偶	杜甫『秋野』五首 小考,『中國語文學論集』, 第93號, 서

울, 中國語文學硏究會, 2015年 8月

朴惠敬　唐詩 속 彭祖의 형상과 사상적 함의,『中國語文學論集』, 第93號, 서울, 中國語文學硏究會, 2015年 8月

權鎬鍾·朴貞淑　『靑樓韻語』를 통해 본 妓女의 接客心理 考察,『中國語文學論集』, 第93號, 서울, 中國語文學硏究會, 2015年 8月

鄭宣景　晩淸 4대소설과 근대 매체의 만남 : 문학 장의 전환, 그 과도기적 경계성을 중심으로,『中國語文學論集』, 第93號, 서울, 中國語文學硏究會, 2015年 8月

張永伯　『좌전』에 나타난 '예론 禮論' 연구,『中國語文學論集』, 第93號, 서울, 中國語文學硏究會, 2015年 8月

洪允姬·金主希　중국 문헌의 인어 이야기를 통해 본 경계의 다중성,『中國語文學論集』, 第93號, 서울, 中國語文學硏究會, 2015年 8月

9－5 中國語文學論集 第94號 2015年 10月 (中國語文學硏究會)

金愛英　高麗本音義書에 인용된『聲類』考察 :『小學蒐逸』과의 비교를 통하여,『中國語文學論集』, 第94號, 서울, 中國語文學硏究會, 2015年 10月

孟柱億·南黎明　論『元代話本選集』狹義處置式的"不愉快"語義 : 以"將""把"字句爲例,『中國語文學論集』, 第94號, 서울, 中國語文學硏究會, 2015年 10月

任帥眞　한어 意合法의 구조와 의미 연구,『中國語文學論集』, 第94號, 서울, 中國語文學硏究會, 2015年 10月

金鉉哲 · 金世美	현대중국어 'V+C t' 구조의 지속 의미 연구, 『中國語文學論集』, 第94號, 서울, 中國語文學硏究會, 2015年 10月
甘瑞瑗	我們需要"國別化"漢語教材嗎?: 再談"國別化"漢語教材編寫的必要性, 『中國語文學論集』, 第94號, 서울, 中國語文學硏究會, 2015年 10月
田生芳	『現代漢語詞典』中"R"部單字條目的釋義考察 : 以第5版爲中心, 『中國語文學論集』, 第94號, 서울, 中國語文學硏究會, 2015年 10月
文有美	초급중국어 학습자를 위한 앱(App) 기반 스마트 러닝 활용방안 연구, 『中國語文學論集』, 第94號, 서울, 中國語文學硏究會, 2015年 10月
林娟廷	한국대학생의 중국어 읽기 전략과 읽기 성취도, HSK 자격증 취득 간의 상관성 소고, 『中國語文學論集』, 第94號, 서울, 中國語文學硏究會, 2015年 10月
文大一	李海朝와 梁啓超 '여성해방론'의 관련 양상 : 『紅桃花』, 『自由鐘』을 중심으로, 『中國語文學論集』, 第94號, 서울, 中國語文學硏究會, 2015年 10月
李泰俊	吳宓과 어빙 배비트의 신인문주의 교육사상 연구, 『中國語文學論集』, 第94號, 서울, 中國語文學硏究會, 2015年 10月
金宜貞	典故를 통해 본 명대 여성시의 전략 : 王端淑의 시를 중심으로, 『中國語文學論集』, 第94號, 서울, 中國語文學硏究會, 2015年 10月
金智英	査愼行 詩 연구, 『中國語文學論集』, 第94號, 서울, 中國語文學硏究會, 2015年 10月

趙旻祐	樂善齋本『紅樓夢』對淸代文化術語的翻譯方式與意義, 『中國語文學論集』, 第94號, 서울, 中國語文學硏究會, 2015年 10月
金長煥	『魏晉世語』 輯佚 硏究, 『中國語文學論集』, 第94號, 서울, 中國語文學硏究會, 2015年 10月
金華珍	淸末 嚴復과 林紓 번역의 문화적 전이 기능과 교육적 의의, 『中國語文學論集』, 第94號, 서울, 中國語文學硏究會, 2015年 10月
黃瑄周	韓構字本 『李謫仙七言古詩』의 간행 경위, 『中國語文學論集』, 第94號, 서울, 中國語文學硏究會, 2015年 10月

9-6 中國語文學論集 第95號 2015年 12月 (中國語文學硏究會)

金殷嬉	『설문해자』 女부 중 여성의 '자태'를 나타내는 글자의 의미 분석, 『中國語文學論集』, 第95號, 서울, 中國語文學硏究會, 2015年 12月
崔東杓	'簡易俗成化' 조자방식의 合體 簡化字에 대한 성운학적 고찰, 『中國語文學論集』, 第95號, 서울, 中國語文學硏究會, 2015年 12月
李玉珠	표준중국어 음보 강세유형 고찰, 『中國語文學論集』, 第95號, 서울, 中國語文學硏究會, 2015年 12月
申祐先	從「齷齪」探討詞義發展的多向性, 『中國語文學論集』, 第95號, 서울, 中國語文學硏究會, 2015年 12月
徐美靈	『中國語會話全書』의 발음 표기 연구, 『中國語文學論集』,

第95號, 서울, 中國語文學硏究會, 2015年 12月

文有美　　현대중국어 어법단위에 대한 小考 : '절'과 '이합사' 문제를 중심으로, 『中國語文學論集』, 第95號, 서울, 中國語文學硏究會, 2015年 12月

金賢姬　　중한 주어 유생성 및 인지 시점 고찰 : 중국어 존현문과 한국어 대응문을 대상으로, 『中國語文學論集』, 第95號, 서울, 中國語文學硏究會, 2015年 12月

朴贊旭　　"朱鎔基禮賓府晩宴講話"에 대한 기능언어학적 분석 : 제스처, 억양, 어법, 담화 간 관련성에 대한 사례연구, 『中國語文學論集』, 第95號, 서울, 中國語文學硏究會, 2015年 12月

李昭林　　含結果義的"V+得+AP/VP"的韓譯及其制約因素考察, 『中國語文學論集』, 第95號, 서울, 中國語文學硏究會, 2015年 12月

姜　燕·趙麗娟　　『詩經』『論語』『孟子』『呂氏春秋』中副詞"相"詞義再分析, 『中國語文學論集』, 第95號, 서울, 中國語文學硏究會, 2015年 12月

成謹濟　　민족어의 정치성 : 중국 조선족의 문화정치적 상황에 대한 역사적 고찰, 『中國語文學論集』, 第95號, 서울, 中國語文學硏究會, 2015年 12月

朴智淑　　王夫之『古詩評選』의 文氣論 硏究, 『中國語文學論集』, 第95號, 서울, 中國語文學硏究會, 2015年 12月

朴惠敬　　唐詩 속 漢武帝 형상에 반영된 皇帝에 대한 비판적 인식, 『中國語文學論集』, 第95號, 서울, 中國語文學硏究會, 2015年 12月

全恩淑 明末淸初 소설 중 남성 인물의 "여성화" 경향 再考,『中國語文學論集』, 第95號, 서울, 中國語文學硏究會, 2015年 12月

崔世崙 『聖賢高士傳贊』에 나타난 嵇康의 人物論과 가치 고찰,『中國語文學論集』, 第95號, 서울, 中國語文學硏究會, 2015年 12月

尹銀雪 崑曲『十五貫』서사의 변용 양상 고찰,『中國語文學論集』, 第95號, 서울, 中國語文學硏究會, 2015年 12月

金善子 중국 서남부 지역 羌族 계통 소수민족의 龍 신화와 제의에 관한 연구,『中國語文學論集』, 第95號, 서울, 中國語文學硏究會, 2015年 12月

10－1 中國語文學志 第50輯 2015年 4月 (中國語文學會)

김준석 지식인의 이상과 실천-嵇康과 阮籍의 비극을 통해,『中國語文學志』, 第50輯, 서울, 中國語文學會, 2015年 4月

당윤희 조선 전기에 간행된 宋朝 文人의 別集類 詩選集에 대한 고찰(1),『中國語文學志』, 第50輯, 서울, 中國語文學會, 2015年 4月

김의정 陸卿子 樂府詩의 시적 전략,『中國語文學志』, 第50輯, 서울, 中國語文學會, 2015年 4月

김원동 『尺牘新語』를 통해 본 문학성과 대중성 사이-遊記 尺牘을 중심으로,『中國語文學志』, 第50輯, 서울, 中國語文學會, 2015年 4月

이욱연 루쉰의〈애도(傷逝)〉와 기억과 망각의 서사,『中國語文學

	志』, 第50輯, 서울, 中國語文學會, 2015年 4月
정성은	純情과 肉慾의 사랑-위광중 애정시 解讀,『中國語文學志』, 第50輯, 서울, 中國語文學會, 2015年 4月
장홍추	中國白話語文教材選編外國作品的百年歷程, 『中國語文學志』, 第50輯, 서울, 中國語文學會, 2015年 4月
팽 정	『正音新纂』韻母系統考,『中國語文學志』, 第50輯, 서울, 中國語文學會, 2015年 4月
이지영	後漢 시기 /r/의 梵漢對譯에 관하여,『中國語文學志』, 第50輯, 서울, 中國語文學會, 2015年 4月
류 위	量詞重疊"CC"與"每一C"句法上的差異及其動因, 『中國語文學志』, 第50輯, 서울, 中國語文學會, 2015年 4月
박진옥	試論現代漢語三類特殊涉量賓語句的主觀性問題, 『中國語文學志』, 第50輯, 서울, 中國語文學會, 2015年 4月
김태은 · 신수영	연어(collocation)와 중국어 결합 관계(搭配)에 대한 개념적 고찰,『中國語文學志』, 第50輯, 서울, 中國語文學會, 2015年 4月
이범열	현대중국어의 신체어 연구-"얼굴", "입", "귀"를 중심으로,『中國語文學志』, 第50輯, 서울, 中國語文學會, 2015年 4月
우 붕	淺談網絡리語的構詞特點及非罵性語用功能, 『中國語文學志』, 第50輯, 서울, 中國語文學會, 2015年 4月

10－2 中國語文學志 第51輯 2015年 6月 (中國語文學會)

오태석	역설의 즐거움: 老莊 존재론의 否定性,『中國語文學志』,

第51輯, 서울, 中國語文學會, 2015年 6月

김준연　　杜甫 秦州, 同谷 時期 詩에 나타난 공간의 이중성, 『中國語文學志』, 第51輯, 서울, 中國語文學會, 2015年 6月

김 영·박재연·이재홍　조선본『古列女傳』의 발굴과 그 의미, 『中國語文學志』, 第51輯, 서울, 中國語文學會, 2015年 6月

이영섭　　晩明小品文을 통한, 中國古典散文에 대한 文化的 접근 - 張岱의 小品文 〈湖心亭看雪〉을 一例로, 『中國語文學志』, 第51輯, 서울, 中國語文學會, 2015年 6月

김의정　　明末 淸初 문화 세속화의 흐름 속에서 본『閑情偶寄』-〈居室部〉를 중심으로, 『中國語文學志』, 第51輯, 서울, 中國語文學會, 2015年 6月

구현아　　『正音切韻指掌』에 반영된 청말 관화음계 연구, 『中國語文學志』, 第51輯, 서울, 中國語文學會, 2015年 6月

초육매　　泛指性量詞"枚"的歷時演變研究, 『中國語文學志』, 第51輯, 서울, 中國語文學會, 2015年 6月

왕영덕　　"那里"否定用法初步分析, 『中國語文學志』, 第51輯, 서울, 中國語文學會, 2015年 6月

이지은　　의미지도모형(semantic map model)을 통한 이중수사체계 연구-"兩"과 "二"을 중심으로, 『中國語文學志』, 第51輯, 서울, 中國語文學會, 2015年 6月

10-3 中國語文學志 第52輯 2015年 9月 (中國語文學會)

노경희　　나무 의상을 통한 庾信 후기문학의 상징체계 고찰, 『中國

語文學志』, 第52輯, 서울, 中國語文學會, 2015年 9月

안상복 韓中 두 나라 山臺와 雜戲 비교 연구, 『中國語文學志』, 第52輯, 서울, 中國語文學會, 2015年 9月

김지선 『唐詩畵譜』의 홍행과 唐詩의 통속화, 『中國語文學志』, 第52輯, 서울, 中國語文學會, 2015年 9月

이정재 조선 사절 燕行錄에 나타난 청대 후기 北京의 민간연극, 『中國語文學志』, 第52輯, 서울, 中國語文學會, 2015年 9月

왕 성 자유로운 영혼의 갈등과 선택-〈자화상〉의 부재를 통해서 본 중국 근대적 자아 확립의 실패, 『中國語文學志』, 第52輯, 서울, 中國語文學會, 2015年 9月

이나현 현대중국어 “V不C”, ”V不了”의 내적 대조를 통한 교육 연구, 『中國語文學志』, 第52輯, 서울, 中國語文學會, 2015年 9月

이범열 현대중국어의 식물은유: 인간과 식물의 관계를 중심으로, 『中國語文學志』, 第52輯, 서울, 中國語文學會, 2015年 9月

김석영 · 손민정 중국어 교과서의 외래어 표기 개선 방안, 『中國語文學志』, 第52輯, 서울, 中國語文學會, 2015年 9月

박정원 융복합시대의 중국어문학 자원 큐레이팅 전략 연구, 『中國語文學志』, 第52輯, 서울, 中國語文學會, 2015年 9月

10－4 中國語文學志 第53輯 2015年 12月 (中國語文學會)

김준석 嵇康 반란가담의혹에 대한 반박, 『中國語文學志』, 第53輯, 서울, 中國語文學會, 2015年 12月

조휘만 『論語·學而』“信近于義”章 新解,『中國語文學志』, 第53輯, 서울, 中國語文學會, 2015年 12月

노우정 도연명 시의 공간 이동과 공간 표상의 의미-길, 집, 무덤,『中國語文學志』, 第53輯, 서울, 中國語文學會, 2015年 12月

김민나 『文心雕龍』〈徵聖〉편의 주제와 “文之樞紐”로서의 역할에 대한 새로운 탐색,『中國語文學志』, 第53輯, 서울, 中國語文學會, 2015年 12月

임도현 두보 시의 제목과 시상 전개 방식,『中國語文學志』, 第53輯, 서울, 中國語文學會, 2015年 12月

최진아 당악정재(唐樂呈才)에 투영된 중국고전서사의 문화적 변용,『中國語文學志』, 第53輯, 서울, 中國語文學會, 2015年 12月

이현우 『朝鮮王朝實錄』에 나타난 陶淵明에 관한 키워드와 인식의 양상,『中國語文學志』, 第53輯, 서울, 中國語文學會, 2015年 12月

김정숙 명대중엽 세설체 형성,『中國語文學志』, 第53輯, 서울, 中國語文學會, 2015年 12月

홍석표 예로센코, 魯迅, 周作人의 세계주의적 경향과 동아시아 지식인의 사상적 공명,『中國語文學志』, 第53輯, 서울, 中國語文學會, 2015年 12月

임우경 무대 위의 위험한 여/성: 張愛玲〈色, 戒〉의 성 정치,『中國語文學志』, 第53輯, 서울, 中國語文學會, 2015年 12月

강종임 옛날이야기로 오늘을 이야기하기-중국고전소설선독 수업을 위한 제언,『中國語文學志』, 第53輯, 서울, 中國語文

學會, 2015年 12月

강경희 중국고전문학 교육에 치유로서의 글쓰기를 활용한 사례 연구, 『中國語文學志』, 第53輯, 서울, 中國語文學會, 2015年 12月

문수정 章太炎『文始』의 어원 해설 방식과 유관 글자의 재분류-寒部 "貫" 계열을 중심으로, 『中國語文學志』, 第53輯, 서울, 中國語文學會, 2015年 12月

이현선 조선 시대 문헌 자료로 본 近代漢語 禪母의 변화 양상, 『中國語文學志』, 第53輯, 서울, 中國語文學會, 2015年 12月

김태은 BCC 코퍼스에 기반 한중국어 음역어의 음성 기호화 현상 고찰, 『中國語文學志』, 第53輯, 서울, 中國語文學會, 2015年 12月

김설화 · 모정열 補語語義指向對重動句的使用制約, 『中國語文學志』, 第53輯, 서울, 中國語文學會, 2015年 12月

류 위 方位結構"X裏"與"X中"的組合差異及其認知動因, 『中國語文學志』, 第53輯, 서울, 中國語文學會, 2015年 12月

김종찬 論『現代漢語詞典』"滿足"的詞性, 『中國語文學志』, 第53輯, 서울, 中國語文學會, 2015年 12月

박덕준 선택접속사유의어 "還是, 或者, 要마" 연구, 『中國語文學志』, 第53輯, 서울, 中國語文學會, 2015年 12月

이은경 현대중국어 "VP" 주어의 통사, 의미와 교육, 『中國語文學志』, 第53輯, 서울, 中國語文學會, 2015年 12月

김미순 고등학교『중국어 I』네 영역의 편제 순서와 그에 따른 내용의 적합성 고찰, 『中國語文學志』, 第53輯, 서울, 中國語文學會, 2015年 12月

11－1 中國言語硏究 第56輯 2015年 2月 (韓國中國言語學會)

曲曉雲　關於15、16世紀轉寫漢語讀音的訓民正音“ㅓ”，『中國言語硏究』, 第56輯, 서울, 韓國中國言語學會, 2015年 2月

김태은　중국어 축약 현상에 대한 고찰,『中國言語硏究』, 第56輯, 서울, 韓國中國言語學會, 2015年 2月

김종찬　“接近” 詞性新論,『中國言語硏究』, 第56輯, 서울, 韓國中國言語學會, 2015年 2月

정혜인　현대한어 전치사구의 삭제와 보류 현상 연구,『中國言語硏究』, 第56輯, 서울, 韓國中國言語學會, 2015年 2月

명혜정　中國 敦煌寫本 펠리오본本과 韓國 初雕本 高麗大藏經本, 日本 金剛寺 筆寫本의『玄應音義』比較 硏究-표제어 비교를 중심으로,『中國言語硏究』, 第56輯, 서울, 韓國中國言語學會, 2015年 2月

유재원　일제강점기 한어 회화서의 중국어 발음 설명에 관한 연구(1),『中國言語硏究』, 第56輯, 서울, 韓國中國言語學會, 2015年 2月

곽홍연　韓國學生“難易句”習得偏誤硏究及敎材編排考察,『中國言語硏究』, 第56輯, 서울, 韓國中國言語學會, 2015年 2月

11－2 中國言語硏究 第57輯 2015年 4月 (韓國中國言語學會)

이지영　『反切檢字圖』初探,『中國言語硏究』, 第57輯, 서울, 韓國中國言語學會, 2015年 4月

장 용　　從"年度成語"看漢韓成語比較研究的現實意義,『中國言語研究』, 第57輯, 서울, 韓國中國言語學會, 2015年 4月

윤애경　　現代漢語ABB式形容詞的內部結構研究,『中國言語研究』, 第57輯, 서울, 韓國中國言語學會, 2015年 4月

구경숙 · 장진개　　현대중국어 이음절 형용사 AABB식과 ABAB식 중첩의 비교 및 교육 방안-신HSK 6급 단어 분석 위주,『中國言語研究』, 第57輯, 서울, 韓國中國言語學會, 2015年 4月

이 영　　從針對韓國學生漢語教育視角上考察"應該",『中國言語研究』, 第57輯, 서울, 韓國中國言語學會, 2015年 4月

왕영덕 · 가춘매　　臨時動量詞的語義和句法初步分析,『中國言語研究』, 第57輯, 서울, 韓國中國言語學會, 2015年 4月

김나래　　유의어 剛, 剛才의 의미, 통사론적 특성 연구,『中國言語研究』, 第57輯, 서울, 韓國中國言語學會, 2015年 4月

문유미　　인지언어학 이론을 적용한 然後의 泛化 연구,『中國言語研究』, 第57輯, 서울, 韓國中國言語學會, 2015年 4月

이규갑　　非正字形 偏旁이 固定的으로 사용되는 異體字의 생성 고찰,『中國言語研究』, 第57輯, 서울, 韓國中國言語學會, 2015年 4月

한희창　　공학계열과 인문사회계열 학습자의 초급중국어 학습 실태 비교,『中國言語研究』, 第57輯, 서울, 韓國中國言語學會, 2015年 4月

박은석 · 유수경　　설문 조사에 근거한 중국어 문장부호 "分號"의 어법 특성과 조사대상자 특성별 분석,『中國言語研究』, 第57輯, 서울, 韓國中國言語學會, 2015年 4月

이태수　　『忠義直言』의 代詞 연구, 『中國言語硏究』, 第57輯, 서울, 韓國中國言語學會, 2015年 4月

백지훈　　인과관계 접속사 "因爲", "爲什麽呢" 대조 연구 인과관계 의미영역별 출현양상, 어순 분포 및 문법의 생태학적 관점에서 본 화용적 효율성의 차이를 중심으로, 『中國言語硏究』, 第57輯, 서울, 韓國中國言語學會, 2015年 4月

박용진　　한국인 중국어 학습자를 위한 필수문법항목 설계, 『中國言語硏究』, 第57輯, 서울, 韓國中國言語學會, 2015年 4月

위수광　　중국어 교육문법의 표현항목 선정에 관한 고찰-의사소통 기능항목을 토대로, 『中國言語硏究』, 第57輯, 서울, 韓國中國言語學會, 2015年 4月

11－3 中國言語硏究 第58輯 2015年 6月 (韓國中國言語學會)

여정남　　雙音節動詞新義的語義弱隱愈化特徵, 『中國言語硏究』, 第58輯, 서울, 韓國中國言語學會, 2015年 6月

백은희　　중국어 담화 지시체의 인지범주와 형식적 구현, 『中國言語硏究』, 第58輯, 서울, 韓國中國言語學會, 2015年 6月

초팽염　　"1"에 대한 범언어적 분석, 『中國言語硏究』, 第58輯, 서울, 韓國中國言語學會, 2015年 6月

류　위　　方位詞"里"与"內"的組合差異及其動因, 『中國言語硏究』, 第58輯, 서울, 韓國中國言語學會, 2015年 6月

윤상희　　祈使句的主·客觀分類系統, 『中國言語硏究』, 第58輯, 서울, 韓國中國言語學會, 2015年 6月

정성임 "去+VP"와 "VP+去"의 특징 연구, 『中國言語研究』, 第58輯, 서울, 韓國中國言語學會, 2015年 6月

유수경 현대 중국어 "V上來/去" 구문의 어법특성 분석-"來, 去" 를 중심으로, 『中國言語研究』, 第58輯, 서울, 韓國中國言語學會, 2015年 6月

이경원 漢城(Seoul)大學所藏商代牛胛骨綜合研究, 『中國言語研究』, 第58輯, 서울, 韓國中國言語學會, 2015年 6月

김주아 通過韓國語補助動詞"주다2"看漢語的陰性特質, 『中國言語研究』, 第58輯, 서울, 韓國中國言語學會, 2015年 6月

김양진 · 단명결 한 · 중 한자어 인간성 분류사 역사적 비교, 『中國言語研究』, 第58輯, 서울, 韓國中國言語學會, 2015年 6月

11－4 中國言語研究 第59輯 2015年 8月 (韓國中國言語學會)

명혜정 高麗大藏經 初雕本과 再雕本의 『玄應音義』 대조 고찰, 『中國言語研究』, 第59輯, 서울, 韓國中國言語學會, 2015年 8月

김종찬 "近似"詞性新解, 『中國言語研究』, 第59輯, 서울, 韓國中國言語學會, 2015年 8月

곡효여 補語"上"與"到"的語義特征分析-以"目的"義爲中心, 『中國言語研究』, 第59輯, 서울, 韓國中國言語學會, 2015年 8月

김종호 현대중국어 "도구표시 술목구조구문" 연구-목적격 부여의 기제를 중심으로, 『中國言語研究』, 第59輯, 서울, 韓國中國言語學會, 2015年 8月

정소영 한국인 학습자와 중국인 학습자의 時相에 관한 인식 비교

실험 연구-한국어 진행형을 중심으로, 『中國言語研究』, 第59輯, 서울, 韓國中國言語學會, 2015年 8月

양영매 현대중국어 연동문의 완료상과 부정, 『中國言語研究』, 第59輯, 서울, 韓國中國言語學會, 2015年 8月

김홍실 "好不+X"에 대한 연구-ccl분석자료를 중심으로, 『中國言語研究』, 第59輯, 서울, 韓國中國言語學會, 2015年 8月

장진개 · 구경숙 · 나 곤 中高級口語語篇連接成分偏誤分析及教學, 教材編寫, 『中國言語研究』, 第59輯, 서울, 韓國中國言語學會, 2015年 8月

최재영 · 안연진 元明 시기 "강의무" 양상 조동사의 부정형식 고찰, 『中國言語研究』, 第59輯, 서울, 韓國中國言語學會, 2015年 8月

이지은 · 강병규 중국 客家 방언과 贛 방언의 분리와 통합-군집분석과 다차원 척도법을 중심으로, 『中國言語研究』, 第59輯, 서울, 韓國中國言語學會, 2015年 8月

11－5 中國言語研究 第60輯 2015年 10月 (韓國中國言語學會)

신경선 初級漢語語音教學研究-以聲, 韻, 調爲中心, 『中國言語研究』, 第60輯, 서울, 韓國中國言語學會, 2015年 10月

강혜근 韓中漢字字形比較研究-教育用 基礎漢字 中學校用 900字를 中心으로, 『中國言語研究』, 第60輯, 서울, 韓國中國言語學會, 2015年 10月

김나래 조동사 "應該" "得"의 의미, 용법 비교 연구-의무 양태 의미와 인지 양태 의미를 중심으로, 『中國言語研究』, 第60輯,

	서울, 韓國中國言語學會, 2015年 10月
장선우	현대 중국어 "沒+형용사"의 특징 고찰, 『中國言語硏究』, 第60輯, 서울, 韓國中國言語學會, 2015年 10月
최진이	현대 중국어 이음절 "떠나다"류 동사와 기점 논항의 결합 양상 고찰, 『中國言語硏究』, 第60輯, 서울, 韓國中國言語學會, 2015年 10月
조은정	한어방언 어휘에 나타난 "番", "紅毛", "荷蘭"에 관한 소고, 『中國言語硏究』, 第60輯, 서울, 韓國中國言語學會, 2015年 10月
정연실 · 장은영	중국어 수업의 PBL 활용과 문제 설계, 『中國言語硏究』, 第60輯, 서울, 韓國中國言語學會, 2015年 10月
한 승	중국어 "놓다" 류(類) 동사의 역사적 변천과정-어휘, 어법의 변천과정 및 쌍음화 과정을 중심으로, 『中國言語硏究』, 第60輯, 서울, 韓國中國言語學會, 2015年 10月
김현주	현대중국어 "嗎"의문문과 정반의문문의 화용, 인지적 특징 연구-"你很忙嗎?"와 "你很忙不忙?"의 비교 분석을 중심으로, 『中國言語硏究』, 第60輯, 서울, 韓國中國言語學會, 2015年 10月
박성일	韓國學生漢語"把"的語際偏誤分析, 『中國言語硏究』, 第60輯, 서울, 韓國中國言語學會, 2015年 10月
최현미	인지문법의 관점으로 살펴본 한국학생 양태동사 누락 오류 양상과 교육적 제언, 『中國言語硏究』, 第60輯, 서울, 韓國中國言語學會, 2015年 10月
최태훈	한중 자기소개서 쓰기 활동에 관한 실행 연구, 『中國言語

研究』, 第60輯, 서울, 韓國中國言語學會, 2015年 10月

박교리　　　한국인 학습자의 한중동형사 습득 동태에 관한실험 연구, 『中國言語研究』, 第60輯, 서울, 韓國中國言語學會, 2015年 10月

임재민　　　교양중국어 수업설계와 적용, 『中國言語研究』, 第60輯, 서울, 韓國中國言語學會, 2015年 10月

임연정　　　실증적 연구를 통한 한중 협력교육과정에 대한 제안-W대학교 사례분석을 중심으로, 『中國言語研究』, 第60輯, 서울, 韓國中國言語學會, 2015年 10月

맹주억 · 노옥화　　　한중 문화간 의사소통을 위한 중국 사회문화 요소 연구-중국 초등학교 의무교과과정 『品德與生活』을 중심으로, 『中國言語研究』, 第60輯, 서울, 韓國中國言語學會, 2015年 10月

김준수　　　關於『常用國字標準字表』的若干建議, 『中國言語研究』, 第60輯, 서울, 韓國中國言語學會, 2015年 10月

최재영 · 장　빈　　　朝鮮時代漢語教科書中的否定詞考察-以已然性否定詞"無/無有, 沒/沒有, 不曾, 未/未曾/未有"爲例, 『中國言語研究』, 第60輯, 서울, 韓國中國言語學會, 2015年 10月

김홍실　　　현대 중국어 "頭"의 문법화에 대한 소고, 『中國言語研究』, 第60輯, 서울, 韓國中國言語學會, 2015年 10月

11－6 中國言語研究 第61輯 2015年 12月 (韓國中國言語學會)

엄익상　　　Opening Remarks of IACL23, 『中國言語研究』, 第61輯,

서울, 韓國中國言語學會, 2015年 12月

엄익상　　IACL23의 성과와 과제, 『中國言語研究』, 第61輯, 서울, 韓國中國言語學會, 2015年 12月

김창주　　來母字의 독음 / ʃ /에 대한 고찰-閩 中三元 방언에서 보이는 현상을 근거로, 『中國言語研究』, 第61輯, 서울, 韓國中國言語學會, 2015年 12月

이미경　　한국인의 중국어 성조 인지와 음성 특징 고찰, 『中國言語研究』, 第61輯, 서울, 韓國中國言語學會, 2015年 12月

유수경　　"상위" 공간개념 언어성분에 관한 의미지도 연구-중국어 "上/上面/上邊", 한국어 "위/상", 영어 "on"의 비교 연구, 『中國言語研究』, 第61輯, 서울, 韓國中國言語學會, 2015年 12月

강병규　　중국어와 동아시아 언어의 어순 유형, 『中國言語研究』, 第61輯, 서울, 韓國中國言語學會, 2015年 12月

박정구 · 박은석　　중국어 "一＋量＋形" 구문의 발전 및 그 기제-"一+검+A" 형식의 분석을 중심으로, 『中國言語研究』, 第61輯, 서울, 韓國中國言語學會, 2015年 12月

박현준　　재귀사 차단효과의 재해석, 『中國言語研究』, 第61輯, 서울, 韓國中國言語學會, 2015年 12月

박정구 · Kong Fan Lian　　"V得個C"的構式特征及其在漢語動補式系統中的地位, 『中國言語研究』, 第61輯, 서울, 韓國中國言語學會, 2015年 12月

이지현 · 이창호　　현대 중국어의 상황 결합 유형 고찰-"開"와 "門開了"를 중심으로, 『中國言語研究』, 第61輯, 서울, 韓國中國言語學

會, 2015年 12月

서월령　近代漢音借詞"선비"考,『中國言語硏究』, 第61輯, 서울, 韓國中國言語學會, 2015年 12月

사　례　四川 瀘州 방언의 복수표지 "些", "화", "們", "家/家家"에 대한 연구,『中國言語硏究』, 第61輯, 서울, 韓國中國言語學會, 2015年 12月

박혜리　『切韻』의 음운 체계의 역사적 사실성에 대한 탐구,『中國言語硏究』, 第61輯, 서울, 韓國中國言語學會, 2015年 12月

오세준　部分上古祭部字 "漢-阿對應" 比較硏究,『中國言語硏究』, 第61輯, 서울, 韓國中國言語學會, 2015年 12月

이은화　어휘의 의미투명도가 한국인 중국어 학습자의 중국어어휘 습득에 미치는 영향 연구,『中國言語硏究』, 第61輯, 서울, 韓國中國言語學會, 2015年 12月

염재웅　조선초기 언해자료에 반영된 한어변조구사법 활용상황 연구,『中國言語硏究』, 第61輯, 서울, 韓國中國言語學會, 2015年 12月

김종찬　"等同"的詞性論,『中國言語硏究』, 第61輯, 서울, 韓國中國言語學會, 2015年 12月

윤유정　현대중국어 다항보어 "V+C1+C2+(C3)" 격식 初探,『中國言語硏究』, 第61輯, 서울, 韓國中國言語學會, 2015年 12月

정소영　"地"와 "得"의 사용조건,『中國言語硏究』, 第61輯, 서울, 韓國中國言語學會, 2015年 12月

Shao Lei　淸-朝鮮時期漢・滿・韓文字對音之互通-以『漢淸文鑑』滿文的韓文表記法爲例,『中國言語硏究』, 第61輯, 서울, 韓

國中國言語學會, 2015年 12月

Jiang Yan　淺析『論語』『呂氏春秋』『世說新語』"S+以+O+V+C"句式致使情況,『中國言語研究』, 第61輯, 서울, 韓國中國言語學會, 2015年 12月

12－1 中國人文科學 第59輯 2015年 4月 (中國人文學會)

◎ 語學

안기섭　古代漢語 '已'의 품사 분별과 의미항에 대한 몇 가지 의문 : 副詞의 의미항 · 助詞(語氣詞)의 인정 여부를 중심으로,『中國人文科學』, 第59輯, 광주, 中國人文學會, 2015年 4月

朴重奎 · 鄭春恩 · 尹祥銀　漢語"聲母加韻母ao"的漢字与韓國語漢字詞讀音對應規律研究,『中國人文科學』, 第59輯, 광주, 中國人文學會, 2015年 4月

유영기　『傷寒雜病論』의 언어학적 연구 : 者자구를 중심으로,『中國人文科學』, 第59輯, 광주, 中國人文學會, 2015年 4月

崔南圭　『禮記 · 緇衣』중 인용된 "尹誥" 구절에 대한 고찰,『中國人文科學』, 第59輯, 광주, 中國人文學會, 2015年 4月

宋瑄叶　『兒女英雄傳』承接連詞考察,『中國人文科學』, 第59輯, 광주, 中國人文學會, 2015年 4月

金眞姬　中韓慣用語所体現的文化內涵對比,『中國人文科學』, 第59輯, 광주, 中國人文學會, 2015年 4月

김미성　시간부사 '在'의 상 표지 인정여부에 관한 초탐,『中國人文

科學』, 第59輯, 광주, 中國人文學會, 2015年 4月

夏曉雨 · 韓容洙　韓國語程度副詞'너무'和漢語'太'的比較, 『中國人文科學』, 第59輯, 광주, 中國人文學會, 2015年 4月

구현아 · 장 린 · 김영옥　예체능 계열 학생을 위한 교양 중국어 교재 개발 연구 : Y대학교 사례를 중심으로, 『中國人文科學』, 第59輯, 광주, 中國人文學會, 2015年 4月

◎ 文學

김진희　『論語』 '無友不如己者'에 대한 解釋 試探 : 君子와의 관련성을 중심으로, 『中國人文科學』, 第59輯, 광주, 中國人文學會, 2015年 4月

전가람　蘇軾의 '墨癖'과 '癖'의 禪家的 轉換 : 『東坡題跋』을 중심으로, 『中國人文科學』, 第59輯, 광주, 中國人文學會, 2015年 4月

李金恂　명 전기를 통한 애정정표의 작용에 대한 고찰, 『中國人文科學』, 第59輯, 광주, 中國人文學會, 2015年 4月

李相雨　淺析中國后現代話劇的發展演進及其文化學意義, 『中國人文科學』, 第59輯, 광주, 中國人文學會, 2015年 4月

段文菡　論蕭蕭新詩中'意念'與'意象'的糾結, 『中國人文科學』, 第59輯, 광주, 中國人文學會, 2015年 4月

김자은　2000년 이후 중국 詩의 창작경향과 연구동향 : 『中國詩歌研究動態 · 新詩卷』을 중심으로, 『中國人文科學』, 第59輯, 광주, 中國人文學會, 2015年 4月

◎ 文化

孫興鋒　論中國大學的歷史發展与現存問題,『中國人文科學』, 第59輯, 광주, 中國人文學會, 2015年 4月

정영호 · 장혜정　다문화가정 안정적 정착을 위한 인재 양성 방안 연구 : 중화권을 중심으로,『中國人文科學』, 第59輯, 광주, 中國人文學會, 2015年 4月

胡瑞美　互聯網時代的誦讀模式探究,『中國人文科學』, 第59輯, 광주, 中國人文學會, 2015年 4月

김정욱　『송가황조(宋家皇朝)』를 보는 어떤 한 장의 지도(下),『中國人文科學』, 第59輯, 광주, 中國人文學會, 2015年 4月

12－2 中國人文科學 第60輯 2015年 8月 (中國人文學會)

◎ 語學

崔南圭　『甲骨文虛詞詞典』 중 '用'과 '以'자의 虛詞 용법 분석에 대한 고찰,『中國人文科學』, 第60輯, 광주, 中國人文學會, 2015年 8月

李相機　春秋時期 秦石刻文字와 他國金文과의 字形比較,『中國人文科學』, 第60輯, 광주, 中國人文學會, 2015年 8月

임명화　고대중국어 단문과 복문의 구분에 대한 고찰,『中國人文科學』, 第60輯, 광주, 中國人文學會, 2015年 8月

안기섭　古代漢語 조사 '也'의 기능에 대한 새로운 접근,『中國人文科學』, 第60輯, 광주, 中國人文學會, 2015年 8月

김덕균	현대 중국어 '本來' '原來'의 인지적 현저성과 서법성, 『中國人文科學』, 第60輯, 광주, 中國人文學會, 2015年 8月
강은지	근대시기 교과서에 나타난 19세기 상해방언의 특징 연구 : Jenkins(186?)의 문헌적 성격과 언어학적 특징을 중심으로, 『中國人文科學』, 第60輯, 광주, 中國人文學會, 2015年 8月
韓在均	針對韓國學生的幾種漢語普通話語音教學策略, 『中國人文科學』, 第60輯, 광주, 中國人文學會, 2015年 8月
林志永	與漢語"得"字情態補語相關聯的韓語狀語研究, 『中國人文科學』, 第60輯, 광주, 中國人文學會, 2015年 8月
高亞亨	漢語"把"字句與"使"字句的關聯性及其理據探究, 『中國人文科學』, 第60輯, 광주, 中國人文學會, 2015年 8月
王　蕾	多角度看對外漢語視听說課課程建設, 『中國人文科學』, 第60輯, 광주, 中國人文學會, 2015年 8月

◎ 文學

吳萬鍾	三代의 滅亡과 后妃, 『中國人文科學』, 第60輯, 광주, 中國人文學會, 2015年 8月
徐寶余	先秦兩漢楚聲與文學關系研究, 『中國人文科學』, 第60輯, 광주, 中國人文學會, 2015年 8月
이경민	佛敎의 中國化와 魏晉 南北朝 僧侶의 詩歌 創作 : 불교 중국화에 대한 문학사적 고찰, 『中國人文科學』, 第60輯, 광주, 中國人文學會, 2015年 8月
강창구	沈佺期・宋之問 詩의 內容考, 『中國人文科學』, 第60輯, 광주, 中國人文學會, 2015年 8月

李鍾武　貶謫文人의 작품 속 심리양상 고찰 I : '두려움',『中國人文科學』, 第60輯, 광주, 中國人文學會, 2015年 8月

송인주 · 임동춘　陸游 茶詩에 나타난 宋代 貢茶 硏究,『中國人文科學』, 第60輯, 광주, 中國人文學會, 2015年 8月

李沃夏　'二李' 哀愁詞에 나타난 식물이미지 활용 양상 비교,『中國人文科學』, 第60輯, 광주, 中國人文學會, 2015年 8月

王飛燕　湯顯祖『牡丹亭』插圖的審美意味,『中國人文科學』, 第60輯, 광주, 中國人文學會, 2015年 8月

鄭元祉　韓國乞粒(埋鬼)과 中國打夜胡 · 秧歌比較,『中國人文科學』, 第60輯, 광주, 中國人文學會, 2015年 8月

丁海里 · 柳昌辰　중국 근대 중서문화 소통과 번역론 : 임서(林紓)의 中西小說 비교론을 중심으로,『中國人文科學』, 第60輯, 광주, 中國人文學會, 2015年 8月

조병환　근대 상하이 차관(茶館)의 공간구조에 관한 고찰,『中國人文科學』, 第60輯, 광주, 中國人文學會, 2015年 8月

양회석　타이완 원주민의 설화 '머리사냥' 연구,『中國人文科學』, 第60輯, 광주, 中國人文學會, 2015年 8月

김소현 · 백정숙　沈奇詩의 지역성과 변방의식,『中國人文科學』, 第60輯, 광주, 中國人文學會, 2015年 8月

于翠玲　『射雕英雄傳』飮食文化韓譯之考察,『中國人文科學』, 第60輯, 광주, 中國人文學會, 2015年 8月

◎ 文化

김효정　청동 旅器 고찰,『中國人文科學』, 第60輯, 광주, 中國人

文學會, 2015年 8月

문미진 　郭子儀 平生圖屛 硏究, 『中國人文科學』, 第60輯, 광주, 中國人文學會, 2015年 8月

최승현 · 김홍화 　한국의 明遺民과 중국의 朴家村 : 明末淸初 한중 교차 이민에 관한 연구, 『中國人文科學』, 第60輯, 광주, 中國人文學會, 2015年 8月

임연정 　영재교육(超常敎育) 제도의 고찰을 통한 현대 중국사회의 이해, 『中國人文科學』, 第60輯, 광주, 中國人文學會, 2015年 8月

12－3 中國人文科學 第61輯 2015年 12月 (中國人文學會)

◎ 語學

강은지 　『方言類釋』에 나오는 '中州鄕語' 어휘들의 성격에 대한 검토, 『中國人文科學』, 第61輯, 광주, 中國人文學會, 2015年 12月

안기섭 · 정성임 　現代漢語 '在 · 正 · 正在 · 着 · 呢'의 변별점에 대하여, 『中國人文科學』, 第61輯, 광주, 中國人文學會, 2015年 12月

김덕균 　현대 한어 연동문의 동사와 '了1'의 결합양상, 『中國人文科學』, 第61輯, 광주, 中國人文學會, 2015年 12月

金洪臣 　完成体"過1"語法化的動因與機制, 『中國人文科學』, 第61輯, 광주, 中國人文學會, 2015年 12月

이명아 · 한용수 　한국 대학생의 중국, 일본 국가 이미지에 대한 자유연상 어휘 연구-수도권 대학생의 설문조사를 중심으로, 『中國

	人文科學』, 第61輯, 광주, 中國人文學會, 2015年 12月
이선희	효율적인 성조교육을 위한 다중지능 교육방안,『中國人文科學』, 第61輯, 광주, 中國人文學會, 2015年 12月
劉 倩·梁萬基	語音細化研究在對外漢語發音教學中的應用, 『中國人文科學』, 第61輯, 광주, 中國人文學會, 2015年 12月

◎ 文學

오만종	荊軻 형상에 대한 小考 : 초기 문헌 기록과 후대 시가를 중심으로,『中國人文科學』, 第61輯, 광주, 中國人文學會, 2015年 12月
조기정·유동훈	唐代『十六湯品』에 나타난 沃茶法 考察,『中國人文科學』, 第61輯, 광주, 中國人文學會, 2015年 12月
王飛燕	唐前志怪小說中愛情題材作品之類型與敍事特點, 『中國人文科學』, 第61輯, 광주, 中國人文學會, 2015年 12月
申鉉錫	譚獻의 詞論 硏究,『中國人文科學』, 第61輯, 광주, 中國人文學會, 2015年 12月
이주노	서사매체의 차이에 따른 梁祝故事의 변용 양상 연구 : 演戲類를 중심으로,『中國人文科學』, 第61輯, 광주, 中國人文學會, 2015年 12月
金亨蘭	京劇『六月雪』고찰 : 元雜劇『竇娥寃』, 明傳奇『金鎖記』와의 비교를 중심으로,『中國人文科學』, 第61輯, 광주, 中國人文學會, 2015年 12月
전염순	『詩藪』의 조선조 수용에 대한 일고찰,『中國人文科學』, 第61輯, 광주, 中國人文學會, 2015年 12月

장춘석 神의 과일, 중국의 蟠桃와 서구의 황금사과 비교 연구, 『中國人文科學』, 第61輯, 광주, 中國人文學會, 2015年 12月

柳昌辰 1900-1910년대 한국 신소설 속의 중국 심상(心像) 연구, 『中國人文科學』, 第61輯, 광주, 中國人文學會, 2015年 12月

全成光 叩問"生命"的眞義, 『中國人文科學』, 第61輯, 광주, 中國人文學會, 2015年 12月

嚴英旭 · 林桓模 楊逵與金史良、張赫宙比較硏究, 『中國人文科學』, 第61輯, 광주, 中國人文學會, 2015年 12月

신정호 전후 대만문학의 한국 인식, 『中國人文科學』, 第61輯, 광주, 中國人文學會, 2015年 12月

李淑娟 作爲鏡象的原住民, 『中國人文科學』, 第61輯, 광주, 中國人文學會, 2015年 12月

김용운 期待와 距離의 詩學 : 1997년 회귀 이후의 홍콩 題材 詩 동향, 『中國人文科學』, 第61輯, 광주, 中國人文學會, 2015年 12月

◎ 文化

鄭元祉 中國傳統時期 元宵節 公演의 傳統現況 展望에 관한 硏究, 『中國人文科學』, 第61輯, 광주, 中國人文學會, 2015年 12月

安東煥 전통 연행(演行)예술과 현대문화의 공존 : 북경 지단묘회(地壇廟會) 연구, 『中國人文科學』, 第61輯, 광주, 中國人文學會, 2015年 12月

13-1 中國學 第50輯 2015年 3月 (大韓中國學會)

고인덕	『시경(詩經)』의 도상화(圖像化)-경서(經書)·그림·문자, 『中國學』, 第50輯, 부산, 大韓中國學會, 2015年 3月
곽노봉	한자와 서예, 『中國學』, 第50輯, 부산, 大韓中國學會, 2015年 3月
박기철	한자와 e-ducation-한글전용 對 한자혼용 논쟁 중 교육의 관점에서, 『中國學』, 第50輯, 부산, 大韓中國學會, 2015年 3月
송진열	피터 그리너웨이의 영화 『필로우북』에 나타난 육체의 서, 『中國學』, 第50輯, 부산, 大韓中國學會, 2015年 3月
李哲理	辛棄疾詞風研究-試議宦海沉浮中的辛棄疾詞, 『中國學』, 第50輯, 부산, 大韓中國學會, 2015年 3月
김세환	漢字의 流入과 傳統漢學의 終焉-許梾, 李雨燮 두 傳統漢學者의 逝去 斷想, 『中國學』, 第50輯, 부산, 大韓中國學會, 2015年 3月
정헌철·천대진	'三言'에 나타난 王安石의 形象, 『中國學』, 第50輯, 부산, 大韓中國學會, 2015年 3月
송경애	張潮 작품 속의 評語 고찰, 『中國學』, 第50輯, 부산, 大韓中國學會, 2015年 3月
정상희	'바람' 의미의 심리-'想'과 '要'의 비교 연구, 『中國學』, 第50輯, 부산, 大韓中國學會, 2015年 3月
김세희	현대중국어 時体(Tense - Aspect) 표지 '的', 『中國學』, 第50輯, 부산, 大韓中國學會, 2015年 3月

안승웅 · 김정필　문 · 사 · 철 활용 한자교수법을 위한 제언,『中國學』, 第50輯, 부산, 大韓中國學會, 2015年 3月

문수정　段玉裁 관점에서 본 '假借' 현상과 그 의미-『說文解字注』 주석을 중심으로,『中國學』, 第50輯, 부산, 大韓中國學會, 2015年 3月

김용운　中國 當代詩에 나타난 폭력의 詩的 정형화 과정 연구,『中國學』, 第50輯, 부산, 大韓中國學會, 2015年 3月

최유섭 · 김창경　중국 도시체계의 종주성과 지향성 연구,『中國學』, 第50輯, 부산, 大韓中國學會, 2015年 3月

Kim Byoung-Goo · Lee Chun-Su　The Nonlinear Impact of Slack Resources on Subsidiary Performance in China-Focus on Available, Recoverable, and Potential Slack Resources,『中國學』, 第50輯, 부산, 大韓中國學會, 2015年 3月

13-2 中國學 第51輯 2015年 6月 (大韓中國學會)

梁世旭　中-韓 언어접촉과 어휘 차용의 새 국면-5종 일간지의 중국어 차용어 표기를 중심으로,『中國學』, 第51輯, 부산, 大韓中國學會, 2015年 6月

한경숙　현대중국어 虛詞 '的' 상(aspect) 자질 중한 대조 분석,『中國學』, 第51輯, 부산, 大韓中國學會, 2015年 6月

강경구　지하철 한글 역명의 중국어 표기에 대한 고찰,『中國學』, 第51輯, 부산, 大韓中國學會, 2015年 6月

房曉丹　淺談韓國醫療旅游宣傳網站漢譯問題-以韓國政府機關相

	關網站爲中心,『中國學』, 第51輯, 부산, 大韓中國學會, 2015年 6月
안희진	『노자』, 그 '역설'의 문학을 논함,『中國學』, 第51輯, 부산, 大韓中國學會, 2015年 6月
정원호	조선시대 외교현장의『詩經』활용 고찰,『中國學』, 第51輯, 부산, 大韓中國學會, 2015年 6月
송용인	『優語集』에서 보이는 배우와 孔儒의 갈등관계,『中國學』, 第51輯, 부산, 大韓中國學會, 2015年 6月
박세욱	李公麟의『五馬圖』 연구-宋代 天馬의 흔적,『中國學』, 第51輯, 부산, 大韓中國學會, 2015年 6月
金泰萬	『海國圖志』에 나타난 魏源의 世界認識 硏究,『中國學』, 第51輯, 부산, 大韓中國學會, 2015年 6月
안승웅	沈從文의 여성 교유(交遊)와 여성형상,『中國學』, 第51輯, 부산, 大韓中國學會, 2015年 6月
장호준	한중 인문유대 담론과 방향에 관한 고찰,『中國學』, 第51輯, 부산, 大韓中國學會, 2015年 6月
이영월	인터넷 e-book을 활용한 대학 고급중국어회화 수업의 플립드 러닝 모형 설계,『中國學』, 第51輯, 부산, 大韓中國學會, 2015年 6月
林英花	중국어의 禁忌語와 대체유형,『中國學』, 第51輯, 부산, 大韓中國學會, 2015年 6月
胡再影 · 金昌慶	中國人名的文化內涵及命名趨勢,『中國學』, 第51輯, 부산, 大韓中國學會, 2015年 6月
梁東訓	韓中兩國中學教師聘用過程對比研究,『中國學』, 第51輯,

부산, 大韓中國學會, 2015年 6月

오혜정 중국 창의산업클러스터의 발전과 도시경쟁력-상하이시 'M50(莫干山路)'과 '1933노장방(老場坊)'을 중심으로,『中國學』, 第51輯, 부산, 大韓中國學會, 2015年 6月

13-3 中國學 第52輯 2015年 9月 (大韓中國學會)

山元宣宏 日本的公用漢字和其爭論點,『中國學』, 第52輯, 부산, 大韓中國學會, 2015年 9月

出野文莉 "文"字的民俗學方面字源考-白川靜釋文的再探討, 『中國學』, 第52輯, 부산, 大韓中國學會, 2015年 9月

秦光豪 從"昏"聲과 同源字 探索,『中國學』, 第52輯, 부산, 大韓中國學會, 2015年 9月

傅根淸 漢字, 東亞文化圈共同的創意寶藏, 『中國學』, 第52輯, 부산, 大韓中國學會, 2015年 9月

정재서 강증산(姜甑山)의 중국 신화 수용과 그 의미,『中國學』, 第52輯, 부산, 大韓中國學會, 2015年 9月

박준원 崔述의 저술에 나타난 孔孟과 弟子들의 位相,『中國學』, 第52輯, 부산, 大韓中國學會, 2015年 9月

安性栽 孔子의 君子에 대한 定義 고찰,『中國學』, 第52輯, 부산, 大韓中國學會, 2015年 9月

金昌慶 高麗文人對王維詩的接受,『中國學』, 第52輯, 부산, 大韓中國學會, 2015年 9月

정원호 寒山詩에 나타난 求道의 과정 고찰,『中國學』, 第52輯,

부산, 大韓中國學會, 2015年 9月

정태업　　秦觀詞에 보이는 傷心의 境界, 『中國學』, 第52輯, 부산, 大韓中國學會, 2015年 9月

정주연　　'程度副詞+V得/不C+(O)' 硏究, 『中國學』, 第52輯, 부산, 大韓中國學會, 2015年 9月

李　穎　　漢語助動詞"能"與"可以"的語義比較, 『中國學』, 第52輯, 부산, 大韓中國學會, 2015年 9月

정윤철 · 김민영　　어린이중국어교사 양성과정 현황과 개선방안, 『中國學』, 第52輯, 부산, 大韓中國學會, 2015年 9月

金洪培　　試論高句麗對北燕的懷柔與打擊政策, 『中國學』, 第52輯, 부산, 大韓中國學會, 2015年 9月

서석홍 · 민장환　　중국 원저우(溫州)시의 민간대출 위기와 금융개혁에 관한 연구, 『中國學』, 第52輯, 부산, 大韓中國學會, 2015年 9月

박태진 · 김도훈 · 김영식　　중국 다롄(大連) 도시가구의 주택금융 이용 실태에 관한 연구, 『中國學』, 第52輯, 부산, 大韓中國學會, 2015年 9月

13－4 中國學 第53輯 2015年 12月 (大韓中國學會)

장호득　　현대중국어 단모음의 三極 체계 원리와 교학 응용, 『中國學』, 第53輯, 부산, 大韓中國學會, 2015年 12月

楊才英 · 梁萬基　　從功能視角談漢語情態詞的語義特徵及句法表現-以"必須""可能"和"可以"爲中心, 『中國學』, 第53輯, 부산, 大韓中國學會, 2015年 12月

李英姬　韓漢重疊結構對比研究-以普遍共性爲主, 『中國學』, 第53輯, 부산, 大韓中國學會, 2015年 12月

오문위　한중 AXAB식 중첩어 비교 연구, 『中國學』, 第53輯, 부산, 大韓中國學會, 2015年 12月

김계화 · 김정필　'反而'의 의미와 기능 분석, 『中國學』, 第53輯, 부산, 大韓中國學會, 2015年 12月

김영찬　『西字奇蹟』의 로마자 주음 체계 연구-성모를 중심으로, 『中國學』, 第53輯, 부산, 大韓中國學會, 2015年 12月

이경미　한중일 고전문학 속에 보이는 여성과 꿈, 『中國學』, 第53輯, 부산, 大韓中國學會, 2015年 12月

엄귀덕　당시의 어법적 특색, 『中國學』, 第53輯, 부산, 大韓中國學會, 2015年 12月

이은화　한 · 중 양국 외국인 유학생 유치정책의 발전과 주요 제도 연구, 『中國學』, 第53輯, 부산, 大韓中國學會, 2015年 12月

김효정　『春秋左傳』에 등장하는 禮자의 용례 淺考, 『中國學』, 第53輯, 부산, 大韓中國學會, 2015年 12月

나도원　16세기와 21세기 공용한자의 인지언어학적 의미범주 고찰-『훈몽자회』와 3500한자를 중심으로, 『中國學』, 第53輯, 부산, 大韓中國學會, 2015年 12月

박은옥　한 · 중 문화교류에서 貢女의 역할-服飾 · 飮食 · 音樂을 중심으로, 『中國學』, 第53輯, 부산, 大韓中國學會, 2015年 12月

조세현　중국해양사를 바라보는 또 다른 시각-대만학계의 연구성과를 중심으로, 『中國學』, 第53輯, 부산, 大韓中國學會,

2015年 12月

주민욱 　한중(韓中)간 체면에 대한 인식이 개인의 의견표명 행위에 미치는 영향,『中國學』, 第53輯, 부산, 大韓中國學會, 2015年 12月

이중희 · 구은미 　중국 유학생 유치의 연계 유형과 입학 경로에 관한 사례 연구,『中國學』, 第53輯, 부산, 大韓中國學會, 2015年 12月

李桂蘭 · 金昌慶 　東北亞文化認同的建構,『中國學』, 第53輯, 부산, 大韓中國學會, 2015年 12月

김세환 　淺談九華山金地藏的傳說及其文學性,『中國學』, 第53輯, 부산, 大韓中國學會, 2015年 12月

이양기 　FTA 발효에 따른 한중 식품안전정책 및 제도의 조화가능성,『中國學』, 第53輯, 부산, 大韓中國學會, 2015年 12月

박민웅 　An Annotated Bibliography of Selected Chinese Traditional Bibliographies,『中國學』, 第53輯, 부산, 大韓中國學會, 2015年 12月

14－1 中國學論叢 第45輯 2015年 3月 (韓國中國文化學會)

金鈺畯 　한국전쟁 휴전회담 의제채택협상에서의 중국의 전략 : 38도선 군사분계선 설정문제와 외국군철수문제를 중심으로,『中國學論叢』, 第45輯, 大田, 韓國中國文化學會, 2015年 3月

李光洙 · 金光赫 · 李龍振 　基于SWOT-AHP方法的圖們江區域綠色物流發展戰略研究-以延邊地區爲中心,『中國學論叢』, 第45輯, 大田, 韓國中國文化學會, 2015年 3月

任盤碩 아세안의 격차해소 노력과 중국의 기여, 『中國學論叢』, 第45輯, 大田, 韓國中國文化學會, 2015年 3月

趙賢淑 중국 무역기술장벽의 문제점과 개선방안 『中國學論叢』, 第45輯, 大田, 韓國中國文化學會, 2015年 3月

朱剛焄 · 朴應皙 비판적 담화분석의 새 지평 : 비판적 은유 분석-환구시보의 북핵 관련 사설을 중심으로, 『中國學論叢』, 第45輯, 大田, 韓國中國文化學會, 2015年 3月

朴捧淳 중국어 문화 교육을 위한 영화의 활용 연구-영화 '그 시절 우리가 사랑했던 소녀'를 이용하여, 『中國學論叢』, 第45輯, 大田, 韓國中國文化學會, 2015年 3月

朴세늬 『論語 · 子罕』 第5章 '子畏於匡…'句 新釋 -'茲'字의 해석을 중심으로, 『中國學論叢』, 第45輯, 大田, 韓國中國文化學會, 2015年 3月

孫美玲 王蒙 反思小說의 歷史意識 硏究, 『中國學論叢』, 第45輯, 大田, 韓國中國文化學會, 2015年 3月

尹志源 『淮南子』與儒家, 『中國學論叢』, 第45輯, 大田, 韓國中國文化學會, 2015年 3月

趙奉來 당대 중국의 마르크스주의 대중화 이론과 개혁개방 이후의 역사 과정, 『中國學論叢』, 第45輯, 大田, 韓國中國文化學會, 2015年 3月

趙源一 · 朴福在 揚雄의 修養論 思想 硏究, 『中國學論叢』, 第45輯, 大田, 韓國中國文化學會, 2015年 3月

金硏珠 詩 · 書 · 畵를 통해 표출된 蘇軾의 禪意 연구, 『中國學論叢』, 第45輯, 大田, 韓國中國文化學會, 2015年 3月

14－2 中國學論叢 第46輯 2015年 6月 (韓國中國文化學會)

李光洙	대만 사회운동에 관한 연구-2014년 해바라기운동을 중심으로, 『中國學論叢』, 第46輯, 大田, 韓國中國文化學會, 2015年 6月
趙大遠・文秀連	한중 정부간 R&D협력기구 설치에 대한 연구, 『中國學論叢』, 第46輯, 大田, 韓國中國文化學會, 2015年 6月
林娟廷	신조어를 활용한 중국어 교육방안 연구, 『中國學論叢』, 第46輯, 大田, 韓國中國文化學會, 2015年 6月
黃信愛	『一切經音義』 속 어휘의 변화 양상 연구-語素 변화에 따른 어휘의 형태 변화를 중심으로, 『中國學論叢』, 第46輯, 大田, 韓國中國文化學會, 2015年 6月
蔡春玉	언어의 금기와 언어 변이에 관하여-중국어와 한국어를 중심으로, 『中國學論叢』, 第46輯, 大田, 韓國中國文化學會, 2015年 6月
李揆一	당대 시부취사(詩賦取士)의 형성 배경과 문화적 의의, 『中國學論叢』, 第46輯, 大田, 韓國中國文化學會, 2015年 6月
文惠貞	韓中 시문에 나타난 蘧伯玉의 '知非' 관점 고찰, 『中國學論叢』, 第46輯, 大田, 韓國中國文化學會, 2015年 6月
李沃夏	李淸照의 哀愁詞에 보이는 植物 이미지 활용 양상 연구, 『中國學論叢』, 第46輯, 大田, 韓國中國文化學會, 2015年 6月
朴順哲	後滄 金澤述의 文藝論 硏究, 『中國學論叢』, 第46輯, 大田, 韓國中國文化學會, 2015年 6月
權容玉	中國 私營企業主 政治參與意識의 硏究, 『中國學論叢』,

第46輯, 大田, 韓國中國文化學會, 2015年 6月

趙源一　　주나라 시기의 종교적 특징에 관한 연구,『中國學論叢』, 第46輯, 大田, 韓國中國文化學會, 2015年 6月

文智成　　중국문화의 다양성과 통일성 시각에서 본 객가문화의 정체성,『中國學論叢』, 第46輯, 大田, 韓國中國文化學會, 2015年 6月

李垠尙　　『苗蠻圖』와 18세기 청나라 정부의 문명화 프로젝트,『中國學論叢』, 第46輯, 大田, 韓國中國文化學會, 2015年 6月

金炳基　　21세기 동아시아 서예의 세계적 확산 가능성과 '韓紙'의 가치,『中國學論叢』, 第46輯, 大田, 韓國中國文化學會, 2015年 6月

14－3 中國學論叢 第47輯 2015年 9月 (韓國中國文化學會)

최석규 · 최정석　　중국에 진출한 한국기업의 기업문화가 조직몰입, 직무만족에 미치는 영향,『中國學論叢』, 第47輯, 大田, 韓國中國文化學會, 2015年 9月

이정세 · 손상기　　중국소비자의 한국화장품 구매만족에 미치는 영향-한류선호도의 조절효과,『中國學論叢』, 第47輯, 大田, 韓國中國文化學會, 2015年 9月

이규일　　부현 의고시의 사상적 배경과 성격,『中國學論叢』, 第47輯, 大田, 韓國中國文化學會, 2015年 9月

신의연　　한국 대학 중국 현대 문학 수업에 관한 소고-『許三觀賣血記』를 교재로 하여,『中國學論叢』, 第47輯, 大田, 韓國中

國文化學會, 2015年 9月

이동훈　　王士禛의 문학풍조에 대한 脫보편주의적 인식 고찰, 『中國學論叢』, 第47輯, 大田, 韓國中國文化學會, 2015年 9月

이수민　　『姑妄言』의 인물형상화 기법 고찰, 『中國學論叢』, 第47輯, 大田, 韓國中國文化學會, 2015年 9月

劉寶霞　　從常用詞異文表達看『紅樓夢』程甲、乙本的語言個性差異, 『中國學論叢』, 第47輯, 大田, 韓國中國文化學會, 2015年 9月

강선주　　저빈도 동작동사 "踏" 와 "踩" 의 타동성 비교, 『中國學論叢』, 第47輯, 大田, 韓國中國文化學會, 2015年 9月

도혜숙　　慧苑音義 반절체계와 반절상자 연구, 『中國學論叢』, 第47輯, 大田, 韓國中國文化學會, 2015年 9月

김　영　　조선후기 중국어 어휘집 『華語』에 대하여-『漢談官話』와의 비교를 중심으로, 『中國學論叢』, 第47輯, 大田, 韓國中國文化學會, 2015年 9月

권용옥　　三星電子 入駐와 陜西省의 變化, 『中國學論叢』, 第47輯, 大田, 韓國中國文化學會, 2015年 9月

김원곤 · 박정수　　韓國과 臺灣의 기업문화 특징과 시사점-中小企業을 중심으로, 『中國學論叢』, 第47輯, 大田, 韓國中國文化學會, 2015年 9月

박순철 · 김태주 · 김진희　　중국어 교육의 활성화 필요성 고찰, 『中國學論叢』, 第47輯, 大田, 韓國中國文化學會, 2015年 9月

김유봉　　秦나라 李斯의 思想世界와 天下統一後 文化政策, 『中國學論叢』, 第47輯, 大田, 韓國中國文化學會, 2015年 9月

노재식 19세기 말 서양인들의 중국유교사상에 대한 인식연구-Chinese Recorder에 나타난 내용을 중심으로,『中國學論叢』, 第47輯, 大田, 韓國中國文化學會, 2015年 9月

황종원 문명에 대한 성찰에서 자연에 대한 배려로-공자의 문명관과 맹자의 생명관,『中國學論叢』, 第47輯, 大田, 韓國中國文化學會, 2015年 9月

14－4 中國學論叢 第48輯 2015年 12月 (韓國中國文化學會)

김원곤 · 박정수 2016年 台灣 大選과 兩岸關係에 대한 展望,『中國學論叢』, 第48輯, 大田, 韓國中國文化學會, 2015年 12月

임승권 중국의 부동산등기에 관한 연구,『中國學論叢』, 第48輯, 大田, 韓國中國文化學會, 2015年 12月

여병창 武寧王陵 誌石 銘文 '立志如左' 再解釋,『中國學論叢』, 第48輯, 大田, 韓國中國文化學會, 2015年 12月

이선희 韓國學習者漢語音系範疇消極原型(analogical prototype)的磁極效應-以漢語單元音音系的感知和發音爲例,『中國學論叢』, 第48輯, 大田, 韓國中國文化學會, 2015年 12月

송영규 현대중국어 新語 중 'X＋女'型 호칭어 分析,『中國學論叢』, 第48輯, 大田, 韓國中國文化學會, 2015年 12月

양승덕 심약의 문학사관 연구,『中國學論叢』, 第48輯, 大田, 韓國中國文化學會, 2015年 12月

김홍겸 중국고전소설의 이야기꾼 역할과 Storytelling,『中國學論叢』, 第48輯, 大田, 韓國中國文化學會, 2015年 12月

박순철　　頤齋 黃胤錫의 詩書畵觀 硏究-中國 詩書畵觀의 影響을 中心으로, 『中國學論叢』, 第48輯, 大田, 韓國中國文化學會, 2015年 12月

고영희　　1930년대 중국영화 검열제도와 담론 연구-『中國電影年鑑(1934)』을 중심으로, 『中國學論叢』, 第48輯, 大田, 韓國中國文化學會, 2015年 12月

자이리　　'習式語言'硏究, 『中國學論叢』, 第48輯, 大田, 韓國中國文化學會, 2015年 12月

장효진 · 김정기　　徽州傳統三敎神靈崇拜新探, 『中國學論叢』, 第48輯, 大田, 韓國中國文化學會, 2015年 12月

신승혜　　중국 결혼이민여성 대상 상호문화교육 방안-한국과 중국의 신화를 활용하여, 『中國學論叢』, 第48輯, 大田, 韓國中國文化學會, 2015年 12月

조원일　　陸賈의 逆取順守 觀念에 대한 硏究, 『中國學論叢』, 第48輯, 大田, 韓國中國文化學會, 2015年 12月

15-1 中國學報 第71輯 2015年 2月 (韓國中國學會)

◎ 語文學部

韓　丞　　對"掏出"類動詞曆時演變情況的探討-"掏"對"取"的替換過程、"取"曆時上地位、雙音模式爲主考察, 『中國學報』, 第71輯, 서울, 韓國中國學會, 2015年 2月

姜先周　　現代漢語副詞"本來"與"原來"辨析, 『中國學報』, 第71輯, 서울, 韓國中國學會, 2015年 2月

김지연	문말어기사 "吧"의 의미 분석, 『中國學報』, 第71輯, 서울, 韓國中國學會, 2015年 2月
김영민	현대중국어 "V+X點(兒)+N" 구문 고찰 - '點(兒)'의 문법화 양상을 중심으로, 『中國學報』, 第71輯, 서울, 韓國中國學會, 2015年 2月
김미순	학습자의 중국어 수준에 따른 읽기 전략 비교 연구, 『中國學報』, 第71輯, 서울, 韓國中國學會, 2015年 2月
權錫煥	春秋戰國時代 名言의 핵심 내용과 표현미, 『中國學報』, 第71輯, 서울, 韓國中國學會, 2015年 2月
김준연 · 하주연	宋詞에 보이는 "물" 이미지 연구-"비", "강물", "눈물" 이미지를 중심으로, 『中國學報』, 第71輯, 서울, 韓國中國學會, 2015年 2月
김태봉	中國漢詩와의 비교 분석을 통한 황진이 〈詠半月〉 연구, 『中國學報』, 第71輯, 서울, 韓國中國學會, 2015年 2月
咸恩仙	話本小說展現的宋代東京城市形象研究, 『中國學報』, 第71輯, 서울, 韓國中國學會, 2015年 2月
이종민	梁啓超의 中國夢과 『新中國未來記』, 『中國學報』, 第71輯, 서울, 韓國中國學會, 2015年 2月
김경남	리우칭방(劉慶邦) 소설의 서사적 특색, 『中國學報』, 第71輯, 서울, 韓國中國學會, 2015年 2月
朴宰雨 · 徐　榛	翟永明1980年代詩歌對普拉斯詩歌主題意識的接受與嬗變-以"黑色、女性、死亡"三種意識爲中心, 『中國學報』, 第71輯, 서울, 韓國中國學會, 2015年 2月
박영환	인문학적 관점에서 본 "문화한류"의 계시(啓示), 『中國學

報』, 第71輯, 서울, 韓國中國學會, 2015年 2月

오수경　발견에서 공유로: 한중 연극 교류 양상과 방향, 『中國學報』, 第71輯, 서울, 韓國中國學會, 2015年 2月

◎ 史學部

尹在碩　里耶秦簡所見秦代縣廷祭祀, 『中國學報』, 第71輯, 서울, 韓國中國學會, 2015年 2月

元廷植　明·清代 福建 宗族의 '종족이야기' 만들기와 전승-南靖縣長教簡氏宗族의 開基祖 簡德潤 이야기를 중심으로, 『中國學報』, 第71輯, 서울, 韓國中國學會, 2015年 2月

하세봉　전시와 담론 사이의 로컬리티: 홍콩역사박물관 상설전의 경우, 『中國學報』, 第71輯, 서울, 韓國中國學會, 2015年 2月

민병희　근대 학술체계에서의 동아시아 人文傳統에 대한 접근 방식과 "中國學", 『中國學報』, 第71輯, 서울, 韓國中國學會, 2015年 2月

임상범　대국굴기의 미래, 제국 중국?, 『中國學報』, 第71輯, 서울, 韓國中國學會, 2015年 2月

◎ 哲學部

김연재　天道의 패러다임에서 본 周易의 聖人精神과 그 人文主義的 세계, 『中國學報』, 第71輯, 서울, 韓國中國學會, 2015年 2月

염정삼	先秦 시기 有指와 無指의 논전-公孫龍子 指物論을 중심으로, 『中國學報』, 第71輯, 서울, 韓國中國學會, 2015年 2月
김현수	노자철학과 아브라함 H. 매슬로 심리학의 비교-욕망과 사랑의 문제를 중심으로, 『中國學報』, 第71輯, 서울, 韓國中國學會, 2015年 2月
이진용	『장자(莊子)』「경상초(庚桑楚)」 편에 드러난 양생론, 『中國學報』, 第71輯, 서울, 韓國中國學會, 2015年 2月
이연승	陳澧의 "漢學"에 대한 소고-『漢儒通義』를 중심으로, 『中國學報』, 第71輯, 서울, 韓國中國學會, 2015年 2月
김영진	梁啓超의 중국불교사 서술과 번역론, 『中國學報』, 第71輯, 서울, 韓國中國學會, 2015年 2月

15-2 中國學報 第72輯 2015年 5月 (韓國中國學會)

◎ 語文學部

최성은	"動詞/形容詞+(了/得)+程度副詞+形容詞" 형식 연구-정도부사 "很", "太"를 중심으로, 『中國學報』, 第72輯, 서울, 韓國中國學會, 2015年 5月
최지영	장르 분석적 방법을 이용한 중국어 자기소개서 표현 양상 연구, 『中國學報』, 第72輯, 서울, 韓國中國學會, 2015年 5月
이은경	현대중국어 문장의 주어에 대한 두 가지 분석체계와 교육적 고찰, 『中國學報』, 第72輯, 서울, 韓國中國學會, 2015年 5月
羅敏球·張 泉	從西方修辭學方法論的角度分析趙本山的小品『損助』,

『中國學報』, 第72輯, 서울, 韓國中國學會, 2015年 5月

Ying Li Wang · Um Young Uk　A Study of the Poetic Language of Bai Ling, 『中國學報』, 第72輯, 서울, 韓國中國學會, 2015年 5月

◎ 史學部

張　寒　　漢代軍事組織及相關法律制度研究, 『中國學報』, 第72輯, 서울, 韓國中國學會, 2015年 5月

鍾　昊　　唐代長流補闕, 『中國學報』, 第72輯, 서울, 韓國中國學會, 2015年 5月

李雲龍　　宋代則例初探, 『中國學報』, 第72輯, 서울, 韓國中國學會, 2015年 5月

張夢蝶　　從精神贍養入法看孝道在中國法律上的變遷, 『中國學報』, 第72輯, 서울, 韓國中國學會, 2015年 5月

李在鈴　　미 · 소 군정기 중국 언론의 북한인식-소련군의 점령정책을 중심으로, 『中國學報』, 第72輯, 서울, 韓國中國學會, 2015年 5月

◎ 哲學部

황갑연　　詩情을 통해서 본 왕수인의 철학 사유세계, 『中國學報』, 第72輯, 서울, 韓國中國學會, 2015年 5月

김태용　　당현종 『도덕경』 어주의 "무위" 관념 연구, 『中國學報』, 第72輯, 서울, 韓國中國學會, 2015年 5月

연재흠　　주희 독서론 연구, 『中國學報』, 第72輯, 서울, 韓國中國學會, 2015年 5月

김철운　孟子의 用夏變夷說,『中國學報』, 第72輯, 서울, 韓國中國學會, 2015年 5月

박승현　노자철학과 마음 치유-현대인의 마음의 병에 대한 노자 철학적 접근,『中國學報』, 第72輯, 서울, 韓國中國學會, 2015年 5月

15-3 中國學報 第73輯 2015年 8月 (韓國中國學會)

◎ 語文學部

박홍수 · 진윤영　신생 준접사의 생성원인 및 조어 특징,『中國學報』, 第73輯, 서울, 韓國中國學會, 2015年 8月

박성하　현대중국어「NP+的+VP」구조의 어법특성 및 구조의미 분석,『中國學報』, 第73輯, 서울, 韓國中國學會, 2015年 8月

박경송　중국인을 위한 한국어 발음교육 용어의 중국어 번역 방안,『中國學報』, 第73輯, 서울, 韓國中國學會, 2015年 8月

변성규　從女性主義視角來看中國古代詩詞中的織女形象,『中國學報』, 第73輯, 서울, 韓國中國學會, 2015年 8月

이남종　장녕(張寧)『봉사록(奉使錄)』詩文研究,『中國學報』, 第73輯, 서울, 韓國中國學會, 2015年 8月

임원빈　佛教傳入韓中兩國初期僧侶詩歌的比較研究,『中國學報』, 第73輯, 서울, 韓國中國學會, 2015年 8月

박홍준　李漁詞學理論研究,『中國學報』, 第73輯, 서울, 韓國中國學會, 2015年 8月

이경규　貶謫이 秦觀詞에 끼친 영향 研究,『中國學報』, 第73輯,

서울, 韓國中國學會, 2015年 8月

안희진 공자의 '소정묘 사건'을 논함, 『中國學報』, 第73輯, 서울, 韓國中國學會, 2015年 8月

황정희 韓愈「馬說」의 상호텍스트성-『戰國策』을 중심으로, 『中國學報』, 第73輯, 서울, 韓國中國學會, 2015年 8月

조규백 '고려, 조선조에서의 소동파 수용'에 관한 연구개황: 1964-2015년 기간을 중심으로, 『中國學報』, 第73輯, 서울, 韓國中國學會, 2015年 8月

김정희 唐代 茶文化의 형성과 발전에 대한 考察, 『中國學報』, 第73輯, 서울, 韓國中國學會, 2015年 8月

임춘성 소수자 문학의 관점에서 고찰한 중국 내 '동남아 중어문학' 연구, 『中國學報』, 第73輯, 서울, 韓國中國學會, 2015年 8月

백광준 현대 중국의「淸明上河圖」소비와 해석-문화 표상으로서「청명상하도」읽기, 『中國學報』, 第73輯, 서울, 韓國中國學會, 2015年 8月

임우경 '가장 사랑스러운 사람': 한국전쟁 귀환포로와 신중국 영웅서사의 그늘, 『中國學報』, 第73輯, 서울, 韓國中國學會, 2015年 8月

朴宰雨·於麗麗·鄭有軫 韓國華文文學: 探索四個來源與現狀, 『中國學報』, 第73輯, 서울, 韓國中國學會, 2015年 8月

◎ 史學部

박근칠 한국의 돈황 역사학 연구, 『中國學報』, 第73輯, 서울, 韓國中國學會, 2015年 8月

정혜중 18세기 조선지식인의 청국 여성관-金昌業과 朴趾源의 기록을 중심으로,『中國學報』, 第73輯, 서울, 韓國中國學會, 2015年 8月

김승욱 上海時期(1840-1862)王韜的世界認識-以中華論的變化爲中心,『中國學報』, 第73輯, 서울, 韓國中國學會, 2015年 8月

손승회 文化大革命과 武漢極左派,『中國學報』, 第73輯, 서울, 韓國中國學會, 2015年 8月

◎ 哲學部

김도일 先秦 儒家의 仁의 확장과 그 혈연적 기초에 대하여,『中國學報』, 第73輯, 서울, 韓國中國學會, 2015年 8月

이진용 『莊子』「徐無鬼」편에 드러난 聖人의 德에 대한 이해,『中國學報』, 第73輯, 서울, 韓國中國學會, 2015年 8月

김현수 『關尹子』의 萬物一體觀-道와 聖人 개념을 중심으로,『中國學報』, 第73輯, 서울, 韓國中國學會, 2015年 8月

이연도 중국 미학의 특성과 '境界'-王國維의『人間詞話』를 중심으로,『中國學報』, 第73輯, 서울, 韓國中國學會, 2015年 8月

김영진 근대 중국에서 티베트불교의 발견과 고승 法尊의 역할,『中國學報』, 第73輯, 서울, 韓國中國學會, 2015年 8月

15-4 中國學報 第74輯 2015年 11月 (韓國中國學會)

◎ 語文學部

오문희 · 마문나 현대중국어 형용사 사동 용법의 사전적 처리 연구,『中國

學報』, 第74輯, 서울, 韓國中國學會, 2015年 11月

모정열　　粵北土話 知莊章精組 성모의 변화,『中國學報』, 第74輯, 서울, 韓國中國學會, 2015年 11月

주기하　　副詞'反正'的詞彙化及語義功能研究, 『中國學報』, 第74輯, 서울, 韓國中國學會, 2015年 11月

오태석　　현대자연과학과 융복합적 중국학 연구,『中國學報』, 第74輯, 서울, 韓國中國學會, 2015年 11月

김경동　　"停車坐愛楓林晚"-詩語로서 '坐'의 의미,『中國學報』, 第74輯, 서울, 韓國中國學會, 2015年 11月

배다니엘　　岑參 자연시의 묘사기법 고찰,『中國學報』, 第74輯, 서울, 韓國中國學會, 2015年 11月

김　호　　『汪文摘謬』著成年代考,『中國學報』, 第74輯, 서울, 韓國中國學會, 2015年 11月

함은선　　"三言二拍"中刻畵的教書先生形象, 『中國學報』, 第74輯, 서울, 韓國中國學會, 2015年 11月

오효려　　法理與情理的思辨-以中韓公案小說的結局爲中心, 『中國學報』, 第74輯, 서울, 韓國中國學會, 2015年 11月

강필임 · 이귀옥 · 손승혜　　중국의 한국드라마 연구와 수용-'별에서 온 그대' 관련 중국학술논문 내용분석,『中國學報』, 第74輯, 서울, 韓國中國學會, 2015年 11月

안유경　　쑤퉁(蘇童)의『쌀(米)』읽기-가족의 전복, 그 의미 고찰을 중심으로, 『中國學報』, 第74輯, 서울, 韓國中國學會, 2015年 11月

김봉연　　국가 기획의 가족 만들기-모옌『개구리』에 나타난 가족정

치의 한계와 모순,『中國學報』, 第74輯, 서울, 韓國中國學會, 2015年 11月

한지연　以“文學”爲職志, 爲“文學”爭辯-以胡適『中國新文學大系·建設理論集』導言爲切入點,『中國學報』, 第74輯, 서울, 韓國中國學會, 2015年 11月

◎ 史學部

김영환　秦代의 博士官 伏生 연구-『史記』에 나타난 伏生의 기록을 중심으로,『中國學報』, 第74輯, 서울, 韓國中國學會, 2015年 11月

김석우　西晉 시기 杜預의 春秋學과 史書에 기초한 經典 해석의 實例,『中國學報』, 第74輯, 서울, 韓國中國學會, 2015年 11月

조성우　反思與前瞻:　近年韓國青年學者的中國中古宗教史研究,『中國學報』, 第74輯, 서울, 韓國中國學會, 2015年 11月

조　원　17-20세기 몽원사 연구에 나타난 청 지식인들의 ‘몽골제국’ 인식-『元史類編』,『元史新編』,『新元史』를 중심으로,『中國學報』, 第74輯, 서울, 韓國中國學會, 2015年 11月

김선민　17-18세기 청대 인삼정책의 변화,『中國學報』, 第74輯, 서울, 韓國中國學會, 2015年 11月

김희신　吳武壯公祠의 유래와 韓國社會에서의 位相,『中國學報』, 第74輯, 서울, 韓國中國學會, 2015年 11月

◎ 哲學部

이철승	공자의 "화이(華夷)"관과 문화의식,『中國學報』, 第74輯, 서울, 韓國中國學會, 2015年 11月
신성열	老子的 相生과 哲學治癒,『中國學報』, 第74輯, 서울, 韓國中國學會, 2015年 11月
김형석	『노자』'嗇' 개념과 '早服' 개념에 관한 주석사적 고찰(1),『中國學報』, 第74輯, 서울, 韓國中國學會, 2015年 11月
안재호	程頤의 性情과 心의 體用說 管見,『中國學報』, 第74輯, 서울, 韓國中國學會, 2015年 11月
윤석민	姜獻奎『周易參同契演說』에 대한 양생역학적 고찰,『中國學報』, 第74輯, 서울, 韓國中國學會, 2015年 11月

16-1 中國學硏究 第71輯 2015年 3月 (中國學硏究會)

김순진	이원수와 張天翼 판타지 동화 비교,『中國學硏究』, 第71輯, 서울, 中國學硏究會, 2015年 3月
박남용	西西의『我城』에 나타난 홍콩서사와 동화적 상상력,『中國學硏究』, 第71輯, 서울, 中國學硏究會, 2015年 3月
서윤정	문학사적 시각에서 본 모옌 문학 환상성의 함의,『中國學硏究』, 第71輯, 서울, 中國學硏究會, 2015年 3月
권혜리	중국 시트콤 家有兒女의 수사학적 분석,『中國學硏究』, 第71輯, 서울, 中國學硏究會, 2015年 3月
맹주억	현대중국어 교육 중 전통몽학서『增廣賢文』활용의 의의,『中國學硏究』, 第71輯, 서울, 中國學硏究會, 2015年 3月

송미령 현대중국어 風格 연구, 『中國學硏究』, 第71輯, 서울, 中國學硏究會, 2015年 3月

안기섭 고대한어 '爲'의 품사 부여와 기능 분별에 대한 의문, 『中國學硏究』, 第71輯, 서울, 中國學硏究會, 2015年 3月

유재원 20세기 전후 한어 회화서에 반영된 중국어 성모 한글 표음상의 특징 연구, 『中國學硏究』, 第71輯, 서울, 中國學硏究會, 2015年 3月

이경진 비교구문에 출현하는 동의문 분석, 『中國學硏究』, 第71輯, 서울, 中國學硏究會, 2015年 3月

최재영 중고 중국어 시기 의무양상 조동사의 부정형식 고찰, 『中國學硏究』, 第71輯, 서울, 中國學硏究會, 2015年 3月

Olivier Bailble · 정원대 중국 강연 텍스트에 대한 수사학적 분석, 『中國學硏究』, 第71輯, 서울, 中國學硏究會, 2015年 3月

김동하 민영은행 출범이 중국 금융개혁에 미치는 영향, 『中國學硏究』, 第71輯, 서울, 中國學硏究會, 2015 3月

김영환 大夏 군주 赫連勃勃의 대외투쟁 연구, 『中國學硏究』, 第71輯, 서울, 中國學硏究會, 2015年 3月

崔昌源 · 付希亮 簡論中國五帝時代硏究的史料選擇, 『中國學硏究』, 第71輯, 서울, 中國學硏究會, 2015年 3月

16-2 中國學硏究 第72輯 2015年 6月 (中國學硏究會)

김현주 · 배경진 溫庭筠「菩薩蠻」詞 14首에 대한 詞語 연구, 『中國學硏究』, 第72輯, 서울, 中國學硏究會, 2015年 6月

유성준	晩唐 曹鄴의 시 연구, 『中國學硏究』, 第72輯, 서울, 中國學硏究會, 2015年 6月
최은진	언론매체를 통해 형성된 공자학원Confucius Institutes 이미지와 중국의 소프트 파워 확산, 『中國學硏究』, 第72輯, 서울, 中國學硏究會, 2015年 6月
이희옥 · 양갑용	중국식 민주주의와 엘리트 충원방식, 『中國學硏究』, 第72輯, 서울, 中國學硏究會, 2015年 6月
김혜진	탈산업화 시기 상하이 노동시장의 구조변화 연구, 『中國學硏究』, 第72輯, 서울, 中國學硏究會, 2015年 6月
김기효	문혁시기 지식인 계층의 존재형태에 관한 연구, 『中國學硏究』, 第72輯, 서울, 中國學硏究會, 2015年 6月
정애란	중국전통문화에서 본 중국고대여성의 성의식구조에 대한 고찰, 『中國學硏究』, 第72輯, 서울, 中國學硏究會, 2015年 6月
鄭燦山	六朝道經『玉京山步虛經』經文年代考證, 『中國學硏究』, 第72輯, 서울, 中國學硏究會, 2015年 6月

16-3 中國學硏究 第73輯 2015年 8月 (中國學硏究會)

권애영	『三字經』의 구조와 사상 고찰, 『中國學硏究』, 第73輯, 서울, 中國學硏究會, 2015年 8月
박남용	샤오홍(蕭紅)과 선총원(沈從文) 소설 속의 민속문화, 『中國學硏究』, 第73輯, 서울, 中國學硏究會, 2015年 8月
배도임	李銳의 『人間』, 葉兆言의 『后羿』, 蘇童의 『碧奴』, 阿來

의 『格薩爾王』의 '반영웅주의' 비교를 중심으로, 『中國學研究』, 第73輯, 서울, 中國學研究會, 2015年 8月

이인경 혼인과 관련된 漢字에 투사된 고대 중국의 혼인 풍속, 『中國學研究』, 第73輯, 서울, 中國學研究會, 2015年 8月

任元彬 唐代 詩僧의 禪詩 양상 고찰, 『中國學研究』, 第73輯, 서울, 中國學研究會, 2015年 8月

禹埈浩 夫婦有別의 意味에 대한 研究, 『中國學研究』, 第73輯, 서울, 中國學研究會, 2015年 8月

김연지 · 한용수 현대 중국어 이음절 반의복합어 연구, 『中國學研究』, 第73輯, 서울, 中國學研究會, 2015年 8月

임미나 宋代 동등비교구문 연구, 『中國學研究』, 第73輯, 서울, 中國學研究會, 2015年 8月

정연실 『隸辨』의 '偏旁變形' 연구, 『中國學研究』, 第73輯, 서울, 中國學研究會, 2015年 8月

김상욱 문화와 중국의 지역경제성장 : 문화산업과 문화사업의 비교, 『中國學研究』, 第73輯, 서울, 中國學研究會, 2015年 8月

박상수 · 친쉬야오 중국 예비 "촹커(創客)"의 개인적 특성과 창업환경 특성이 창업의지에 미치는 영향에 관한 연구, 『中國學研究』, 第73輯, 서울, 中國學研究會, 2015年 8月

오승렬 시진핑 시대 중국 도시화 모델의 변화와 함의, 『中國學研究』, 第73輯, 서울, 中國學研究會, 2015年 8月

윤성환 브랜드 이미지, 브랜드 신뢰, 브랜드 몰입, 고객만족 및 브랜드 충성도 간의 구조적 관계에 관한 연구, 『中國學研究』,

第73輯, 서울, 中國學硏究會, 2015年 8月

이기영　위기발생원인 차이에 따른 중국 주택시장 조기경보체제 반응변화 연구, 『中國學硏究』, 第73輯, 서울, 中國學硏究會, 2015年 8月

박윤철　중국과 대만의 지역적 경제교류와 발전전략, 『中國學硏究』, 第73輯, 서울, 中國學硏究會, 2015年 8月

안영은　저항의 즐거움-중국 대중매체 시대의 패러디, 『中國學硏究』, 第73輯, 서울, 中國學硏究會, 2015年 8月

이정인　'중국의 꿈(中國夢)' ; 이미지의 생산과 재현, 『中國學硏究』, 第73輯, 서울, 中國學硏究會, 2015年 8月

王天泉　從陳乾事件看清初朝鮮王朝對中國漂流民遣返方式的改變, 『中國學硏究』, 第73輯, 서울, 中國學硏究會, 2015年 8月

장현근　중국 고대정치사상에서 천명(天命) 관념의 등장과 군권의 정당화, 『中國學硏究』, 第73輯, 서울, 中國學硏究會, 2015年 8月

16-4 中國學硏究 第74輯 2015年 11月 (中國學硏究會)

류기수　明淸 時期「巫山一段雲」의 形式 考察, 『中國學硏究』, 第74輯, 서울, 中國學硏究會, 2015年 11月

지세화　元好問의 杜甫 詩 借用 현상 고찰, 『中國學硏究』, 第74輯, 서울, 中國學硏究會, 2015年 11月

채심연　賈島와 張籍의 交游詩 연구, 『中國學硏究』, 第74輯, 서울, 中國學硏究會, 2015年 11月

황선미 근대 중국 지식계의 요사노 아키코(與謝野晶子) 수용 연구, 『中國學硏究』, 第74輯, 서울, 中國學硏究會, 2015年 11月

유 위・신미경 중・한 전칭양화사 대조 연구, 『中國學硏究』, 第74輯, 서울, 中國學硏究會, 2015年 11月

劉俊芳・韓容洙 中韓標點符號對比, 『中國學硏究』, 第74輯, 서울, 中國學硏究會, 2015年 11月

이 민 卽席口譯中的顯化、簡化特徵及其歸因分析, 『中國學硏究』, 第74輯, 서울, 中國學硏究會, 2015年 11月

姜承昊・劉曼璐 關于二元經濟体制下的中國地區所得差距硏究, 『中國學硏究』, 第74輯, 서울, 中國學硏究會, 2015年 11月

최의현・팽 주・박수열 중국 그림자은행의 중소기업 대출에 관한 연구, 『中國學硏究』, 第74輯, 서울, 中國學硏究會, 2015年 11月

최은경 중국의 2000년대 이래 조세개혁에 관한 정치학적 연구, 『中國學硏究』, 第74輯, 서울, 中國學硏究會, 2015年 11月

나민구・왕비취 社會語言影響的又一个主流, 『中國學硏究』, 第74輯, 서울, 中國學硏究會, 2015年 11月

박민호 피춘(皮村)과 중국의 새로운 노동자 문화, 『中國學硏究』, 第74輯, 서울, 中國學硏究會, 2015年 11月

陸潭晟 在韓中國留學生大學生活适應性的影響要因分析及探討, 『中國學硏究』, 第74輯, 서울, 中國學硏究會, 2015年 11月

조병환 1980년대 이후 상하이 차관문화의 특성, 『中國學硏究』, 第74輯, 서울, 中國學硏究會, 2015年 11月

17－1 中國現代文學 第72號 2015年 3月 (韓國中國現代文學學會)

◎ 일반논문

황정일	위화(余華)『제7일』의 평등론,『中國現代文學』, 第72號, 서울, 韓國中國現代文學學會, 2015年 3月
임춘성	문학인류학적 관점에서 고찰하는 상하이 민족지(3) :『푸핑』,『中國現代文學』, 第72號, 서울, 韓國中國現代文學學會, 2015年 3月
이희경	1980년대 중국 원로지식인의 분노 표출 제양상에 대한 소고 : 趙丹, 巴金, 夏衍을 중심으로,『中國現代文學』, 第72號, 서울, 韓國中國現代文學學會, 2015年 3月
김미란	1920년대 초 중국『부녀잡지(婦女雜誌)』의 산아제한담론 분석 : 서구 인구담론의 '문명론'적 수용방식에 대한 비판적 검토를 중심으로,『中國現代文學』, 第72號, 서울, 韓國中國現代文學學會, 2015年 3月
고윤실	중국의 포스트 80세대의 '청춘 회고'와 공공담론으로서의 '중국몽',『中國現代文學』, 第72號, 서울, 韓國中國現代文學學會, 2015年 3月
안영은	아이웨이웨이(艾未未)는 어떻게 신(艾神)이 되었나?,『中國現代文學』, 第72號, 서울, 韓國中國現代文學學會, 2015年 3月
InYoung Bong	(Un)Signified Matters in Contemporary Visual Art of China and Taiwan,『中國現代文學』, 第72號, 서울, 韓國中國現代文學學會, 2015年 3月

◎ 번역

陳國球 · 고혜림 역　『홍콩문학대계 1919-1949』 서문, 『中國現代文學』, 第72號, 서울, 韓國中國現代文學學會, 2015年 3月

쩡 쥔 · 이승희 역　지방성(地方性)의 생산 : 『판화(繁花)』의 상하이 서술, 『中國現代文學』, 第72號, 서울, 韓國中國現代文學學會, 2015年 3月

17－2 中國現代文學 第73號 2015年 6月 (韓國中國現代文學學會)

◎ 일반논문

임대근　한국의 대만문학 연구 : 주체 위치의 설정과 대만 내부 갈등 극복 가능성, 『中國現代文學』, 第73號, 서울, 韓國中國現代文學學會, 2015年 6月

김남희　신시기 주체 상상과 번역 : 내부간행물 『摘譯』를 중심으로, 『中國現代文學』, 第73號, 서울, 韓國中國現代文學學會, 2015年 6月

피경훈　'문화대혁명'의 '종결'을 어떻게 재사유할 것인가?, 『中國現代文學』, 第73號, 서울, 韓國中國現代文學學會, 2015年 6月

유경철　휘위안자 민족영웅 만들기의 재구성, 『中國現代文學』, 第73號, 서울, 韓國中國現代文學學會, 2015年 6月

◎ 특집: 위화, 중국 소설에서 한국 영화까지

윤영도　정동의 관점에서 바라본 21세기 위화론 : 잔혹과 황당을

중심으로, 『中國現代文學』, 第73號, 서울, 韓國中國現代文學學會, 2015年 6月

전성욱　　위화(余華) 소설의 한국 수용에 대하여, 『中國現代文學』, 第73號, 서울, 韓國中國現代文學學會, 2015年 6月

김정구　　『허삼관』은 어떻게 『허삼관 매혈기』를 '한국 영화'로 번역하(지 못하)는가?-한중 비교연구의 조건들에 대하여, 『中國現代文學』, 第73號, 서울, 韓國中國現代文學學會, 2015年 6月

◎ 서평

김월회　　홍콩을 사유하는 '한국적 시각' 구축을 위한 첫걸음, 『中國現代文學』, 第73號, 서울, 韓國中國現代文學學會, 2015年 6月

◎ 인터뷰

김양수　　허우샤오셴(侯孝賢)감독과의 인터뷰, 『中國現代文學』, 第73號, 서울, 韓國中國現代文學學會, 2015年 6月

17－3 中國現代文學 第74號 2015年 9月 (韓國中國現代文學學會)

◎ 일반논문

김미정　　周作人과 『老虎橋雜詩』 Ⅲ : 兒童雜事詩의 세계, 『中國現代文學』, 第74號, 서울, 韓國中國現代文學學會, 2015年 9月

봉인영	환영(幻影)과의 전쟁 : 딩링의 옌안 시기 소설 서사, 공포와 "이모티브(emotives)", 『中國現代文學』, 第74號, 서울, 韓國中國現代文學學會, 2015年 9月
박자영	루쉰의 귀신, 벤야민의 천사, 『中國現代文學』, 第74號, 서울, 韓國中國現代文學學會, 2015年 9月
최재용	중국의 청소년소설들 : 『삼중문』과 『모텔의 도시』 비교 연구, 『中國現代文學』, 第74號, 서울, 韓國中國現代文學學會, 2015年 9月
이성현	기이한 근대 : 『點石齋畫報』의 巨像 도상을 중심으로, 『中國現代文學』, 第74號, 서울, 韓國中國現代文學學會, 2015年 9月
이보고	5·4 전후 새로운 과학 담론 공동체의 형성과 세계관의 전환 : 1920년대 중국의 상대성 이론 수용과 그 이념적 배경을 중심으로, 『中國現代文學』, 第74號, 서울, 韓國中國現代文學學會, 2015年 9月
공상철	侯孝賢의 『咖啡時光』에 관한 어떤 독법, 『中國現代文學』, 第74號, 서울, 韓國中國現代文學學會, 2015年 9月
이종민	'충칭사건'과 중국모델의 방향에 대한 비판적 인식, 『中國現代文學』, 第74號, 서울, 韓國中國現代文學學會, 2015年 9月
임춘성	천하위공과 체진민주(遞進民主) : 제도와 주체의 변증법, 『中國現代文學』, 第74號, 서울, 韓國中國現代文學學會, 2015年 9月

◎ 한국중국현대문학학회 창립 30주년 기념 회고

김시준	초기 중국현대문학 연구와 학회창립 회고 : 한국중국현대

	문학학회 창립 30주년 기념, 『中國現代文學』, 第74號, 서울, 韓國中國現代文學學會, 2015年 9月
김하림	중국현대문학학회에 대한 기억, 『中國現代文學』, 第74號, 서울, 韓國中國現代文學學會, 2015年 9月

◎ 서평

장윤미	"조반(造反)은 민주(民主)다" : 조정로의 『민주수업』을 읽고, 『中國現代文學』, 第74號, 서울, 韓國中國現代文學學會, 2015年 9月

◎ 학회리뷰

피경훈	'다른 삶은 가능한가?' : 2015 맑스 코뮤날레 참관기, 『中國現代文學』, 第74號, 서울, 韓國中國現代文學學會, 2015年 9月
성근제	北大荒과 띵링 : 제2회 '띵링연구 청년포럼' 참가 후기, 『中國現代文學』, 第74號, 서울, 韓國中國現代文學學會, 2015年 9月

17－4 中國現代文學 第75號 2015年 12月 (韓國中國現代文學學會)

◎ 일반논문

홍석표	'譯述'의 번역관습과 근대적 번역관습의 충돌 : 1930년대 초 梁白華의 「阿Q正傳」 번역과 그에 대한 반응, 『中國現代文學』, 第75號, 서울, 韓國中國現代文學學會, 2015

年 12月

성근제　五四와 文革 : 중국혁명의 상징체계, 『中國現代文學』, 第75號, 서울, 韓國中國現代文學學會, 2015年 12月

공상철　秋菊은 어떻게 '골칫거리'가 되었는가 : 張藝謀의 『秋菊打官司』를 고쳐 읽으며, 『中國現代文學』, 第75號, 서울, 韓國中國現代文學學會, 2015年 12月

백원담　냉전연구의 문화적 · 지역적 전환 문제, 『中國現代文學』, 第75號, 서울, 韓國中國現代文學學會, 2015年 12月

신현준 · 예룬 흐루너베헌-라우　다스랄, 디자인주간, 후토폴리스(胡同城) : 베이징 남부(城南)의 도시재생과 문화의 (탈)정치, 『中國現代文學』, 第75號, 서울, 韓國中國現代文學學會, 2015年 12月

심광현　리쩌허우의 『비판철학의 비판』의 비판적 수용을 위하여, 『中國現代文學』, 第75號, 서울, 韓國中國現代文學學會, 2015年 12月

◎ 서평

김미란　모옌의 소설 『개구리(蛙)』의 언어, 그리고 '한 자녀정책', 『中國現代文學』, 第75號, 서울, 韓國中國現代文學學會, 2015年 12月

◎ 인터뷰

백원담　백원담-차오정루(曺征路) 대담-『민주수업』의 문화대혁명

성찰과 그 후,『中國現代文學』, 第75號, 서울, 韓國中國現代文學學會, 2015年 12月

18-1 中語中文學 第60輯 2015年 4月 (韓國中語中文學會)

◎ 고전문학 및 문화

崔琇景　明代 後期 상업출판물 속의 '物' : '爭奇' 시리즈를 중심으로,『中語中文學』, 第60輯, 서울, 韓國中語中文學會, 2015年 4月

김광일　환관과 지식인 : 眞德秀『大學衍義』「嚴內治」의 구조와 의미,『中語中文學』, 第60輯, 서울, 韓國中語中文學會, 2015年 4月

김원희 · 이종무　明末淸初 江南 어느 여성의 삶 : 女人, 遺民, 作家 商景蘭研究,『中語中文學』, 第60輯, 서울, 韓國中語中文學會, 2015年 4月

윤혜지　『규수사초(閨秀詞鈔)』에 수록된 한국 여성작가 사(詞) 6수 고찰,『中語中文學』, 第60輯, 서울, 韓國中語中文學會, 2015年 4月

◎ 현대문학 및 문화

崔明淑　中國 少數民族 音樂의 流行化 문화현상 연구 : 90년대 이후 티베트 전통음악과 현대음악의 結合을 중심으로,『中語中文學』, 第60輯, 서울, 韓國中語中文學會, 2015年 4月

洪　宏　『上海屋檐下』之創作新論,『中語中文學』, 第60輯, 서울,

韓國中語中文學會, 2015年 4月

◎ 고대어학

曺銀晶	문자언어학적 각도에서 살펴본『老子』판본의 선후 관계,『中語中文學』, 第60輯, 서울, 韓國中語中文學會, 2015年 4月
한경호	上古音 *s[+nasal]-式 音節初 子音群(Initial Cluster): 戰國~西漢時代의 楚地 출토문헌 위주로,『中語中文學』, 第60輯, 서울, 韓國中語中文學會, 2015年 4月
모정열	湘南土話 鼻音韻尾 고찰,『中語中文學』, 第60輯, 서울, 韓國中語中文學會, 2015年 4月
곽현숙	『漢鮮文新玉篇』簡介,『中語中文學』, 第60輯, 서울, 韓國中語中文學會, 2015年 4月

◎ 현대어학 및 중국어 교육

이옥주	표준중국어 경계 성조(boundary tone)의 연구방법론 고찰,『中語中文學』, 第60輯, 서울, 韓國中語中文學會, 2015年 4月
위수광	중국어 표현문법체계와 표현항목 선정,『中語中文學』, 第60輯, 서울, 韓國中語中文學會, 2015年 4月
鄭仁貞·袁毓林	漢語經歷体“過”句式的体特征和事態句的語義功能,『中語中文學』, 第60輯, 서울, 韓國中語中文學會, 2015年 4月
韓松濤·石　堅	論漢韓身体詞的詞義擴展,『中語中文學』, 第60輯, 서울, 韓國中語中文學會, 2015年 4月

박덕준 한국인을 위한 중국어유의어사전 연구,『中語中文學』, 第60輯, 서울, 韓國中語中文學會, 2015年 4月

장선우 한중사전의 화용 정보 제시 현황,『中語中文學』, 第60輯, 서울, 韓國中語中文學會, 2015年 4月

이효영 중국어 쓰기 과정에서의 피드백이 한국인 학습자의 쓰기 능력에 미치는 영향,『中語中文學』, 第60輯, 서울, 韓國中語中文學會, 2015年 4月

18－2 中語中文學 第61輯 2015年 8月 (韓國中語中文學會)

◎ 고전문학 및 문화

유수민 『封神演義』 속 哪吒 형상 小考 : 道敎的 토착화 및 幻想性과 관련하여,『中語中文學』, 第61輯, 서울, 韓國中語中文學會, 2015年 8月

김명구 악당 살아남다-「宋四公大鬧禁魂張」에 나타난 악인의 특징과 악의 의미,『中語中文學』, 第61輯, 서울, 韓國中語中文學會, 2015年 8月

안희진 「艾子雜說」은 蘇軾의 글인가,『中語中文學』, 第61輯, 서울, 韓國中語中文學會, 2015年 8月

이수민 『姑妄言』 속에 등장하는 꿈의 기능,『中語中文學』, 第61輯, 서울, 韓國中語中文學會, 2015年 8月

肖大平 論孫悟空性格的來源,『中語中文學』, 第61輯, 서울, 韓國中語中文學會, 2015年 8月

진명호 戴震의 고증학 사상과 문학해석의 관계 연구,『中語中文

	學』, 第61輯, 서울, 韓國中語中文學會, 2015年 8月

◎ 현대문학 및 문화

유경철	훠위안자(霍元甲) 민족영웅 만들기의 21세기적 지속 : 훠위안자에 관한 천취(晨曲)의 작업과 훠위안자 관련 다큐멘터리 프로그램을 중심으로, 『中語中文學』, 第61輯, 서울, 韓國中語中文學會, 2015年 8月
이보고	The Chinese Repository 와 The Middle Kingdom의 상관성 연구 : 19세기 서구의 대(對) 중국 지식 체계화 과정에 대한 검토, 『中語中文學』, 第61輯, 서울, 韓國中語中文學會, 2015年 8月
허윤정	財神寶卷의 양상과 그 사회적 의미 : 清末民初 江南의 寶卷을 중심으로, 『中語中文學』, 第61輯, 서울, 韓國中語中文學會, 2015年 8月
김영옥	韓邦慶 단편소설의 근대적 불교서사 탐색 : 『歡喜佛』을 중심으로, 『中語中文學』, 第61輯, 서울, 韓國中語中文學會, 2015年 8月

◎ 고대어학

강윤옥	春秋後期『侯馬盟書』에 수록된 人名과 문자 특징 연구, 『中語中文學』, 第61輯, 서울, 韓國中語中文學會, 2015年 8月
胡文嘉 · 鄭林嘯	從知庄章的演變看馬禮遜『五車韻府』的音系性質, 『中語中文學』, 第61輯, 서울, 韓國中語中文學會, 2015年 8月
李繼征	15-16C韓國漢字音遇攝的層次, 『中語中文學』, 第61輯,

서울, 韓國中語中文學會, 2015年 8月

◎ 현대어학 및 중국어 교육

박은석	‘구별사’, ‘관형사’, ‘연체사’ 비교 연구, 『中語中文學』, 第61輯, 서울, 韓國中語中文學會, 2015年 8月
박성하	양태조동사 ‘能’의 하위분류 및 주어와의 공기특성 분석, 『中語中文學』, 第61輯, 서울, 韓國中語中文學會, 2015年 8月
김윤정	현대중국어 방향보어구조의 함의 재조명, 『中語中文學』, 第61輯, 서울, 韓國中語中文學會, 2015年 8月
신수영 · 김태은	어휘접근법에 기반한 중국어 결합관계 교수 · 학습에 대한 논의, 『中語中文學』, 第61輯, 서울, 韓國中語中文學會, 2015年 8月
임연정	한국학생의 중국어 어기조사 학습오류분석 및 교육방안 고찰 : “嗎”, “吧”, “呢”, “啊”를 중심으로, 『中語中文學』, 第61輯, 서울, 韓國中語中文學會, 2015年 8月
이지은	학부 중국어 수업에서의 전문용어 교수 방안에 관한 시론-특수 목적 중국어(CSP) 수업을 중심으로, 『中語中文學』, 第61輯, 서울, 韓國中語中文學會, 2015年 8月
김선희	중 · 고급 학습자의 ‘把’ 구문 오류분석 연구 : 과잉일반화를 중심으로, 『中語中文學』, 第61輯, 서울, 韓國中語中文學會, 2015年 8月
장은영	한중 대외한자교육에 대한 이해, 『中語中文學』, 第61輯, 서울, 韓國中語中文學會, 2015年 8月
李雪花 · 金原希	韓國學生致使句偏誤分析及教學對策, 『中語中文學』, 第

61輯, 서울, 韓國中語中文學會, 2015年 8月

18－3 中語中文學 第62輯 2015年 12月 (韓國中語中文學會)

◎ 고전문학 및 문화

김보경 · 최석원 北宋 蘇軾의 삼국 역사관 고찰,『中語中文學』, 第62輯, 서울, 韓國中語中文學會, 2015年 12月

최수경 明代 지식인들의 글쓰기에 나타난 蠻夷담론 :『君子堂日詢手鏡』과『炎徼紀聞』을 중심으로,『中語中文學』, 第62輯, 서울, 韓國中語中文學會, 2015年 12月

李浚植 「國風」 풍자시의 풍자양상,『中語中文學』, 第62輯, 서울, 韓國中語中文學會, 2015年 12月

◎ 고대어학

韓炅澔 중세한국한자음 내의 '更 · 暴'의 복수한자음과 그 의미상 관계에 대하여,『中語中文學』, 第62輯, 서울, 韓國中語中文學會, 2015年 12月

◎ 현대어학 및 중국어 교육

채춘옥 한 · 중 언어에서 요청 화행과 거절 화행의 대조연구,『中語中文學』, 第62輯, 서울, 韓國中語中文學會, 2015年 12月

이은경 중 · 한 관계화 제약 화제의 특징과 화제문의 정보구조,『中語中文學』, 第62輯, 서울, 韓國中語中文學會, 2015年 12月

남양우 존현구문과 소유자-대상구문 간의 관계 고찰,『中語中文

學』, 第62輯, 서울, 韓國中語中文學會, 2015年 12月

焦彭琰　“只好”的語義、語用特征分析, 『中語中文學』, 第62輯, 서울, 韓國中語中文學會, 2015年 12月

김태은　초급 중국어 자모(字母) 지도를 위한 중국어 음운체계에 대한 이론적 검토 및 지도 방안, 『中語中文學』, 第62輯, 서울, 韓國中語中文學會, 2015年 12月

19－1 韓中言語文化研究 第37輯 2015年 2月 (韓國現代中國研究會)

◎ 語學

이규갑　韓國의 漢字 教育과 教育用 漢字 : 漢字選定 方式의 問題點 爲主, 『韓中言語文化研究』, 第37輯, 서울, 韓國現代中國研究會, 2015年 2月

이문화　한국어 ‘-고 있다’와 ‘-아/어 있다’의 중국어 대응표현 연구, 『韓中言語文化研究』, 第37輯, 서울, 韓國現代中國研究會, 2015年 2月

장　정　중국어 ‘好(hǎo)’와 한국어 ‘좋다’의 의미 대조 연구, 『韓中言語文化研究』, 第37輯, 서울, 韓國現代中國研究會, 2015年 2月

Olivier Bailble · 손지윤　중국 총리 리커창(李克强) 중국-ASEAN(아세안) 박람회 연설 텍스트의 수사학적 분석, 『韓中言語文化研究』, 第37輯, 서울, 韓國現代中國研究會, 2015年 2月

정유선 · 이다혜　국내 비한국계 중국인 결혼이민자 가족 자녀 대상 중국어 교육에 대한 몇 가지 제언, 『韓中言語文化研究』, 第37輯,

	서울, 韓國現代中國研究會, 2015年 2月
李 民	中韓, 韓中口譯研究現狀与未來思路, 『韓中言語文化研究』, 第37輯, 서울, 韓國現代中國研究會, 2015年 2月

◎ 文學

우재호	文房四友를 읊은 唐詩에 관하여, 『韓中言語文化研究』, 第37輯, 서울, 韓國現代中國研究會, 2015年 2月
박운석 · 鐘書林	陶淵明作品中的小說元素研究, 『韓中言語文化研究』, 第37輯, 서울, 韓國現代中國研究會, 2015年 2月
이은주	論柳永, 周邦彦羈旅詞的時空結构及抒情模式, 『韓中言語文化研究』, 第37輯, 서울, 韓國現代中國研究會, 2015年 2月
심규호	晚明小品文和正祖的文体反正, 『韓中言語文化研究』, 第37輯, 서울, 韓國現代中國研究會, 2015年 2月
오순방	明末 天主教와 佛教의 종교 분쟁과 최초의 西歐小說 中譯本 『聖요세파傳記』 研究, 『韓中言語文化研究』, 第37輯, 서울, 韓國現代中國研究會, 2015年 2月
오창화	劉三姐說話의 故事性 : 張爾翮의 〈貴縣劉三妹歌仙傳〉과 孫芳桂의 〈歌仙劉三妹傳〉을 중심으로, 『韓中言語文化研究』, 第37輯, 서울, 韓國現代中國研究會, 2015年 2月
이숙연	臺灣原住民的靈性傳統與敍事美學, 『韓中言語文化研究』, 第37輯, 서울, 韓國現代中國研究會, 2015年 2月
劉海萌	論中韓古典小說儒家思想影響下的揚抑觀 : 以『三國演義』和『壬辰彔』爲例, 『韓中言語文化研究』, 第37輯, 서울, 韓國現代中國研究會, 2015年 2月

◎ 文化

成紅舞　　晩淸至民國在華教會女校与中國女性的現代啓蒙, 『韓中言語文化硏究』, 第37輯, 서울, 韓國現代中國硏究會, 2015年 2月

張琴鳳　　中國大陸, 臺灣新生代作家歷史創傷記憶硏究, 『韓中言語文化硏究』, 第37輯, 서울, 韓國現代中國硏究會, 2015年 2月

진역령　　『尙書』東傳與韓中史料中的硏究課題, 『韓中言語文化硏究』, 第37輯, 서울, 韓國現代中國硏究會, 2015年 2月

소은희　　Robert Morrison 『Dialogues and detached sentences in the Chinese Language(中文會話及凡例)』(1816년)에 나타난 사회문화상 연구 : 광동무역시기 十三行과 무역체재를 중심으로, 『韓中言語文化硏究』, 第37輯, 서울, 韓國現代中國硏究會, 2015年 2月

19－2　韓中言語文化硏究 第38輯 2015年 6月 (韓國現代中國硏究會)

◎ 語學

윤창준　　한자 쓰기 오류 방지를 위한 錯別字 유형 분석: 字形이 서로 비슷하여 발생한 別字를 중심으로, 『韓中言語文化硏究』, 第38輯, 서울, 韓國現代中國硏究會, 2015年 6月

유　예　　王力先秦兩漢時期的音韻學硏究, 『韓中言語文化硏究』, 第38輯, 서울, 韓國現代中國硏究會, 2015年 6月

유염평　　淸末民初白話報刊詞匯現象硏究, 『韓中言語文化硏究』, 第38輯, 서울, 韓國現代中國硏究會, 2015年 6月

엄익상 從『當代中文』韓語版看全球化教材的本土化問題, 『韓中言語文化研究』, 第38輯, 서울, 韓國現代中國研究會, 2015年 6月

Fu Xiliang · 최창원 (A)Comprehensive Analysis of the Research of Chinese Five Emperors Era from the Perspective of Its Systematic Historical Literature, 『韓中言語文化研究』, 第38輯, 서울, 韓國現代中國研究會, 2015年 6月

◎ 文學

박운석 · 종서림 陶淵明作品與小說叙事之關系研究, 『韓中言語文化研究』, 第38輯, 서울, 韓國現代中國研究會, 2015年 6月

배다니엘 中唐 于武陵의 시가 고찰, 『韓中言語文化研究』, 第38輯, 서울, 韓國現代中國研究會, 2015年 6月

권호종 · 이봉상 『青樓韻語』를 통해 본 嫖客의 風流守則, 『韓中言語文化研究』, 第38輯, 서울, 韓國現代中國研究會, 2015年 6月

장금봉 · 서 신 李漁『十二樓』中的情欲美學研究, 『韓中言語文化研究』, 第38輯, 서울, 韓國現代中國研究會, 2015年 6月

주 릉 '五四'啓蒙精神的承傳與對精英化寫作姿態的反叛 : 趙樹理小說比較研究探析, 『韓中言語文化研究』, 第38輯, 서울, 韓國現代中國研究會, 2015年 6月

서 진 · 기 영 再論嚴歌苓『白蛇』: 以文革下的女性性別書寫爲中心, 『韓中言語文化研究』, 第38輯, 서울, 韓國現代中國研究會, 2015年 6月

◎ 文化

위혜평 · 문대일　對當前漢語國際教育人才規劃與培養的反思, 『韓中言語文化硏究』, 第38輯, 서울, 韓國現代中國硏究會, 2015年 6月

19－3 韓中言語文化硏究 第39輯 2015年 10月 (韓國現代中國硏究會)

◎ 語學

邵　磊　從漢語再看中世韓國語的齒音, 『韓中言語文化硏究』, 第39輯, 서울, 韓國現代中國硏究會, 2015年 10月

박향란　고대 중국어 피동표현과 공손의미의 상관관계 고찰 : ‘A見V’ 구문을 중심으로, 『韓中言語文化硏究』, 第39輯, 서울, 韓國現代中國硏究會, 2015年 10月

신미경 · 유　위　중국어 ‘都’와 한국어 ‘모두/다’의 인지모형 대조 연구, 『韓中言語文化硏究』, 第39輯, 서울, 韓國現代中國硏究會, 2015年 10月

이은경　‘(是)……的’구문의 통사 · 의미와 한국어 대응관계를 통한 교육방안, 『韓中言語文化硏究』, 第39輯, 서울, 韓國現代中國硏究會, 2015年 10月

이은수　부사 ‘已經’의 의미 연구, 『韓中言語文化硏究』, 第39輯, 서울, 韓國現代中國硏究會, 2015年 10月

장　기　한국 웹툰의 비공식 중국어 번역에 대한 고찰, 『韓中言語文化硏究』, 第39輯, 서울, 韓國現代中國硏究會, 2015年 10月

郭沂濱　空間詞‘前/後’在對話体中的時間指向及深層認知 : 以其表達‘時序’功能爲中心, 『韓中言語文化硏究』, 第39輯, 서울,

	韓國現代中國硏究會, 2015年 10月
金鐘讚	介詞'在'的前附性與語法分析-兼與邢福義商榷, 『韓中言語文化硏究』, 第39輯, 서울, 韓國現代中國硏究會, 2015年 10月
郭聖林	試論把字句的修辭關系, 『韓中言語文化硏究』, 第39輯, 서울, 韓國現代中國硏究會, 2015年 10月

◎ 文學

서용준	黃鶴樓 관련 李白詩 연구, 『韓中言語文化硏究』, 第39輯, 서울, 韓國現代中國硏究會, 2015年 10月
송윤미	『大唐西域記』에 기재된 佛敎의 諸神 故事 考察, 『韓中言語文化硏究』, 第39輯, 서울, 韓國現代中國硏究會, 2015年 10月
김현주 · 배경진	한국 실크로드연구의 현황과 전망, 『韓中言語文化硏究』, 第39輯, 서울, 韓國現代中國硏究會, 2015年 10月
吳淳邦	晩淸基督敎翻譯小說的翻譯策略硏究：以『紅侏儒傳』, 『喩道要旨』, 『五更鐘』爲例, 『韓中言語文化硏究』, 第39輯, 서울, 韓國現代中國硏究會, 2015年 10月
朱 凌	鄕村生態的文化理想寫意：'邊地'與'商州'的詩意書寫與現實寫意, 『韓中言語文化硏究』, 第39輯, 서울, 韓國現代中國硏究會, 2015年 10月
鄭雪瑞	1930年代張恨水文學創作的轉變：以『夜深沉』爲中心, 『韓中言語文化硏究』, 第39輯, 서울, 韓國現代中國硏究會, 2015年 10月

◎ 文化

김혜정　宋代 儒家의 風水觀 研究：程子, 朱子, 蔡發을 중심으로, 『韓中言語文化研究』, 第39輯, 서울, 韓國現代中國研究會, 2015年 10月

Chung Dahoon · Kim Geun　Chinese Leaders' Diplomatic Rhetoric and its Power, 『韓中言語文化研究』, 第39輯, 서울, 韓國現代中國研究會, 2015年 10月

Li Zihan　Korean P'ansori in Yanbian : Transmission, Development, and Preservation, 『韓中言語文化研究』, 第39輯, 서울, 韓國現代中國研究會, 2015年 10月

3

2014年度 중국문학 관련 국내 석박사 학위논문 목록

1) 국내 석사 학위 논문

Chang Yang	한·중 피동문 대조 연구 : 한국어 파생적 피동문을 중심으로, 경북대 대학원 석사 논문, 2014
Gao Nan	한·중 높임표현 대비 및 교육방안 연구, 충남대 대학원 석사 논문, 2014
Hao Yan	한·중 호칭어 사용 양상 대조 연구 : 한국 드라마 『신사의 품격』과 중국 드라마 『李春天的春天』을 중심으로, 경희대 대학원 석사 논문, 2014
Jia Shen	한국어와 중국어의 주어 대조, 경희대 대학원 석사 논문, 2014
Jin Zhi	中國人 學習者들을 위한 韓國語能力試驗 漢字語 教育 方案 硏究 : 韓國語와 中國語의 同形異義語를 中心으로, 강원대 대학원 석사 논문, 2014
Liu Jing	韓國語와 中國語 範圍副詞 比較硏究 : 소설 『駱駝祥子』에 나오는 範圍副詞를 中心으로, 강원대 대학원 석사 논문, 2014
Liu Yu	金東仁과 魯迅 短篇小說의 女性人物 比較 硏究, 충남대 대학원 석사 논문, 2014
Lu Ping	정철의 가사에 끼친 중국문학의 영향 연구 : 이백·소식의 영향을 중심으로 하여, 서강대 대학원 석사 논문, 2014
Xie Hui	HMM 기반의 중국어 음성 합성 시스템에서 문장강세를 통한 합성음의 명료도 개선, 경북대 대학원 석사 논문, 2014

Yao Yanjun　韓國語와 中國語 婉曲表現의 比較硏究 : 단어와 관용어를 중심으로, 강원대 대학원 석사 논문, 2014

Zhang Huihui　한 · 중 요리 동사의 의미 대응 연구, 경희대 대학원 석사 논문, 2014

Zhi Wenjing　한국어와 중국어의 부사 형성법 대조 연구, 이화여대 대학원 석사 논문, 2014

Zhu Zihui　문장 차원에서 바라본 상표지 '-고 있-'와 '在', '着'의 대조 연구, 경북대 대학원 석사 논문, 2014

가위경　한국어 추측성 양태부사의 중국어 대응 표현 연구 : '사실, 분명히, 아마, 어쩌면, 혹시'를 중심으로, 동국대 대학원 석사 논문, 2014

강 리　왕소군의 이미지 변천과 화이관념 연구, 전북대 대학원 석사 논문, 2014

강 반　중국인 학습자의 한국어 파열음 발음 교육에 대한 연구: 중국어 성조 활용을 중심으로, 관동대 대학원 석사 논문, 2014

강영매　소동파 폄적시기 생활양상과 사유방식 연구, 전북대 교육대학원 석사 논문, 2014

강정정　한국어 한자어와 중국어 어휘의 대조 연구 : 이음절 同素語를 중심으로, 경희대 대학원 석사 논문, 2014

고 동　한 · 중 요청표현 대조 분석 : 공손성을 중심으로, 한양대 대학원 석사 논문, 2014

高 珊　한 · 중 시간부사의 대조 연구, 고려대 대학원 석사 논문, 2014

고 양	중국 속담과의 비교를 통한 한국 속담 교육 방안 연구, 건양대 대학원 석사 논문, 2014
고명주	『紅樓夢』과 『鏡花緣』 俗語의 문학적 기능 연구, 고려대 대학원 석사 논문, 2014
고연칭	동양과 서양의 문화적 차이 연구, 한국교통대 인문대학원 석사 논문, 2014
고정선	발도르프 교육방법을 활용한 중국어 교육 방안 연구: 초등학생을 대상으로, 경희대 대학원 석사 논문, 2014
곡관녕	한·중 소설에 나타난 서정적 특성 비교연구-황순원과 심종문의 소설을 중심으로, 경희대 대학원 석사 논문, 2014
곽 영	'듯'을 포함한 한국어 문법 표현의 중국어 대응 표현 연구, 동국대 대학원 석사 논문, 2014
곽 영	晩淸狹邪小說『海上塵天影』硏究, 숭실대 대학원 석사 논문, 2014
곽 한	한·중 기쁨표현 관용어 대비연구, 숭실대 대학원 석사 논문, 2014
곽강봉	한국어 종결상 보조동사와 중국어 대응 표현에 대한 비교연구: '-고 나다, -어 내다, -어 버리다'를 중심으로, 경희대 대학원 석사 논문, 2014
郭芳秀	동아시아 마조 문화의 전파 연구, 고려대 대학원 석사 논문, 2014
관 적	한·중 외래어의 음운론적 대조 연구, 부산대 대학원 석사 논문, 2014
교 우	강경애와 샤오홍 소설의 비교연구 : 『인간문제』와 『생사

	의 마당』을 중심으로, 건국대 대학원 석사 논문, 2014
구정초	한국어 '-아/어 있다'와 중국어 '着'의 용법 비교 : 성취 동사와의 결합을 중심으로, 숭실대 대학원 석사 논문, 2014
기 위	중국어 대응 표현을 활용한 보조동사 '내다'의 양태 의미 연구, 경희대 대학원 석사 논문, 2014
김 매	한·중 부사어의 대조 연구, 창원대 대학원 석사 논문, 2014
김 성	염상섭의『삼대』와 빠진의『家』비교연구, 단국대 대학원 석사 논문, 2014
김경민	新HSK 듣기 문제 유형을 활용한『중국어 회화Ⅰ』듣기 문항 설계, 이화여대 교육대학원 석사 논문, 2014
김경숙	중·한 대조분석을 통한 동형이의어 지도 방안 연구, 연세대 대학원 석사 논문, 2014
김경희	莊子의 思想과 死生觀 고찰, 경희대 대학원 석사 논문, 2014
김동호	한국 한자어와 현대 중국어 어휘 비교 연구 : 동형이의어·이형동의어를 중심으로, 한서대 대학원 석사 논문, 2014
김로사	呂必松의『對外漢語教學概論講義』번역, 동국대 대학원 석사 논문, 2014
김명선	중학교『생활중국어』문법 항목 분석 및 개선 방안 연구, 이화여대 교육대학원 석사 논문, 2104
김명월	'仁'字的構成及其文化意蘊, 영남대 대학원 석사 논문, 2014

김빛나리	中·韓·日 '타임슬립(時空穿越)' 역사드라마 연구, 연세대 대학원 석사 논문, 2014
김선유	이청조·주숙진 사 연구 : 의상과 의경을 중심으로, 전남대 대학원 석사 논문, 2014
김성복	중국어 초급학습자의 발음오류분석 및 지도방안의 효과 연구, 순천향대 교육대학원 석사 논문, 2014
김성현	고등학교『중국어Ⅰ』,『중국어Ⅱ』교과서의 삽화 개선 방안 연구, 공주대 교육대학원 석사 논문, 2014
金歲熙	'단계성 원칙'에 따른 고등학교 중국어 교과서 문법항목 연구, 한국외대 교육대학원 석사 논문, 2014
김수진	어기조사 呢의 지도 방안 연구 : 외국어계열 고등학생을 대상으로, 이화여대 교육대학원 석사 논문, 2014
김숙경	'푸다오輔導'라는 한·중 문화접경지대 : 아시아 대중의 일상적 문화번역 연구, 성공회대 대학원 석사 논문, 2014
김연아	도연명과 이백 음주시 비교연구, 울산대 대학원 석사 논문, 2014
김영희	徐渭 繪畵美學의 陽明心學的 硏究 : 陽明左派 心學思想을 中心으로, 성균관대 대학원 석사 논문, 2014
김예슬	고등학교『중국어Ⅰ』교과서의 대화문을 활용한 의사소통 능력 향상 지도방안 연구, 상명대 교육대학원 석사 논문, 2014
김은정	中國 文學作品 속의 王昭君 形象 考察 : 馬致遠『漢宮秋』, 郭沫若『王昭君』, 曹禺『王昭君』중심으로, 전북대 교육대학원 석사 논문, 2014

김조은 고등학교『중국어 I 』정기고사 평가문항 분석과 개발, 이화여대 교육대학원 석사 논문, 2014

김지영 『老乞大』를 통해 본『중국어 I』문화교육 개선 방향, 경희대 대학원 석사 논문, 2014

김지은 중국어 교재의 '把'구문 분석, 부산대 교육대학원 석사 논문, 2014

김춘옥 新HSK 어휘집에 수록된 심리동사 연구, 강릉원주대 대학원 석사 논문, 2014

김태홍 郭沫若의 歷史劇『屈原』연구, 경상대 대학원 석사 논문, 2014

김희인 어린이 중국어 워크북의 체계성 연구, 한국외대 교육대학원 석사 논문, 2014

노 성 한국어와 중국어 진행상(進行相) 표지 '-고 있다'와 '在'의 대조 연구, 한양대 대학원 석사 논문, 2014

단소동 이인로와 소동파의「화귀거래사」비교 연구, 중앙대 대학원 석사 논문, 2014

담시회 『說文解字』'女'部字分類及其所體現的古代文化含意, 건국대 대학원 석사 논문, 2014

도정원 한국어 '떨어지다'와 중국어에서의 대응연구, 숭실대 대학원 석사 논문, 2014

동단려 중국인 한국어 학습자를 위한 한중 의성어와 의태어 대조연구, 한양대 대학원 석사 논문, 2014

동찌앤화 부사격 조사 '에'에 대한 중국어 번역 양상 연구, 동국대 대학원 석사 논문, 2014

두안진루	한중 동형 한자어의 단모음 교육 방안 연구, 청주대 대학원 석사 논문, 2014
등 함	유치진과 차오위(曹禺)의 희곡에 나타난 현실 인식 비교 연구, 명지대 대학원 석사 논문, 2014
등소훼	한국어 동사 '두다'의 중국어 대응표현에 관한 연구, 중부대 대학원 석사 논문, 2014
려안수	鄭澈과 李白의 飮酒詩 比較 硏究, 충남대 대학원 석사 논문, 2014
류리나	漢語'看'和韓語'보다'的對比硏究, 부산대 대학원 석사 논문, 2014
류명월	한국어 '-었-'과 중국어 '了'에 대한 연구, 안동대 대학원 석사 논문, 2014
류핀얼	중국어 관광안내문 오류 분석 및 표준화시안 : 영주·안동 지역의 문화재를 중심으로, 동양대 대학원 석사 논문, 2014
류호현	천바이천(陳白塵) 희극(喜劇)의 문화정치 연구: 1935~1945, 고려대 대학원 석사 논문, 2014
리 지	戴厚英의 '지식인 3부작' 연구, 경상대 대학원 석사 논문, 2014
리우쥐엔	한국어와 중국어의 착용동사 대조 연구, 청주대 대학원 석사 논문, 2014
린 린	중국 인명의 한글 표기에서 나타나는 문제점에 관한 연구, 단국대 대학원 석사 논문, 2014
마 밍	중국어 '了'와 한국어 '-었-'의 대응 연구 : 중국 소설 『홍까

	오량 가족』을 중심으로, 중앙대 대학원 석사 논문, 2014
마문가	양계초의「신민설」의 형성배경과 그 영향에 관한 연구-한·중 신문을 중심으로, 부경대 대학원 석사 논문, 2014
마연청	중국인 한국어 학습자를 위한 '먹다'의 교육 방안 연구, 전남대 대학원 석사 논문, 2014
매 영	한국어교육에서의 문학교육의 현황과 교육 방안 연구:「운수 좋은 날」과『낙타상자』의 비교를 중심으로, 수원대 대학원 석사 논문, 2014
맹 흔	한·중 동형이의 한자어 대조 분석을 통한 학습전략, 상명대 대학원 석사 논문, 2014
맹자예	『三國志演義』 인물의 韓·中 속담 반영 양상 비교 연구, 신라대 교육대학원 석사 논문, 2014
명심지	스마트 디바이스 기반 게임에 적합한 중국어 편방(偏旁) 입력기법의 UI 디자인 연구, 중앙대 첨단영상대학원 석사 논문, 2014
牟 蕾	『茶館』中的人物與社會：藝術特色與人物塑造, 목포대 대학원 석사 논문, 2014
모소박	한·중 기계음 의성어에 대한 형태·통사적 비교 연구, 한양대 대학원 석사 논문, 2014
무정명	한국 근대 소설에 나타난 한국과 한국인 : 1920년대 한인제재 소설을 중심으로, 인하대 대학원 석사 논문, 2014
무효휘	한·중 친족호칭어 확대 사용에 대한 대조연구, 신라대 교육대학원 석사 논문, 2014
문미경	甲骨文에 나타난 여성의 사회적 지위와 역할 연구, 숭실대

대학원 석사 논문, 2014

文少英 ARCS이론을 활용한 중국어 말하기 지도방안, 한국외대 교육대학원 석사 논문, 2014

문영준 淸學書 小兒論의 出處에 관한 연구, 서울대 대학원 석사 논문, 2014

문영희 한국어 선어말어미 '-었-'과 중국어 조사 '了'의 비교 연구, 한국교원대 대학원 석사 논문, 2014

문영준 運用韓國小學綜合教科書兒歌的小學初級漢語教材開發, 이화여대 외국어교육특수대학원 석사 논문, 2014

민순아 진로교육을 연계한 고등학교 중국어수업 교수자료 개발, 이화여대 교육대학원 석사 논문, 2014

박 철 한·중 다의어 의미 확장 대조 연구 : 유정물에서 무정물로의 확장 양상을 중심으로, 숭실대 대학원 석사 논문, 2014

박미경 '온고이지신(溫故而知新)'의 재음미, 대구교대 교육대학원 석사 논문, 2014

박미자 『三國演義』에 나오는 별점의 의미에 관한 연구, 단국대 대학원 석사 논문, 2014

박선경 『祖堂集』 의문사 연구 : 特指의문문과 번역문을 중심으로, 부산대 대학원 석사 논문, 2014

박선화 李淸照 사에서의 여성형상 연구, 전북대 교육대학원 석사 논문, 2014

박성해 『장이머우 영화론』 번역, 인하대 교육대학원 석사 논문, 2014

박세영　　차이위안페이(蔡元培)의 美育論에 비추어 본 문화예술교육의 방향, 이화여대 대학원 석사 논문, 2014

박옥영　　초등교육기관의 중국어교육 : 초등학교 다문화교육을 중심으로, 원광대 교육대학원 석사 논문, 2014

박용선　　淸 末期 任熊의 『姚大梅詩意圖冊』 硏究, 홍익대 대학원 석사 논문, 2014

박우기　　韓寒 문학의 사회적 실천 연구, 동국대 대학원 석사 논문, 2014

박윤지　　日本 小倉文庫 『象院題語』의 注音에 반영된 中國語 音韻體系 硏究, 이화여대 대학원 석사 논문, 2014

박종봉　　'三言' 애정소설 연구-신분을 중심으로, 충북대 대학원 석사 논문, 2014

박지수　　20世紀初 中國 大衆集會의 發展과 國民大會의 形成, 서울대 대학원 석사 논문, 2014

박혜성　　魯迅의 『奔月』과 『離婚』에 나타난 女性의 自我實現 硏究, 청주대 대학원 석사 논문, 2014

박효미　　老舍의 『四世同堂』 번역 : 제10장 ~ 제17장, 동국대 교육대학원 석사 논문, 2014

반미정　　張愛玲 『傳奇』의 묘사수법에 나타난 『紅樓夢』의 영향, 동국대 대학원 석사 논문, 2014

백문영　　한국어·중국어 재귀 표현 대조 연구 및 교육방안 : 한국어 '자기', '자신', 중국어 '自己'를 중심으로, 단국대 대학원 석사 논문, 2014

백미연　　田苗의 『女性物事與宋詞』 번역-제1장, 제3장, 제4장, 제8

장, 동국대 교육대학원 석사 논문, 2014

백영선　施蟄存의『將軍底頭』硏究, 경상대 대학원 석사 논문, 2014

비　효　한비야의『지도 밖으로 행군하라』중역본『少有人走的路-向地圖外行軍』의 번역 분석, 계명대 대학원 석사 논문, 2014

비조위　한·중·일 인간성 분류사에 대한 대조 연구 : 대우관계를 중심으로, 한국외대 대학원 석사 논문, 2014

史亞菲　韓·中 形成期 樂府詩의 比較 硏究-漢 樂府와 高麗 小樂府를 中心으로, 국민대 대학원 석사 논문, 2014

사옥동　한·중 색채어의 대조 연구 : 기본 오색을 대상으로, 동국대 대학원 석사 논문, 2014

상향함　한·중 간접표현의 대조연구 : TV 드라마를 대상으로, 전북대 대학원 석사 논문, 2014

서　충　장편소설『活着』의 오역 유형 분석, 선문대 통번역대학원 석사 논문, 2014

서모지　한·중 비교 구문의 대조 연구, 동국대 대학원 석사 논문, 2104

서지혜　문화상호적 관점으로 본 가오싱젠(高行健)의 연극이론과 표현기법 연구 :『팔월의 눈 (八月雪)』을 중심으로, 중앙대 대학원 석사 논문, 2014

서천우　한국공포영화 속에 나타난 맹자(孟子)의 사단(四端)주장, 성균관대 대학원 석사 논문, 2014

서형요　한·중 방송 자막의 외래어 사용 비교 분석, 대구대 대학

원 석사 논문, 2014

석 양　　한국과 중국의 신시 형성과정 비교연구: 朱耀翰의 『아름다운 새벽』과 胡適의 『嘗試集』을 중심으로, 인하대 대학원 석사 논문, 2014

석 영　　한중 번역의 기법 분석, 선문대 통번역대학원 석사 논문, 2014

선미래　　『생활중국어』 교과서 삽화 분석 연구, 이화여대 교육대학원 석사 논문, 2014

설 나　　한국어 감정 용언의 교육 연구 : 한 중 대조를 통하여, 연세대 대학원 석사 논문, 2014

설 초　　한국어 추측 표현의 중국어 대응 표현 연구 : '-겠-'과 '-ㄹ 것이-'를 대상으로, 동국대 대학원 석사 논문, 2014

성 박　　한국어 '보다' 구문표현 중국어 대응 표현 연구, 동국대 대학원 석사 논문, 2014

소 남　　한 · 중 의문문 대비 및 교육 방안 연구, 건국대 대학원 석사 논문, 2014

소숙현　　대화분석론을 활용한 고등학교 중국어 I 교과서 대화문 분석, 이화여대 교육대학원 석사 논문, 2014

소영하　　사례 관찰을 기초로 한 중국어 문법교육 연구, 계명대 대학원 석사 논문, 2014

소해양　　한 · 중 촉각형용사에 대한 의미론적 대조 연구, 서울시립대 대학원 석사 논문, 2014

손 기　　중국어 성모와 한국 한자음 초성의 대응 연구 : 현대 중국어 성모 'q'를 중심으로, 아주대 대학원 석사 논문, 2014

손 함	중국인 한국어 학습자를 위한 한국어 부사격 조사와 중국어 개사의 대조 연구 : '-에', '-에서'를 중심으로, 경희대 대학원 석사 논문, 2014
손 홍	한·중 '희다' 계열 색채어의 대조 연구, 서울시립대 대학원 석사 논문, 2014
孫佳倩	人稱代詞'她'的歷史性研究, 숭실대 대학원 석사 논문, 2014
손경려	한국어 교육을 위한 허난설헌과 주숙진 시 비교 연구, 덕성여대 대학원 석사 논문, 2014
손려려	殺人者的記憶法, 제주대 통역대학원 석사 논문, 2014
손몽실	한·중 제화시 비교연구 : 신위, 소식을 중심으로, 중앙대 대학원 석사 논문, 2014
손박림	한국어 '치다'와 중국어 '打'의 대비연구, 숭실대 대학원 석사 논문, 2014
손윤희	'以+O+VP'와 'VP+以+O' 형식 비교-『論語』, 『孟子』를 중심으로, 성균관대 대학원 석사 논문, 2014
송국경	한국어 부정극어 부사의 중국어 대응 표현 연구 : 소극적 부정극어와 적극적 부정극어를 대상으로, 동국대 대학원 석사 논문, 2014
송빛나	『阿Q正傳』의 리얼리즘 연구, 경희대 교육대학원 석사 논문, 2014
송영란	『靑邱野談』과 『三言二拍』의 致富談 比較硏究, 서울시립대 대학원 석사 논문, 2014
송효원	권향자 『천연조미료로 通하는 나만의 요리』(用天然調料

	做我自己的料理)의 중국어 번역 연구, 동의대 대학원 석사 논문, 2014
수원제	외국인을 위한 중국어 관용어 교육 연구, 동국대 대학원 석사 논문, 2014
辛京垠	중학교『생활중국어』 쓰기 영역 분석 및 문항 설계, 한국외대 교육대학원 석사 논문, 2014
신문적	한국어와 중국어 '앞/뒤' 계열 합성어의 은유 표현 대조 연구, 경희대 대학원 석사 논문, 2014
신지연	『說文解字繫傳』朱翶 反切 臻·山攝 三·四等韻 운모체계, 고려대 대학원 석사 논문, 2014
신희경	한·중 피동문 대조 연구 : 중국어 무표지 피동문과의 대조를 중심으로, 부산대 대학원 석사 논문, 2014
심방화	錢鍾書『圍城』成長敍事 硏究, 성신여대 대학원 석사 논문, 2014
안현주	영화『人在囧途』를 활용한 중국어 지도방안 연구, 경남대 대학원 석사 논문, 2014
양 기	한·중 미각 형용사 대조 연구 : 시다, 달다, 쓰다, 맵다, 짜다를 중심으로, 전남대 대학원 석사 논문, 2014
양 려	한·중 심리형용사의 문법적 특성에 대한 대조 연구, 국민대 대학원 석사 논문, 2014
양 뢰	한중 문학작품의 의성어·의태어 비교 연구 : 소설을 중심으로, 대구대 대학원 석사 논문, 2014
양 맹	한·중 번역에서의 품사 불일치에 대한 연구, 단국대 대학원 석사 논문, 2014

양 초　　현대 한·중 친족호칭어의 대조 연구, 가천대 대학원 석사 논문, 2014

양쉬에　　韓國語와 中國語 인사말의 比較硏究, 강원대 대학원 석사 논문, 2014

양초롱　　조선후기 중국어 분류어휘집 『漢談官話』의 어휘 연구, 이화여대 대학원 석사 논문, 2014

楊惠珍　　어린이 중국어 문화란 분석 및 언어문화 통합교육 지도방안 연구 : E. Okssar 문화소 이론을 중심으로, 한국외대 교육대학원 석사 논문, 2014

여문리　　한·중 가열 요리 동사 대조 연구, 숙명여대 대학원 석사 논문, 2014

여효효　　중국어 구조조사 '的'에 대응되는 한국어 양상 연구 : 중·한 병렬말뭉치를 중심으로, 연세대 대학원 석사 논문, 2014

염 몽　　동물 관련 사자성어의 의미 분석 연구, 호서대 대학원 석사 논문, 2014

염선화　　朴竹西와 朱淑眞의 한시 비교 연구, 중앙대 대학원 석사 논문, 2014

예설교　　한국어와 중국어의 인터넷 의성의태어 연구, 대구대 대학원 석사 논문, 2014

오 단　　낙선재본 『홍루몽』에 대한 언어학적연구, 숭실대 대학원 석사 논문, 2014

오 정　　한국어와 민남방언(閩南方言)의 대조 연구, 동국대 대학원 석사 논문, 2014

오성덕 白居易 飮酒詩와 茶詩 小考, 군산대 대학원 석사 논문, 2014

오승희 明代 狂態邪學派 硏究, 서울대 대학원 석사 논문, 2014

오열명 한국어 양보 연결어미의 중국어 번역 양상 연구 : '-아/어도', '-더라도', '-ㄹ 지라도'를 중심으로, 동국대 대학원 석사 논문, 2014

오월홍 중국어 정도보어 '得' 구문의 한국어 대응표현 연구, 동국대 대학원 석사 논문, 2014

옥 주 『平山冷燕』의 作品硏究와 飜譯樣相 硏究, 경희대 대학원 석사 논문, 2014

왕 뢰 한국어와 중국어의 금기어 비교 연구 : 죽음에 관한 금기어를 중심으로, 조선대 대학원 석사 논문, 2014

王 娟 상하이 조계문화와 쉬쉬(徐訏)의 소설, 고려대 대학원 석사 논문, 2014

왕 평 한・중 공간거리 비언어 의사소통 대조 연구, 경희대 대학원 석사 논문, 2014

왕 하 한・중 고전고설 『구운몽(九雲夢)』과 『홍루몽(紅樓夢)』의 인물 비교 연구, 세명대 대학원 석사 논문, 2014

왕루한 한・중 문장 조건 연결어미의 대조 연구 : '-면, -거든, -다면, -더라면, -어야'를 중심으로, 한양대 대학원 석사 논문, 2014

왕문첩 한국어 '주다', '-아/어 주다'와 중국어 '給'의 대조 연구, 경희대 대학원 석사 논문, 2014

王芳芳 강경애와 샤오홍(蕭紅) 소설의 비교연구, 전북대 대학원

	석사 논문, 2014
왕봉경	金庸 소설의 인물형상과 유형분석, 대진대 대학원 석사 논문, 2014
王雨桐	강경애의 『인간문제』와 샤오홍(蕭紅)의 『생사의 마당』 비교 연구, 전남대 대학원 석사 논문, 2014
왕주위	한국어 양태부사와 중국어 어기부사의 대조 연구 : '결코, 과연, 만약, 물론, 아마'를 중심으로, 경희대 대학원 석사 논문, 2014
왕혜혜	陶淵明 詩의 意象 및 意義研究, 동국대 대학원 석사 논문, 2014
姚　笛	중국어 병음 공부를 위한 스마트 앱 시스템에 관한연구, 고려대 경영정보대학원 석사 논문, 2014
우　유	한국어와 중국어의 인칭 대명사 비교 연구, 울산대 대학원 석사 논문, 2014
우　청	한·중 대명사의 분류 체계 연구, 중앙대 대학원 석사 논문, 2014
우염곤	현대 중국어 동사 유의어 연구 : '좋아하다'류를 중심으로, 대구대 대학원 석사 논문, 2014
우용용	1980~90년대 한·중 소설에 나타난 여성성 비교연구-박완서와 왕안억의 소설을 중심으로, 경희대 대학원 석사 논문, 2014
원　척	중국어 조사 '的'와 한국어, 영어의 대응표현 대조연구, 전남대 대학원 석사 논문, 2014
원려근	한국어 교재에 나타난 중국어 번역 오류 연구, 영남대 대

학원 석사 논문, 2014

원미경 王安憶의 장편 소설『長恨歌』의 한역본 번역 양상 연구, 숭실대 대학원 석사 논문, 2014

원자옌 『홍루몽』에 나타난 대관원의 意境 분석, 강릉원주대 대학원 석사 논문, 2014

원해운 한국어 담화표지 '아니'와 중국어 '不是'의 대조연구, 경희대 대학원 석사 논문, 2014

유 녕 한·중 높임법의 비교 연구, 중부대 대학원 석사 논문, 2014

유 양 『도가니』와『熔爐』의 지시관형사 대조 연구, 경희대 대학원 석사 논문, 2014

유 열 한·중 한자어의 비교 연구 : 연세대학교 한국어 교재(3-6권) 부록에서 나온 어휘를 중심으로, 한국교원대 대학원 석사 논문, 2014

유 진 한국어와 중국어 지시어의 대조 연구 : 담화 기능과 특성을 중심으로, 전북대 대학원 석사 논문, 2014

유 환 한·중 간접 인용표현 대조연구 : 복합 형식으로 쓰이는 인용표현을 중심으로, 경희대 대학원 석사 논문, 2014

유배은 한국어와 중국어의 추측·의지 표현의 양태적 의미 대조 연구 : '-겠-', '-(으)ㄹ 것이다', '要', '會'를 중심으로, 경희대 대학원 석사 논문, 2014

유아기 한·중 한자어의 대조 연구 : 한국어능력시험의 초급어휘를 중심으로, 호서대 대학원 석사 논문, 2014

유유흔 한·중 이중부정 표현 대조 연구, 동국대 대학원 석사 논

	문, 2014
유인경	현대중국어 '不' 부정반어문 연구, 연세대 대학원 석사 논문, 2014
윤 위	韓國語와 中國語의 강조표현 比較研究, 강원대 대학원 석사 논문, 2014
윤신신	예술가곡『대강동거(大江東去)』연구, 한서대 국제예술디자인대학원 석사 논문, 2014
은경화	구미지역 기업체의 중국어 교육 현황과 발전방향, 경북대 국제대학원 석사 논문, 2014
李 舸	한·중 명절 음식문화 비교 연구, 충북대 대학원 석사 논문, 2014
李 季	戴厚英의 '지식인 3부작' 연구, 경상대 대학원 석사 논문, 2014
이 리	중국어 성애 표현 완곡어 연구, 동국대 대학원 석사 논문, 2014
이 몽	韓·中 擬聲語 對比 研究 : 形態·統辭的 機能과 特徵을 中心으로, 중앙대 대학원 석사 논문, 2014
이 설	한·중 부정 양태부사 대조 연구, 연세대 대학원 석사, 2014
이 양	한국어 보조동사 '-어 가다, -어 오다'에 대한 중국어 대응표현 연구, 동국대 대학원 석사 논문, 2014
이 천	적합성 이론에 기초한 영화자막 번역 방식에 관한 연구 : 한국 영화의 중국어 어휘 번역을 중심으로, 중앙대 대학원 석사 논문, 2014

이 해	한국어와 중국어 간접인용문의 대비연구, 숭실대 대학원 석사 논문, 2014
이 흔	한·중 異形同義語의 대비 연구 : 생활 용어를 중심으로, 건국대 대학원 석사 논문, 2014
이경민	전신반응교수법(TPR)을 적용한 중국어 수업 방안연구, 경기대 교육대학원 석사 논문, 2014
이경백	歌辭와 辭賦의 比較 硏究, 공주대 대학원 석사 논문, 2014
이금엽	한국어와 중국어의 공간개념어 비교 연구, 대구대 대학원 석사 논문, 2014
이미애	한국인의 중국어 성조 오류분석, 공주대 교육대학원 석사 논문, 2014
李旻英	초급 중국어 회화교재의 문법항목 연구 : 특수구문을 중심으로, 한국외대 교육대학원 석사 논문, 2014
이배영	리옥(李玉) 영화 중 여성 캐릭터에 대한 연구 : 『금년하천(今年夏天)』, 『핑궈(苹果)』 중심으로, 건국대 대학원 석사 논문, 2014
이상원	지역문화축제 홈페이지 내 중국어 번역 오류 분석, 부산대 대학원 석사 논문, 2014
이새한	대학교 중·고급 중국어 학습자를 위한 PBL 활용 수업 설계, 한국외대 교육대학원 석사 논문, 2014
이소남	現代漢語 重義현상 硏究, 제주대 대학원 석사 논문, 2014
이소영	5·4 운동 시기 여성교육과 여성교육론, 한국교원대 대학원 석사 논문, 2014
이수진	蘇軾 黃州時期 詩·詞에서의 生死意識 연구, 전남대 대학

	원 석사 논문, 2014
이순애	현대 중국어 '給'의 사용 오류 분석, 공주대 교육대학원 석사 논문, 2014
이여영	曾鞏 서문 연구, 전북대 교육대학원 석사 논문, 2014
이연연	한·중 비친족 호칭어의 대조연구, 동국대 대학원 석사 논문, 2014
이영림	성취평가제에서의 고등학교 중국어 I 수업 통합형 과업중심 수행평가 설계, 이화여대 외국어교육특수대학원 석사 논문, 2014
이영지	대상류 개사 '對, 給, 跟, 爲, 向' 교수-학습 지도방안 연구 : 외국어계열 고등학생 중심으로, 이화여대 교육대학원 석사 논문, 2014
이용교	한·중의 고빈도 사용 한자어 비교 연구 : 2음절 한자어를 중심으로, 한양대 대학원 석사 논문, 2014
이용범	金台俊과 郭沫若 : 한 고전학자의 인식론적 전환의 계기, 성균관대 대학원 석사 논문, 2014
이유진	王朔 소설의 반어문 연구, 영남대 대학원 석사 논문, 2104
이월선	黃庭堅의 文藝理論과 書法研究, 서울여대 대학원 석사 논문, 2014
이정은	신조어를 활용한 중국문화지도방안 : 외국어계열고등학생을 대상으로, 이화여대 교육대학원 석사 논문, 2014
이주영	중학교 교육용 한자 연계를 통한 고등학교 중국어 교육용 한자 교재 개발 방안, 상명대 교육대학원 석사 논문, 2014
이지혜	현대중국어 중첩 수량표현의 통사·의미적 특성 연구, 성

	균관대 대학원 석사 논문, 2014
李眞眞	한·중 경어법의 대조 연구, 가천대 대학원 석사 논문, 2014
이천택	한중 친족 지칭어에 대한 대조연구, 고려대 대학원 석사 논문, 2014
이현섭	柳宗元의 '論'體 散文에 대한 신수사학적 연구, 고려대 대학원 석사 논문, 2014
이혜인	봉총 최상룡의 맹자 해석 연구, 성균관대 대학원 석사 논문, 2014
이혜천	우리나라 고등학교 중국어교육에 있어서의 중국고전시가 활용 방안 연구, 울산대 교육대학원 석사 논문, 2014
이효홍	한국어와 중국어의 의성어와 의태어 대조 연구 : 자연계와 사물을 중심으로, 목포대 대학원 석사 논문, 2014
李驍頡	『짜장면던』의 중국어 번역, 인제대 대학원 석사 논문, 2014
李義珠	한국인 중국어 학습자의 접속사 사용상의 오류 연구, 한국외대 교육대학원 석사 논문, 2014
이희진	郁達夫「沈淪」의 소외의식 연구, 가천대 대학원 석사 논문, 2014
임 주	백거이 풍유시의 교화성 연구, 전북대 교육대학원 석사 논문, 2014
임보연	외국어계열 고등학생 중국어 유의어 지도방안 연구, 이화여대 교육대학원 석사 논문, 2014
임의영	타이완과 한국에서의 일제 식민지 교육정책 비교, 경상대

대학원 석사 논문, 2014

임지선 王維 시의 주제의식 연구 : 시에 나타난 得意와 失意의 삶을 중심으로, 부산대 대학원 석사 논문, 2014

임해도 한국어와 중국어의 부치사 대조연구, 전남대 대학원 석사 논문, 2014

임효량 論韓語漢字詞對韓國學生學習漢語的影響, 울산대 대학원 석사 논문, 2014

임효정 李白 飮酒詩 硏究-時期區分을 통한 內容分析과 그 變化를 中心으로, 한양대 대학원 석사 논문, 2014

장 봉 장예모 영화에 나타난 색채의 상징성, 국민대 대학원 석사 논문, 2014

장 양 『詩經 · 國風』 婚戀詩 硏究, 부산대 대학원 석사 논문, 2014

장 원 한 · 중 인과 표현 대조 연구 : '-느라고', '-는 바람에'를 중심으로, 국민대 대학원 석사 논문, 2014

장 찬 한 · 중 인칭대명사의 화용적 용법의 비교 연구 : 1, 2, 3인칭을 중심으로, 한국교원대 대학원 석사 논문, 2014

장 천 한 · 중 지속상에 대한 비교 연구 : '-고 있다', '-어 있다'와 '着', '在'를 중심으로, 한국교원대 대학원 석사 논문, 2014

장 한 한국어 시간관계 연결어미와 중국어 시간관계 관련사어의 대조 연구, 경희대 대학원 석사 논문, 2014

장 혜 韓 · 中文學作品翻譯的'翻譯腔'硏究 : 以『鳳順姐姐』爲例, 숭실대 대학원 석사 논문, 2014

장 혜 『당대중국에서의 현실주의문학』에 관한 연구, 동아대 대

학원 석사 논문, 2014

짱지에 평샤오강(馮小剛)과 저우싱츠(周星馳) 희극영화 비교 연구, 부산대 대학원 석사 논문, 2014

장길니 김기덕 영화와 지아장커 영화 속 캐릭터에 대한 비교연구 : 아웃사이더와 소인물(小人物)을 중심으로, 부산대 대학원 석사 논문, 2014

장다겸 중국어 독해력 향상을 위한 문장구조 분석과 지도 방안 연구, 계명대 대학원 석사 논문, 2014

장림송 中國延邊朝鮮族自治州의 地方志, 전남대 대학원 석사 논문, 2014

장문정 한국어 연결어미와 중국어 관련사어의 대조 연구, 호서대 대학원 석사 논문, 2014

張飛鳴 廣東語圈 中國人 學習者를 위한 韓國語 發音 教育 方案 研究, 중앙대 대학원 석사 논문, 2014

장성중 중국 실험연극의 특성 연구, 동국대 대학원 석사 논문, 2014

장옥연 關于男人, 제주대 통역대학원 석사 논문, 2014

장유가 왕안억(王安憶)소설 문체 풍격 연구 : 90년대 이후 작품 중심으로, 전북대 대학원 석사 논문, 2014

장익민 李賀、李商隱詩歌對『花間集』的影響, 강원대 대학원 석사 논문, 2014

장혜선 한국어와의 대조를 통한 중국어 활음-모음 연쇄와 이중모음의 음운표시 연구, 한국외대 대학원 석사 논문, 2014

장효민 李穡과 韋應物의 自然詩 比較研究, 중앙대 대학원 석사

논문, 2014

전유미　　현대 중국어 관습적 연어 연구 : 명사를 중심으로, 숭실대 대학원 석사 논문, 2014

전정림　　보조동사 '-어 놓(다), -어 두(다), -어 가지고'의 한 · 중 대조 연구, 경희대 대학원 석사 논문, 2014

전진아　　비즈니스 중국어교재 분석 및 지도방안 연구, 상명대 교육대학원 석사 논문, 2014

정　택　　한 · 중 음운체계의 대조 연구 : 중국인 학습자의 발음 교육 방안 모색을 중심으로, 건양대 대학원 석사 논문, 2014

정　화　　고등학교『중국어Ⅱ』에서의 結果補語 교수-학습에 관한 연구, 원광대 교육대학원 석사 논문, 2014

정동연　　近代 渡滿 日本人의 눈에 비친 中國人像: 帝國意識의 投影, 서울대 대학원 석사 논문, 2014

정보경　　도식조직자(Graphic Organizer)를 활용한 고등학교『중국어I』문법 지도 방안 연구, 숙명여대 교육대학원 석사 논문, 2014

정성미　　양계초의『西學書目表』연구, 중앙대 대학원 석사 논문, 2014

정세련　　中國 國體變革期 滿洲族 團體의 政治活動, 1901-1924, 서울대 대학원 석사 논문, 2014

정여옥　　『說文解字』와『康熙字典』의 部首 비교 연구, 건국대 대학원 석사 논문, 2014

정유갑　　한 · 중 피동문 대조 연구, 울산대 대학원 석사 논문, 2014

정유미　　현대중국어 감사-반응화행 양상 연구, 연세대 대학원 석사

논문, 2014

정유신 張愛玲 소설 연구-남 · 녀 형상을 중심으로, 조선대 대학원 석사 논문, 2014

정호재 현대중국어 '程度副詞+名詞'구문 연구, 전북대 교육대학원 석사 논문, 2014

조 개 한 · 중 부정사 표현 대조 연구, 한양대 대학원 석사 논문, 2014

조 림 韓 · 漢 사자성어 비교 연구, 건국대 대학원 석사 논문, 2014

조 진 외국어로서의 한국어교육 정책과 중국 대외한어교육 정책 비교 연구 : 세종학당과 공자학원의 비교를 중심으로, 상명대 대학원 석사 논문, 2014

조교교 한국과 중국의 인칭 신어에 대한 비교 연구 : 2010년 인칭 신어를 중심으로, 고려대 대학원 석사 논문, 2014

조성윤 史記의 感生神話 受容과 意義, 고려대 대학원 석사 논문, 2014

조영주 한국 제재 중국 근대소설에 대한 고찰 : 『朝鮮通史(亡國影)』, 『英雄淚』, 『朝鮮亡國演義』를 중심으로, 전남대 대학원 석사 논문, 2014

조우레이 韓國高中漢語教材『中國語 I 』考察分析, 강원대 대학원 석사 논문, 2014

조은아 상호문화적인 접근방법을 통한 한중문화 대화문 지도 방안 : 외국어계열 고등학생을 대상으로, 이화여대 교육대학원 석사 논문, 2014

조치성 『임진록』·『유충렬전』과 『삼국지연의』의 창작방법 비교 연구, 가천대 대학원 석사 논문, 2014

趙洪偉 샤오훙(蕭紅) 후기 작품의 정신적 고향 서사, 고려대 대학원 석사 논문, 2014

조효뢰 한·중 분류사의 대조 연구, 한양대 대학원 석사 논문, 2014

주 군 한국어 '오르다', '내리다'와 중국어 '升', '降'의 의미와 용법 대조 연구, 한성대 대학원 석사 논문, 2014

주 욱 중국 경극 검보를 활용한 패션문화상품 디자인개발-중국의 사대기서를 중심으로, 충북대 대학원, 석사논문, 2014

주업홍 新 HSK 사자성어 연구, 원광대 교육대학원 석사 논문, 2014

주운남 루쉰과 채만식의 단편소설에 나타난 풍자성 비교 연구, 전남대 대학원 석사 논문, 2014

주유강 한중일 피동문의 대조연구, 한남대 대학원 석사 논문, 2014

주일만 한·중 세시풍속 관련 언어 표현 비교 연구 : 명절 관련 언어 표현을 중심으로, 조선대 대학원 석사 논문, 2014

진 성 한국어 분류사와 중국어 양사의 대조 연구, 영남대 대학원 석사 논문, 2014

진 신 강경애와 소홍의 소설 비교 연구-주제의식을 중심으로, 강릉원주대 대학원 석사 논문, 2014

진 정 한국어와 태주방언(台州方言)의 대조 연구, 동국대 대학원 석사 논문, 2014

진려하	한국어 보조용언 구성 '-고 있다', '-어 있다'와 중국어 대응 양상 연구, 경희대 대학원 석사 논문, 2014
진미령	한 · 중 복수 표지 '들'과 '們'에 대한 대조 연구, 경희대 대학원 석사 논문, 2014
진성국	『春香傳』과 「杜十娘怒沈百寶箱」 비교연구, 강남대 대학원 석사 논문, 2014
진언여	중국어의 일본어차용어에 대한 연구 : 20세기 후기의 일본어차용어를 중심으로, 중앙대 대학원 석사 논문, 2014
차현영	고등학교 중국어 학습주제별 워크북 개발 및 효과적인 활용방안, 공주대 교육대학원 석사 논문, 2014
처우메이린	한국어와 중국어의 음운대조와 발음교육 방안, 동신대 대학원 석사 논문, 2014
천포웨이	한 · 중 신체 어휘 관용어 비교 연구 : 머리 部分을 중심으로, 전남대 대학원 석사 논문, 2014
최도형	朱子의 敎育思想에 관한 考察, 공주대 교육대학원 석사 논문, 2014
최미화	개편 한국어능력시험과 신 한어수평고시의 비교 분석, 상명대 교육대학원 석사 논문, 2014
최민석	만주문자 인식을 위한 특징추출에 관한 연구, 한밭대 정보통신전문대학원 석사 논문, 2014
최선희	현대중국어 A里AB식의 기원에 대한 연구, 한국방송통신대 대학원 석사 논문, 2014
최청화	한국어 관형사와 중국어 區別詞 대조 연구, 서울시립대 대학원 석사 논문, 2014

최형권	장뤼(張律) 영화 속에 재현된 디아스포라(Diaspora) 연구, 한국외대 대학원 석사 논문, 2014
최화영	淸 中期 廣東商人의 對外交易活動과 總商制度, 부산대 교육대학원 석사 논문, 2014
추성은	현대 화류문화(華流文化)의 발전현황 연구, 동국대 대학원 석사 논문, 2014
추천천	소설『1Q84』에 나타난 한 · 중 · 일 1 · 2인칭 비교 연구 :「4월에서 6월까지」를 중심으로, 부산외대 대학원 석사 논문, 2014
쿤　돤	6세대 지아장커 영화의 중국영화사적 의의 : 고향 삼부작을 중심으로, 부산대 대학원 석사 논문, 2014
판린옌	韓 · 中 否定文의 對照 硏究, 중앙대 대학원 석사 논문, 2014
팽한예	莫言 소설『蛙』의 한국어본 어휘 번역 양상 연구, 영남대 대학원 석사 논문, 2014
평　시	한국어 · 중국어 감탄 표현의 대비 연구, 단국대 대학원 석사 논문, 2014
평　일	한국어 신체어휘 관용표현에 대한 중국어 대응표현 대조 연구, 호남대 대학원 석사 논문, 2014
풍몽림	한 · 중 문장성분의 대조연구, 경희대 대학원 석사 논문, 2014
풍아려	한국어와 중국어 상에 대한 대조연구 : 시간부사를 중심으로, 서울시립대 대학원 석사 논문, 2014
하천륜	중국인 초급 학습자를 위한 한 · 중 부정 표현 대비연구

: '안' '못' '不' '沒(有)' 중심으로, 경희대 대학원 석사 논문, 2014

한 담 육문부의 소설 창작세계와 특징연구, 전남대 대학원 석사 논문, 2014

한가준 婁底方言聲母系統硏究, 영남대 대학원 석사 논문, 2014

한수연 成語 童話를 활용한 초등학생 중국어 교육방안 : 역할극을 중심으로, 숙명여대 교육대학원 석사 논문, 2014

한승아 漢字部首 214자 辨析의 차이점에 관하여, 고려대 교육대학원 석사 논문, 2014

한아영 중학교 중국어 게임 영역 분석 및 모형 개발, 경기대 교육대학원 석사 논문, 2014

한정우 한국어와 중국어의 두루 높임 호칭어 비교 연구, 대구대 대학원 석사 논문, 2014

허 옌 중국영화 『붉은 수수밭』의 번역양상에 관한 연구, 동양대 대학원 석사 논문, 2014

홍소영 현대중국어 전칭양화사 都의 의미기능 연구, 고려대 대학원 석사 논문, 2014

홍은표 스토리텔링을 활용한 고등학교 중국어 문화 교재 연구, 한국외대 교육대학원 석사 논문, 2014

和 偉 'V+到+X'句型歷史演變硏究, 경북대 대학원 석사 논문, 2014

황길자 高麗 漢詩와 蘇軾詩 비교고찰, 군산대 대학원 석사 논문, 2014

황란아 한 · 중 심리용언 구문 유형 대조연구, 계명대 대학원 석사

	논문, 2014
황선희	한국어 관형사형과 중국어 '的'의 대비를 통한 관형사형 교육 연구, 충남대 대학원 석사 논문, 2014
황유어	한국 한자어와 대만어 대조 연구, 연세대 대학원 석사 논문, 2014
황정대	『唐詩300首』에 나타난 中國의 山水 考察, 한국교통대 인문대학원 석사 논문, 2014
黃志君	金庸『神雕俠侶』兩版韓譯本對比分析, 숭실대 대학원 석사 논문, 2014
황해빈	『詩經』 表現形式 硏究, 부산대 대학원 석사 논문, 2014
황혜영	『語言自邇集』과 『滿洲語自通』에 나타난 언어학적 특징 고찰, 숙명여대 교육대학원 석사 논문, 2014

2) 국내 박사 학위 논문

Zhang Lei	1930년대 한·중 도시소설 비교연구, 충남대 대학원 박사 논문, 2014
Zhang Yanlu	A Frame-Based Study on Chinese Force-Dynamic Verbs, 경북대 대학원 박사 논문, 2014
강승미	張愛玲 소설의 문학적 특징 연구: 여성의식과 내러티브를 중심으로, 숙명여대 대학원 박사 논문, 2014
고 비	1930년대 한중 여성 작가 소설 비교 연구-한국 동반자 작가와 좌익 작가를 중심으로, 아주대 대학원 박사 논문, 2014

김 미 韓國漢字成語構式硏究, 한양대 대학원 박사 논문, 2014

김 영 현대중국어 이중목적어구문의 어법특성 연구, 성균관대 대학원 박사 논문, 2014

김경익 한문 학습에서 오류의 연구, 한국교원대 대학원 박사 논문, 2014

김민선 현대중국어 가능보어의 연구 : '~不了(liǎo)'의 사용 환경과 구조를 중심으로, 제주대 대학원 박사 논문, 2014

김아영 일제강점기 中國語會話書에 나타난 어휘 연구, 연세대 대학원 박사 논문, 2014

김윤희 한중일 3국의 〈개인정보요구〉 에 관한 사회언어학적 연구, 중앙대 대학원 박사 논문, 2014

김종식(수암) 佛典漢語의 複音節詞와 文法硏究, 중앙승가대 대학원 박사 논문, 2014

김혜영 초기 중국어 문법서 연구 : 『馬氏文通』부터 5 · 4운동까지의 9종 문법서를 대상으로, 서울대 대학원 박사 논문, 2014

김화영 『景德傳燈錄』 시간부사 연구, 부산대 대학원 박사 논문, 2014

김효정 金文을 통해 본 周代 여성상 연구, 경성대 대학원 박사 논문, 2014

노중석 旅菴 申景濬의 『文章準則 莊子選』 硏究, 계명대 대학원 박사 논문, 2014

당수언 제자백가 사상에 내재된 무도사상, 용인대 대학원 박사 논문, 2014

루건명 한 · 중 지명의 후부 지명소 비교 연구 : 서울과 북경의 자

	연지명을 중심으로, 선문대 대학원 박사 논문, 2014
문수정	『說文解字注』에 나타난 段玉裁의 古今字觀 硏究, 서울대 대학원 박사 논문, 2014
박미애	現代中國語 動詞複寫構文 硏究, 연세대 대학원 박사 논문, 2014
박송희	한·중 여성영웅소설에 나타난 여성의식 비교연구, 경희대 대학원 박사 논문, 2014
박영일	韓民族 大衆歌謠 歌詞에 나타난 '어머니'像의 比較 硏究, 성균관대 대학원 박사 논문, 2014
배서봉	한·중 여성 감독 영화의 페미니즘 미학 비교 연구 : 이정향과 마리웬의 영화를 중심으로, 목포대 대학원 박사 논문, 2014
范魯新	『老乞大』, 『朴通事』의 漢語 補語 構造 硏究, 서울대 대학원 박사 논문, 2014
범숙걸	김삼의당과 석패란의 문학세계 비교 연구, 가천대 대학원 박사 논문, 2014
사수매	聯合報를 通해 본 臺灣人의 韓國認識-1951年~2010年의 韓國談論을 中心으로, 연세대 대학원 박사 논문, 2014
서진희	중당 문학의 사상적 배경과 그 미의식에 대한 연구, 서울대 대학원 박사 논문, 2014
소 영	현대 중국어 차용동량사의 체계와 어법특성 연구, 성균관대 대학원 박사 논문, 2014
소 잠	徐有榘의 『毛詩講義』 硏究와 譯注, 성균관대 대학원 박사 논문, 2014

孫 貞　현대중국어 시간부사 의미기능 연구, 고려대 대학원 박사 논문, 2014

손해서　동형의 한중 한자어 형용사 대비 연구, 부경대 대학원 박사 논문, 2014

宋珠永　朝鮮 初期의 對明 關係와 吏文政策 硏究, 한국외대 국제지역대학원 박사 논문, 2014

오영옥　中級漢語立體化敎材設計硏究 : 以口語敎學爲中心, 부산외대 대학원 박사 논문, 2014

吳進珍　영어와 중국어의 이중목적어 구문, 수원대 대학원 박사 논문, 2014

왕 가　만주국 시기 한·중 소설의 현실대응 연구 : 안수길과 양산정의 작품을 중심으로, 공주대 대학원 박사 논문, 2014

汪 波　한국어와 중국어의 시제와 상 대조 연구 : 인지언어학적 관점으로, 고려대 대학원 박사 논문, 2014

왕염려　중국의 한국 현대 문학 번역 및 수용 양태 연구 : 수교 이후 번역된 소설을 중심으로, 인하대 대학원 박사 논문, 2014

유 나　현대중국어 열등비교 범주의 인지적 의미 연구, 연세대 대학원 박사 논문, 2014

유 림　한·중 합성어 의미관계 대조 연구, 경희대 대학원 박사 논문, 2014

유지봉　李穡과 杜甫의 詩文學 比較 硏究, 경희대 대학원 박사 논문, 2014

유지원　蘇軾 禪詩 意境의 심화양상 硏究, 고려대 대학원 박사 논

문, 2014

유채원　청대 육영시설 운영 연구, 전남대 대학원 박사 논문, 2014

윤상철　『易經』의 天人合一觀 연구, 성균관대 대학원 박사 논문, 2014

이 사　조선족 시의 민족 정체성 구현양상 연구 : 개혁개방초기~1990년대 시를 중심으로, 건국대 대학원 박사 논문, 2014

李 雪　한국어와 중국어의 동작상에 대한 대조연구, 고려대 대학원 박사 논문, 2014

이나현　현대 중국어 'V得A' 구문과 'VA' 구문의 의미대조 연구, 한국외대 대학원 박사 논문, 2014

이명종　근대 한국인의 만주 인식 연구, 한양대 대학원 박사 논문, 2014

이운재　시 · 공간 개념에 근거한 현대 중국어 어순 연구, 서울대 대학원 박사 논문, 2014

이정순　한 · 중 동시통역 시 동시성 확보방안 연구 : 선형동시통역 기법과 사역문을 중심으로, 한국외대 통번역대학원 박사 논문, 2014

이주현　徐渭 詩의 否定性과 예술 창작의 원리, 서울대 대학원 박사 논문, 2014

임지영　갑골복사를 통한 신령숭배 연구, 전남대 대학원 박사 논문, 2014

장가영　현대중국어 공간척도사의 의미와 개념화 연구, 서울대 대학원 박사 논문, 2014

장미란　한 · 중 형상성 분류사의 범주 확장에 대한 대조 연구, 서

울시립대 대학원 박사 논문, 2014

장세도　　중국 소수민족 미디어 정책에 관한 연구-신장 위구르 자치구와 광시 좡족 자치구의 사례를 중심으로, 광운대 대학원 박사 논문, 2014

지성녀　　初刊本『分類杜工部詩諺解』에 쓰인 漢字語의 意味 研究, 호서대 대학원 박사 논문, 2014

진우파　　韓國 프로戲曲과 中國 左翼戲劇의 比較研究, 한양대 대학원 박사 논문, 2014

차익종　　東國正韻式 漢字音 研究, 서울대 대학원 박사 논문, 2014

채춘옥　　한중 대조를 통한 완곡 표현 연구, 서울대 대학원 박사 논문, 2014

천춘화　　한국 근대소설에 나타난 만주 공간 연구, 서울대 대학원 박사 논문, 2014

최경일　　연변 지역의 한자어 접사 연구, 충북대 대학원 박사 논문, 2014

최미라　　『詩經』의 人間性 回復 論理 研究, 성균관대 대학원 박사 논문, 2014

崔允禎　　한·일·중 세 언어의 대체표현에 대한 연구, 한국외대 대학원 박사 논문, 2014

최재준　　甲骨卜辭를 통한 商代 醫療文化 研究, 연세대 대학원 박사 논문, 2014

하지영　　18세기 秦漢古文論의 전개와 실현 양상, 이화여대 대학원 박사 논문, 2014

한　령　　글로컬 시대 중국 문화코드와 국가브랜딩의 상관성에 관

	한 연구, 한국외대 대학원 박사 논문, 2014
한홍화	일제말기 소설에 나타난 만주 인식 연구-만주 여행 작가들의 소설을 중심으로, 아주대 대학원 박사 논문, 2014
호 설	글로벌 시각하의 중국대외한어교육의 의의 탐색과 건의, 계명대 대학원 박사 논문, 2014
호 천	판소리『적벽가』와 경극『적벽오병』의 인물연구, 경상대 대학원 박사 논문, 2014
후 림	中國 知靑文學 硏究, 제주대 대학원 박사 논문, 2014

중국학@센터 연감팀

|기획|
조관희(trotzdem@sinology.org) 상명대 중국어문학과 교수

|중국학@센터 제9기 연감팀|
조성환(62chosh@hanmail.net) 백석대 어문학부 강사

2015년 중국어문학 연감

초판 인쇄 2016년 11월 18일
초판 발행 2016년 11월 25일

엮은이 | 중국학@센터 연감팀
펴낸이 | 하운근
펴낸곳 | 學古房

주　　소 | 경기도 고양시 덕양구 통일로 140 삼송테크노밸리 A동 B224
전　　화 | (02)353-9908 편집부(02)356-9903
팩　　스 | (02)6959-8234
홈페이지 | http://hakgobang.co.kr/
전자우편 | hakgobang@naver.com, hakgobang@chol.com
등록번호 | 제311-1994-000001호

ISBN 978-89-6071-630-8 93010

값 : 20,000원

이 도서의 국립중앙도서관 출판예정도서목록(CIP)은 서지정보유통지원시스템 홈페이지(http://seoji.nl.go.kr)와 국가자료공동목록시스템(http://www.nl.go.kr/kolisnet)에서 이용하실 수 있습니다. (CIP제어번호 : CIP2016027903)